U0532681

好望角

在这里，看见新世界

CENTRAL AMERICA'S FORGOTTEN HISTORY:
REVOLUTION, VIOLENCE, AND THE ROOTS OF MIGRATION

被遗忘的中美洲

革命、暴力与移民的根源

[美]阿维瓦·乔姆斯基 著

田亦心 杨承润 译

浙江人民出版社

Copyright © 2021 by Aviva Chomsky
Chinese edition published by arrangement with Beacon Press via Chinese Connection Agency

浙江省版权局
著作权合同登记章
图字：11-2023-421号

图书在版编目（CIP）数据

被遗忘的中美洲 /（美）阿维瓦·乔姆斯基（Aviva Chomsky）著；田亦心，杨承润译. -- 杭州：浙江人民出版社，2025. 5. -- ISBN 978-7-213-11919-4

Ⅰ．K73

中国国家版本馆CIP数据核字第202529B9S4号

审图号：GS浙（2025）84号

被遗忘的中美洲

［美］阿维瓦·乔姆斯基（Aviva Chomsky） 著　田亦心　杨承润 译

出版发行：浙江人民出版社（杭州市环城北路177号 邮编 310006）
　　　　　市场部电话：(0571)85061682　85176516
责任编辑：金将将　　　　　　　　营销编辑：陈雯怡　张紫懿
责任印务：程　琳　　　　　　　　责任校对：杨　帆
封面设计：张庆锋
电脑制版：杭州天一图文制作有限公司
印　　刷：浙江新华数码印务有限公司
开　　本：880毫米×1230毫米　1/32　　印　张：13.125
字　　数：270千字　　　　　　　　　　　插　页：6
版　　次：2025年5月第1版　　　　　　　印　次：2025年5月第1次印刷
书　　号：ISBN 978-7-213-11919-4
定　　价：108.00元

如发现印装质量问题，影响阅读，请与市场部联系调换。

出版者言

当今的世界与中国正在经历巨大的转型与变迁，她们过去经历了什么、正在面对什么、将会走向哪里，是每一个活在当下的思考者都需要追问的问题，也是我们作为出版者应该努力回应、解答的问题。出版者应该成为文明的瞭望者和传播者，面对生活，应该永远在场，永远开放，永远创新。出版"好望角"书系，正是我们回应时代之问、历史之问，解答读者灵魂之惑、精神之惑、道路之惑的尝试和努力。

本书系所选书目经专家团队和出版者反复商讨、比较后确定。作者来自不同的文化背景，拥有不同的思维方式，我们希望通过"好望角"，让读者看见一个新的世界，打开新的视野，突破一隅之见。当然，书中的局限和偏见在所难免，相信读者自有判断。

非洲南部"好望角"本名"风暴角"，海浪汹涌，风暴不断。1488年2月，当葡萄牙航海家迪亚士的船队抵达这片海域时，恰风和日丽，船员们惊异地凝望着这个隐藏了许多个世纪的壮美岬角，随船历史学家巴若斯记录了这一时刻：

"我们看见的不仅是一个海角，而且是一个新的世界！"

浙江人民出版社

佳评推荐

一部充满激情、发人深省的关于美国统治下中美洲的著作……乔姆斯基迫使读者去承认,唐纳德·特朗普的政策"只是美国一个多世纪以来对中美洲人统治和剥削的最新版本"。这是一部引人入胜的历史综合叙述,以风格鲜明的笔触讲述。

——《图书馆杂志》

一个令人信服的论点,表明中美洲的许多暴力动荡可以归咎于美国领导人。

——《柯克斯评论》

犀利的剖析,揭示了殖民压迫、原住民抵抗以及政治和经济动荡如何推动了从中美洲到美国的移民潮。

——《出版人周刊》

这是一本迫切需要的书,目前市面上没有类似的作品。这是一部精彩、深入且简洁的"被遗忘"的历史,不仅涉及中美洲,还包括美国军事占领和干预的历史,这些干预导致了美墨边境的难民问题。

——罗克珊·邓巴-奥尔蒂斯(《美国原住民史》作者)

阿维瓦·乔姆斯基的《被遗忘的中美洲》是必读之作，它是主流报道的解毒剂，因为这些报道往往忽视了危机的更大背景。乔姆斯基简洁而令人信服地揭示了危机的根源，它们深植于历史，其中许多可以追溯到华盛顿，追溯到一个世纪以来灾难性的安全和经济政策。

——格雷格·格兰丁（《神话的终结》作者）

在这本令人震撼的书中，阿维瓦·乔姆斯基提醒我们中美洲和美国交织在一起的历史。通过有力的论证和严谨的证据，乔姆斯基展示了美国的政策如何让企业通过剥削中美洲人民的生命和劳动积累巨额财富。同样重要的是，《被遗忘的中美洲》记录了原住民组织和国际团结运动，这些运动应该为当代美国对全球南方国家的外交政策改革提供指导。

——保罗·奥尔蒂斯（《非裔美国人和拉丁裔美国人的美国史》作者）

《被遗忘的中美洲》是一部引人入胜的叙述，讲述了殖民主义如何从遥远的过去到特朗普的边境战争塑造和重塑了中美洲与美国。阿维瓦·乔姆斯基通过丰富的细节和易于理解的分析，展示了殖民主义的熔炉本身是一场关于历史如何被铭记的斗争——以及为什么这样的历史对于推动民众斗争如此重要。

——史蒂夫·斯特里夫勒（《团结：人权时代的拉丁美洲与美国左翼》作者）

过去十年里,我一直在等待《被遗忘的中美洲》这样的书。这本详尽且发人深省的著作复兴了在美国话语中长期以来与中美洲现实经历的割裂的历史,尤其是在移民问题上。乔姆斯基表明,你不能将几个世纪的殖民主义和定居者殖民主义,美国支持的独裁者和死亡小队,以及几十年的新自由主义经济剥夺与每天抵达美国军事化边境的人们分开。同样重要的是,在她记录的跨境组织的历史中,可能会找到解决这一流离失所危机的方案:不是通过更多误导性的边境执法,而是——当你放下这本书时,这一点会非常清楚——通过基于正义的赔偿。

——托德·米勒(《冲击围墙:气候变化、移民与国土安全》作者)

牙买加

墨西哥
贝尔莫潘
伯利兹
危地马拉
危地马拉
洪都拉斯
特古西加尔巴
萨尔瓦多
圣萨尔瓦多
尼加拉瓜
马那瓜
圣何塞
哥斯达黎加
巴拿马城
巴拿马

中美洲

注：此插图系原文插图。

联合果品公司

巴勃罗·聂鲁达

当号角响起时，

大地上的一切都已准备就绪，

耶和华将世界分给了

可口可乐公司、阿纳孔达、

福特汽车，以及其他实体：

联合果品公司

保留了最丰美的部分，

我的大陆的中部海岸，

美洲甜美的腰肢。

它重新为这些土地命名，

称它们为"香蕉共和国"，

并在长眠的死者之上,

在那些曾赢得了伟大、

自由和旗帜的

不安的英雄之上——

建立了滑稽歌剧:

放逐自由的意志,

分发凯撒的王冠,

拔出嫉妒之剑,引来了

苍蝇的独裁者,

特鲁希略苍蝇、塔乔苍蝇、

卡里亚斯苍蝇、马丁内斯苍蝇、

乌维科苍蝇,那些沾满

卑微鲜血和果酱的潮湿苍蝇,

醉醺醺地在人民的坟墓上嗡嗡作响,

马戏团的苍蝇,聪明的苍蝇,

精通暴政的苍蝇。

在嗜血的苍蝇之间,

联合果品公司登陆,

将咖啡和水果席卷一空,

它的船只像托盘一样滑行,

载着我们沉没土地的宝藏。

与此同时,在港口

那糖浆般的深渊中,

印第安人被埋葬,

坠入清晨的蒸汽:

一具尸体滚落,

一件无名之物,

一个沉沦的数字,

一串死去的果实,

散落在腐烂之地。

中文版序言

我很高兴看到这本书的中文版得以出版。几年前，我曾有幸访问中国，并在上海大学和其他几个地方就我对美国移民史的研究发表演讲。我受到了热烈欢迎，师生们对我的研究表现出了浓厚的兴趣，这让我非常感动。

目前这本书看似是一部学术著作，但它还是我自20世纪80年代以来参与中美洲团结和中美洲移民社区工作的成果。

中美洲对更公正世界的憧憬激励着我，而美国以反共、企业利润和美国霸权的名义粉碎这些梦想的企图则惹恼了我。现在的我依然抱有如此的情感。

为了更好地了解20世纪七八十年代中美洲的革命、美国镇压这些革命的政策，以及躲避美国政策影响的中美洲人是如何和为什么来到美国的，我开始攻读拉丁美洲历史学博士学位，并撰写了一篇关于19世纪末美国拥有的香蕉产业占领了中美洲大西洋沿岸的论文。

自那时起，我对美国主流社会关于移民问题的争论感到越来越愤怒。当时的总统候选人乔·拜登（Joe Biden）承诺要解决"移民问题的根源"——他认为是中美洲的贫困、暴力和腐败。但他忘了一点，贫困、暴力和腐败的根源是什么？

要回答这个问题，就不能不审视该地区的悠久历史，以及美国在助长贫困、暴力和腐败方面所扮演的真正可怕的角色——拜登却宁愿忽略这一点。随着20世纪七八十年代的革命梦想被反革命暴力粉碎，20世纪90年代新自由主义的全面冲击已呼之欲出，那些刺激移民的各种因素的激增，亦准备就绪。

在本书中，我结合美国以南的中美洲小国及其人民的历史，探讨了美国作为一个定居者殖民主义社会的历史，美国在历史上致力于欢迎欧洲移民的种族白化计划，同时也依靠对其边境内外有色人种劳动力的剥削来攫取资源和利润。21世纪中美洲向美国的移民潮就是在这些复杂、交织的历史中发展起来的。

阿维瓦·乔姆斯基
2024年4月18日

目　录

第一部分　一个根深蒂固的危机 / 1

隐世与遗忘 / 3

塑造美国，塑造中美洲：香蕉、咖啡、野蛮人和土匪 / 27

冷战、"十年之春"及古巴革命 / 63

第二部分　20世纪70和80年代的革命 / 101

危地马拉：改革、革命和大屠杀 / 103

尼加拉瓜："我们同人类的敌人——美国佬战斗" / 137

萨尔瓦多：如果尼加拉瓜获胜，萨尔瓦多也将获胜！ / 170

洪都拉斯：战争和"里根经济政策"的集结地 / 199

美国的中美洲团结 / 228

第三部分　扼杀希望 / 255

　　和平协定和新自由主义 / 257

　　移　民 / 296

结论　特朗普的边境战争 / 329

术语释义 / 339

注　释 / 342

索　引 / 378

致　谢 / 403

第一部分

一个根深蒂固的危机

隐世与遗忘

来自中美洲的移民承载着数个世纪的历史遗产，其中大部分已被遗忘或湮没。在尼加拉瓜和萨尔瓦多，原住民的身份在国族建构中及被镇压之后受到抑制，活动家和革命事业被镇压，屠杀和暴力的证据被掩埋。美国一直以来都在竭力抹去自己在中美洲制造危机的角色。虽然历史记忆的工作正在努力复原历史，但许多中美洲人希望的只是生存下来，或是逃离这片土地。在美国，中美洲人重塑了身份认同以适应新环境。大多数土生土长的美国人，即使是那些谴责虐待移民的人，也仍然对移民所承载的历史漠然视之。

记忆是什么？不同学科给出了不同的答案。对于心理学家而言，记忆可能是个体的，是个体构建自我和身份认同的一部分。但记忆亦是属于集体的，不同社会和文明通过口述传统、宗教、书面记录、共同的纪念和叙事来保存与创造记忆。一个社会或一个群体理解自身过去的方式会渗透到其文化中，并影响他们在当下的所思所为。

所有的记忆从某种意义上来说都是构建出来的。作为个体或群体的成员，我们会赋予某些记忆相对优先的地位，我们从记忆碎片中提取出连贯而有意义的故事，来理解我们的过去和现在。

遗忘是记忆中不可避免的一部分。通过强调或回忆起某些细节、事件和某一种理解，我们得以抹去并遗忘其余的部分。我们之所以会遗忘，是因为个体和集体的历史中充斥着大量细节，如果不将这些细节整合成连贯的叙事，它们就会化作一团混沌的迷雾。但当我们依赖某一种叙事时，又很可能淡化了其他的叙事。

历史学家对记忆有着深刻的思考，我们通过书写历史来创造记忆。在阅读特定时期的一手资料时，我们明白，即使是原始文件或第一手记述，也只能向我们展示故事的一种版本——通常是来自受过良好教育的精英的视角。精英们有读写能力，掌控了相关资源，能够保存和记录他们自己意识中的过去。我们试图重新阅读这些资料，反其道而行之，以找寻其中隐藏着的那些呼声的相关线索。

当聆听个人谈论过去时，我们同样清楚，他们的记忆也是有选择性的，并且通常受到所描述之事后续的余波的影响。即使是两个目睹或参与同一事件的人，对该事件的回忆也可能大相径庭。

关于历史记忆的斗争可能充斥着很强的政治色彩。人们常说，历史是由胜利者书写的。胜利者总是喜欢为自己的胜利辩护，庆祝自己的伟大，抨击被征服者的罪行。他们还可能会剥夺那些被征服者的语言和文化，试图封锁被征服者的记忆。

许多美国人都意识到，关于第二次世界大战的历史记忆存在冲突之处。有时候，我们很难简单地区分谁是胜者、谁是败者，关于谁掌控历史叙事的争论仍在继续。德国和日本在"二战"中战败，但两国如今都是繁荣富裕的国家。两国战时政权的一些领导人受到了惩罚，但也有人得以逃脱，还有的甚至继续掌握政治和经济大权。东欧的犹太人口虽不是战争中失败的一方，但他们却遭受了灭顶之灾。那么，谁是胜利的一方，谁是失败的一方？谁拥有讲述这个故事的话语权？

在德国和欧洲其他地方，大屠杀被官方谴责，对犹太幸存者的道歉之辞和赔偿事宜仍在继续。在欧洲部分地区，否认大屠杀，作为一种遗忘，是一项应该受到惩罚的罪行。相比之下，遭受过日本侵略暴行的幸存者们，却仍在努力让世人承认他们的苦难。韩国人和中国人就曾抗议日本民族主义者否认战时侵略的行径，或从教科书中删除相关内容的做法。

再比如，越南战争中，美国输掉了战争，承受后果的却是越南：数百万越南人死于非命，他们的家园也在战火中熊熊燃烧。一个国家内部人民的经历从来都不是千篇一律的，一些越南人与美国人并肩作战，另一些则与之在战场上搏杀。无论是胜利还是失败，官方叙事都可能与不同人群和团体的公开记忆或被埋葬的记忆截然不同。

在中美洲，遗忘是层层叠加的。西班牙征服者屠杀和奴役土著人民，查禁土著宗教，诋毁土著文化和语言。19世纪初的独立浪潮过后，崇尚欧洲风气的拉美精英们努力构建了一种民族叙事，从而将自身的特权合理化，同时，他们还创建了一种进步观，以与其所享受的特权相辅相成。有些人将独立后的这个世纪称为"第二次征服",因为以咖啡和香蕉为基础的新出口经济迫使农民离开他们的土地,成为种植园的劳动力。

到了19世纪末,中美洲的经济与美国的投资紧密交织,而美国的政治和军事干预也随之来临。反抗和起义频繁发生,但都遭到了残酷的镇压。到了20世纪20年代,抗议运动围绕着政治性的目标集中展开。在尼加拉瓜,奥古斯托·C.桑地诺(Augusto C. Sandino)领导了一场农民起义,试图将美国占领者驱逐出家园;在萨尔瓦多,共产主义领袖法拉本多·马蒂(Farabundo Martí)组织起了城市工人运动,咖啡产区的土著农民则拿起武器,以重新夺回他们的土地和村庄;1944—1954年,危地马拉的革命政府试图改革本国的土地制度和劳动制度。所有的这些起义都遭到了激烈的镇压,随着镇压的铁靴而来的,是对历史的改写和遗忘。

遗忘可以是一种压迫和抑制发声的方式,但沉默同样可以被用于防卫和抵抗。危地马拉的土著活动家里戈韦塔·门楚(Rigoberta Menchu)在她备受赞誉的1983年的"见证文学"(testimonio)中思考了记忆和沉默的含义。她从解释口述历史的含义说起:"这是我的证词。我不是从书上学来,也不是独自学来……我的故事和所有贫困的危地马拉人的故事一样。我的个人经历是整个民族的现实写照。"[1]

然而,在坚持她的故事及证词的重要性的同时,门楚还着重强调了她不想讲述的内容。她认为,在战火和压迫之下,有些记忆最好通过封存来保留。门楚引用了玛雅古籍《波波尔·乌》中的一句话:"学会保护自己——通过保守我们的秘密。"

她进一步解释道:"印第安人一直非常谨慎,不对外透露他们社群的细节。印第安人社群不允许(后辈)谈论有关印第安人的事。"父母必须教导孩子"保守我们族人的秘密。这样我们的文化和习俗才能保存下来"。他们讲述土著民族英雄对抗西班牙人的故事,告诫孩子们"不要让任何地主毁掉这一切,也不要让任何富人抹杀我们的习俗。我们的后辈,无论是工人还是仆人,都要尊重并保守我们的秘密"。"我们印第安人总是会隐藏自己的身份,把秘密藏在心中……因为我们知道,为了保护印第安文化,防止它从我们身边被夺走,我们必须将很多事隐藏起来。"2

里戈韦塔·门楚

这些秘密成为"土著人"所代表的固有含义。它们构建了印第安人数个世纪以来反抗西班牙统治的传统的一部分,也滋养了20世纪70至80年代的地下团体,激励他们敢于反抗那些驱逐印第安土著社区的混血拉迪诺人(Ladinos)① 和地主们。当土著社区尽力自卫时,门楚写道:"现在,同志们,没有人能发现我们社区的秘密。我们在这里做什么都是保密的,不能让敌人知道,也不能让其他邻居知道。""当我们组织起来时,我们就开

---

① 拉迪诺人指欧化了的中美洲人,主要是混有印第安人血统、在肤色和文化上更接近西班牙人的印欧混血人,还包括一些未混血的南美印第安人种。——译者注(以下若无特殊说明,皆为译者注)

始使用所有我们一直藏匿的东西。没有人知道我们的陷阱——因为它们一直保持隐蔽；没有人知晓我们的信仰——因为每当牧师来到我们村庄，我们都守口如瓶。""这就是为什么人们以为印第安人是愚昧的，好似他们不会思考，一无所知。但实际上，我们一直都在隐藏自己的身份，因为我们需要反抗下去。"[3]

记忆至关重要

本书的论点之一是，历史很重要，而我们如何叙述和铭记历史也很重要。这并非是乔治·桑塔亚那（George Santayana）的名言所说的那样："那些无法铭记历史的人注定将重蹈覆辙。"更重要的问题是，我们如何回忆过去：我们如何讲述关于过去的故事。这些故事塑造了我们对现在的信念以及我们在现实中的所作所为。如果我们抹去了自己和中美洲国家历史的重要部分，我们就会相信这些国家本来就是"垃圾国家"（正如特朗普总统在 2018 年初在推特上所表示的），到处都是"犯罪分子"，"公然无视我们的边境和主权"[4]，"这是对我们国家的入侵"[5]。

根据这种描述，美国人反倒成了入侵行为的受害者。这种说法的根源与移民的根源一样深远。要了解今天发生的事情，我们就将挑战这种叙事，强调我们交织在一起的共同的历史。

两种殖民主义：北方和南方

美国和中美洲的当代史都可以追溯至欧洲殖民主义的时

代。强盛的天主教西班牙控制着人口众多、广袤富饶的原住民帝国，一个世纪后，来自英国的殖民者才在北美东海岸建立起殖民前哨。英语世界形成了一种被称为"黑色传说"的历史叙事，这一叙事将西班牙人描绘成残酷落后的征服者，在加勒比地区与拉丁美洲一路烧杀抢掠。英国人则正相反，（根据他们自己的说法）他们是勤劳、有远见的殖民地定居者（而非殖民者），他们挥洒汗水，在空空如也的土地上建起了自给自足的农庄。

这种叙事通过暗示一种"历史"叙事——北欧人，特别是讲英语的人，正是因为他们在道德和发展方面的优越性，理应在世界上占据崇高地位——方便地解释了当代美国和拉丁美洲之间的不平等现象。

当然，传说仅仅是传说。这种说法试图掩盖英国和西班牙的殖民世界（后来分别成为美国和拉丁美洲）之间更多复杂的相似之处、差别和联系。与那些在美国流行的神话相反，英国殖民者实际上和西班牙人一样，都对征服原住民和从殖民地攫取财富充满兴趣。只不过当英国人开始殖民时，西班牙早已控制了大多数最能收获暴利的地区，但英国人很快也在他们的加勒比殖民地发展了种植园生产模式。

北欧人和南欧人之间的准种族（quasi-racial）区别构成了"黑色传说"的特征，然而，比起这种说法，倒不如说美洲各地的环境差异才是决定殖民者的意识形态和策略的因素。西班牙人遇到的，是人口稠密、资源和劳动力榨取系统发达的帝国，他们将殖民计划的重点放在支配这些现有的体系上。相比之下，英国人在北美洲发现的原住民要少得多，而且在他们到来之前，原住民人口已经被欧洲的疾病大肆摧残。在贵金属开采或种植园农业几乎没有潜力的情况下，殖民者别无选择，只能想方设法维持生存。而一旦他们意识到美国南部和加勒比地区具备发展种植园农业的条件，就开始热衷于精心制定强迫劳动制度，其残酷性和剥削性丝毫不亚于他们的西班牙同行。

在人口稀少且几乎无法控制的地方，如北美洲，英国人发展了一种殖民模式，称为定居者殖民主义（settler colonialism）。定居者殖民工程的基础不是统治他们所殖民的人民——就像西班牙人在墨西哥和秘鲁，或者英国人在印度一样——而是消灭当地人，并用欧洲白人取代他们（在有足够经济潜力的地区，奉行定居者殖民主义的统治者会输入特定种族的人口来从事强迫劳动）。在这方面，英国在美洲的定居者殖民主义类似于其统治澳大利亚、新西兰和加拿大的方式，却又不同于它在印度的殖民主义模式。

传统的殖民主义和定居者殖民主义共同指向的是一种所谓欧洲优越性的意识形态，这种意识形态至今仍在世界上弥漫，现在通常被称为种族主义。我们今天所称之为有色人种的人就是过往被殖民的那些人。只要承认种族和种族主义的殖民根源，就可以帮助我们理解过去如何意义深远地塑造了现在。

同样值得注意的是，当今世界上的大部分财富和权力集中在以前的殖民强国（美国和欧洲国家）手中，大多数贫困则集中在它们以前的殖民地（非洲、拉丁美洲、加勒比地区、南亚和东南亚）。这种分化也源于长期的殖民主义历史。

但殖民主义的时代早已烟消云散了，不是吗？美国也曾经是一个殖民地，而且它是所有殖民地中最富有、最强大的。所以，那些建立美国的老白人一定做对了一些事，而他们在南方的同行一定做错了一些事。

然而这个结论是正确的吗？是，但也不是。拉丁美洲和美国都是在大约 200 年前从殖民者手中争取到独立的。但让我们思考一下：谁是殖民者？谁是被殖民者？到底是谁从谁手中获得了独立？在英属北美，是英属殖民者自己要求独立——以便继续推进他们的定居者殖民工程。这些新国家的"国父"和新领导层此前是奴隶主、土地测量员和扩张主义者。英属北美殖民地上的被殖民者，即美洲原住民、非洲人和非裔人的后裔，在独立后仍然是被殖民者。唯一不同的是，现在他们的殖民统治者从英国人变成了美国人。

与美国争取独立的经历形成最强烈反差的，是数年后的海地。在那里，发出独立呼声的人并非法国殖民者，而是被殖民、被奴役的非洲裔。他们赶走了法国主人，废除了奴隶制和种植园制度。但在美国，这种情况并没有发生。

拉丁美洲——包括中美洲——介于两者之间。西班牙裔的精英领导了独立战争，并最终控制了新独立国家的经济和政治机构。但他们的人数几乎在所有地方都被非裔人口、土著人口和混血人口所超越，而这些人也将独立视作争取自身权利的契机。

引入殖民主义和定居者殖民主义的概念，为我们理解美国和中美洲的历史，以及它们之间漫长而曲折的关系提供了一个新的视角。这是一种在当下的叙事中被刻意模糊和遗忘的概念，其目的是掩盖过去，但重拾这些概念可以彻底改变我们思考美国殖民主义的方式。与其讲述那些关于清教徒、感恩节、复古服装和为自由革命而让殖民主义成为过去的陈腔滥调,不如说这是一个在1776年仍未结束的定居者殖民工程。正相反,在殖民者摆脱英国束缚、获得独立,并开始征服和殖民这个大陆之后,这一工程才如雨后春笋般发展起来。

在中美洲,独立也并不意味着殖民主义的终结。在外部,一种新的殖民主义关系,表现为在经济和意识形态上依附于欧洲——到了19世纪末又变成了美国,这是殖民主义继续阴魂不散的一种体现。在内部,欧裔精英和来自欧洲的新移民继续在政治与经济上主宰着这些新国家的原住民,后来在美国也同样如此。但是,随着美国将其政治、军事和经济的触角伸向中美洲,这两者发生了交集,它有了一个更广为人知的名字——新殖民主义(neocolonialism)。这些关系和意识形态也塑造了这些新国家书写历史的方式。

那么接下来,我们将要审视发生在中美洲的征服和殖民统治之本质。在下一章中,我们将回到独立后的第一个百年,更深入地探讨在漫长的19世纪,美国的定居者殖民主义是如何塑造其与新近独立的邻国的关系的。

将印第安人从中美洲征服中抹去

正如里戈贝塔·门楚所言,几个世纪以来,中美洲的土著文化、语言、身份和抵抗的记忆不断受到挑战。来自西班牙的殖民者有着自己的宗教、政治和经济目标。天主教会派出牧师和传教士,西班牙王室则派出官僚,他们与［殖民者］个人签订契约,允许他们追求自己的经济利益。每个群体都有不同的攻击或维护印第安人身份的动机。教会想要灵魂,政府想要臣民和税收,征服者则想要黄金。但无论在哪一种情况下,他们都需要人力,而且需要被认定为印第安人的人力,于是,每个人都试图改造土著以满足自己的愿望。教会声称有权向土著传播福音,国王声称有权向土著征税,征服者声称有权奴役土著。当他们争夺控制权时,他们将土著的宗教、治理模式和劳动力置于他们有时是相互竞争的目标之下。

因此,殖民者在诋毁和破坏土著的生活方式的同时,也在物质和意识形态上依赖它们。他们需要印第安盟友,以便在战争中击败土著帝国,需要印第安精英的合作来执行新的劳动和税收制度,需要印第安劳工和农民提供劳力与贡赋,需要印第安人在信仰上的皈依。矛盾的是,他们需要印第安人成为印第安人,同时他们又需要将所有印第安人定义为低等、亟须西班牙人统治的人。

虽然在传统的历史记录中,西班牙征服中美洲通常要归功于军事领导人佩德罗·德·阿尔瓦拉多(Pedro de Alvarado),就如同征服墨西哥要归因于埃尔南·科尔特斯(Hernán Cortés),或发现美洲要归功于克里斯托弗·哥伦布(Christopher Columbus)一样,然而那种说法仅仅是一种被创造出来的记忆。最近的征服史研究从几个方面挑战了这一征服者神话。事实上,在西班牙人到来之前的数百年里,墨西哥和中美洲一直是相互竞争、有时甚至是相互交战的帝国之所在。

著名的西班牙军事征服实际上主要是由相互敌对的土著群体,而非那些伴随着他们的西班牙小部队进行的。西班牙人可能认为他们正在利用土著盟友,但土著也利用了西班牙外来者来达成他们自己的目的。从长远来看,西班牙人确实最终占据了主导地位,但这一长期过程已经扭曲了我们对所谓"征服"的记忆。

墨西哥土著在所谓西班牙征服中美洲的过程中所发挥的作用的一个无法抹去的证据,即是墨西哥纳瓦特尔语(Nahuatl)地名的流行。即使在今天,危地马拉的许多地方仍然以那些伴随(或领导)西班牙人的印第安人所起的名字而闻名。在墨西哥,克萨尔特南戈(Quetzaltenango)这样的地名,就散布在各个像圣马科斯(San Marcos)这样的西班牙语地名之间。此外,圣地亚哥阿蒂特兰(Santiago Atitlán)等一些城镇的名字,就是将西班牙语(圣地亚哥)和纳瓦特尔语(阿蒂特兰)结合在一起的产物。[6]还有许多较小的城镇保留了当地玛雅语的或新或旧的名称。

大多数记载都强调,正是欧洲传染病的作用,使得西班牙"征服"与西班牙人到来之前漫长的帝国斗争和征服历史截然不同。欧洲人是经历了数个世纪的瘟疫和传染病的幸存者,这给他们带来了巨大的生物学优势。随着时间的推移和较早时期的人口因病而亡,欧洲人已经对那些他们无意中携带到美洲的许多微生物产生了抵抗力或免疫力。正是阿尔弗雷德·克罗斯比(Alfred Crosby)所说的"生态帝国主义",而非先进的武器或战术,给土著居民带来了灭顶之灾,并导致了人口数量的崩溃,在接触后的一个世纪内,高达90%的人死亡,剩下的人则被西班牙人强行统治。[7]

历史学家估计，在被征服前，中美洲的人口在 500 万—600 万。在西班牙人到来后的最初 150—200 年，这一数字急剧下降，然后稳定下来并开始缓慢复苏。到 19 世纪初的独立时期，土著人口已略低于 60 万。和他们一同生活在此处的，还有大约 2 万非裔（他们中的大多数人是奴隶），4.5 万西班牙人和 37.5 万种姓（castas）或称混血人口。[8]

在某些方面，西班牙所谓的统治地位仍然脆弱。尽管经历了人口崩溃，非西班牙人的数量仍远超西班牙人。经历了屠杀的土著幸存者找到了许多逃避和抵抗西班牙控制的方法。他们将天主教的宗教符号融入自己的世界观和实践中；一些历史学家疑惑于西班牙传教士是否真的成功改变了印第安人的信仰，抑或是西班牙人在采用印第安人的语言和习俗以获得社区认可的过程中改变了自己的信仰。印第安人继续使用自己的语言，从事传统经济和乡村生活，同时最低限度地供应西班牙所要求的税收和劳动力，正如在被西班牙征服前他们对那些土著帝国统治者所做的那样。他们也利用西班牙的法律和官僚机构来保护自己的权利和自治。他们逃到未被征服的地区，在西班牙官员过于深入地干涉他们的生计和文化时奋起反抗。

在类似中美洲这样更加乡村化、对西班牙人的经济吸引力较小的地区，印第安人的抵抗和拼搏尤其强烈。西班牙人的统治建立在墨西哥阿兹特克帝国和秘鲁印加帝国毁灭后的废墟与基础设施之上。在包括今天的危地马拉和萨尔瓦多的危地马拉教区，这样一个远离墨西哥新旧首都官僚中心的地方，没有发生过一次重大的军事征服。西班牙人通过派遣方济各会和多米尼加传教士,将印第安人口"减少"到受控制的定居点,以进行所谓的"天主教殖民主义"。在危地马拉的土著高地,整个16世纪,"顽抗的印第安人不断地从山丘上被驱赶至定居点集居,其他人则不断地被劝告不要抛弃原先的山丘聚居地"。"印第安人中的新来者,被他们的领袖引入了早期教会",这些领袖通过礼物贿赂他们,"要么忽视,要么以自己的方式解释他们从牧师那里得到的混乱的布道",而牧师压根不会说也听不懂那些他们希望劝说转信的人的语言。传教士严重依赖地方当局,他们向当局提供礼物,并为当局提供在新教会中的角色,这加强而非破坏或挑战了当地的等级制度。"通过印第安村庄的传统社会等级制度来组织教团,教士们强化了古代的社会模式,而不是侵蚀它们。"[9]

即使在传教活动走向世俗化、教区神父取代了传教团的18世纪末,在传教士领导下发展起来的、以村级兄弟会(cofradías)和圣徒崇拜为基础的融合体系仍然继续存在。很少有神父愿意到偏远的农村地区服务,即便是有此意愿的神父也不会说当地语言。一项研究得出结论,直到19世纪末,"尽管引入了新的工具、植物和动物,并且经历了宗教和政治变革,〔危地马拉〕的农村人口在很大程度上仍继续创造和生活在自己的社会经济与政治空间,平日里仅受到有限的外部干扰"[10]。

然而,即便在这些偏远地区,"从殖民早期起,印第安人〔精英〕就开始依赖西班牙人,然后是拉迪诺人,来追求他们的利益并维护他们的权威"。[11] 当地领袖希望同时维护他们在本地社区之上和西班牙人统治之下的合法性。他们的权力和地位同时取决于两者。

危地马拉南部的尼加拉瓜是奴隶的来源地，来自这里的奴隶满足了秘鲁的银矿开采和巴拿马运输业对劳动力的贪婪需求，巴拿马还是西班牙和南美之间的贸易枢纽。从尼加拉瓜被征服后的头几十年到 1550 年贸易结束之前，大约有 20 万人，即超过三分之一的尼加拉瓜土著人口被奴役并被运出这个国家。如此大量的中美洲印第安人被奴役和运走，构成了如历史学家默多·麦克劳德（Murdo Macleod）所说的"西属太平洋历史上最悲惨和被遗忘得最彻底的方面之一"。[12]

另一个在中美洲历史上几乎被忽视的群体，是加勒比海沿岸的人民，他们主要是居住在加勒比海沿岸的土著人和逃离奴隶制或解放后的非裔加勒比移民的后裔。自前哥伦布时代以来，伯利兹、危地马拉、洪都拉斯、尼加拉瓜和哥斯达黎加的大西洋或加勒比海岸线一直与内陆、高地和太平洋沿岸的中美洲隔绝（萨尔瓦多因地处太平洋沿岸，所以与中美洲其他地区没有共同的加勒比历史）。虽然一些玛雅人居住在北部地区，特别是墨西哥和伯利兹，但大多数土著及其语言，例如尼加拉瓜的米斯基图人（Miskitu）、玛扬纳人（Mayangna）或拉马人（Rama），哥斯达黎加的塔拉曼卡人（Talamanca），都属于加勒比和南美北部的阿拉瓦克人（Arawak）和奇布查人（Chibcha）的相关族群。他们中的许多人都已经和非裔混血超过一个世纪，有些形成了新的种族，如黑人加勒比人（Black Carib）、加里富纳人（Garifuna）和克里奥尔人（Creole）。[13] 在殖民历史中，他们互动更多的是英属加勒比地区和新教传教士，而非西班牙和天主教占主导地位的大陆。这种分界在19世纪末仍在继续，当时加勒比地区的大部分都被来自美国的香蕉公司所占据，这带来了新一波加勒比黑人移民劳工的输入。即使在今天，中美洲的大西洋（或加勒比海）沿岸地区在地理和文化上仍然远离首都与国民生活的主流。

西班牙殖民秩序

西班牙殖民统治的基础，是严格控制的贸易、教会与国家之间的密切关系、教会在治理中的强大作用，以及严格的人口等级制度划分。处于这一等级制度顶端的是半岛人（Peninsulares）——出生于西班牙的西班牙人，他们掌控着政府和经济。在他们之下的是克里奥尔人，他们是出生于美洲的西班牙裔。处在最底层的则是印第安人或土著人。在西班牙帝国的中心地带，土著人承受着严酷的劳动和贡赋要求。但在中美洲这样的穷乡僻壤——这里缺乏金银，也缺乏发展种植园农业的潜力——西班牙的"两个共和国"系统，即印第安人共和国和西班牙人共和国，反而为土著社区提供了很大程度的保护与自治。与此同时，混血人口不断增加，土著人日益融入西班牙世界，以及处于自由或奴役状态下的黑人，使西班牙对这两个共和国的主张变得更加复杂。

默多·麦克劳德将西班牙征服后的头三十年描述为"掠夺"阶段："入侵的西班牙人只是拿走了最现成、最明显可用的资源，然后将它们从当地送回母国。因此，在征服后的头三十年里，人口和地表黄金（这也是由被奴役的印第安人提取的）大量出口。"[14]西班牙人随后开发了其他出口产品：主要是可可，后来成为一种风靡欧洲和北美的饮料；胭脂红，17 世纪时从一类栖息在胭脂仙人掌上的昆虫中提取而来的红色染料；靛蓝，尤其是在 18 世纪后，一种可以从中提取深蓝色染料的植物。这些染料在欧洲不断发展的纺织工业中被使用。

在 16 世纪 50 年代印第安人奴隶制被正式（尽管并非真正）废除后，对可可和胭脂红这两种低地作物的需求催生了新的强制劳役形式。为了迫使劳工迁移到种植园，西班牙人向印第安高地的社区征收贡赋，一种以现金和货物形式收缴的特别税。为了缴纳税款，印第安人别无选择，只能屈从于西班牙人的劳工需求。危地马拉东部和萨尔瓦多部分地区的靛蓝大多是野生或半野生的，并且经常与畜牛相伴。畜牛只需要很少的劳动力，而靛蓝只在其短暂的收获季节中需要劳力，因此它们对高地土著社区的影响较小。

人们为何遗忘

征服者、凯旋的精英和施加暴行者可能有明显的自利原因，想要摆脱他们崛起过程中所涉及的罪行、苦难和不公正的记忆。由于他们控制着机构、教育、政府和媒体，因此他们也就拥有了宣扬他们口中的历史的手段。

有时，与这些官方历史大相径庭的大众记忆，通过代代相传的口述、家庭、文化活动和社群得以维持和传承。里戈贝塔·门楚将这种颠覆性的历史视为一种抵抗形式。但有时，大众记忆会被埋葬或压制。人们出于羞耻、幻灭、恐惧和自我保护的原因而选择去压抑这些记忆。铭记过去可能实在过于痛苦，或者可能引来酷刑、谋杀或失踪的切身威胁，特别是压迫者继续掌权的情况下——就像中美洲大部分地区那样。

正如里戈贝塔·门楚的证词所述：20世纪70年代席卷尼加拉瓜、危地马拉和萨尔瓦多的革命运动正是利用了那些被埋藏的抵抗记忆。在横扫危地马拉和萨尔瓦多的镇压中，特别是1979年尼加拉瓜革命胜利之后，政府军野蛮地攻击了他们眼中可疑的活动家、其可疑的支持者，以及那些推动革命的记忆与对新社会秩序的希望和梦想。整片地峡徒留破碎的社群、躯体和记忆。

在名为《危地马拉：记忆终结之旅》（*Guatemala：Journey to the End of Memories*）的纪录片中，叙述者南希·佩肯纳姆（Nancy Peckenham）带着一个危地马拉家庭的照片从墨西哥难民营返回高地上的村庄，希望能找到那些还未逃到墨西哥的家庭成员。当到达村庄时，她便遭到了士兵的跟踪，她所遇见的村民们则反应惊恐，一致否认认识照片上的难民。然而，当她带着村民的录像带返回墨西哥的难民营时，难民们很快认出了其中几个人，甚至声称与他们有亲戚关系。"在危地马拉，"佩肯纳姆总结道，"记住事情是危险的。"

在另一个令人难忘的场景中，南希造访了一个"模范村"，这其实是一个集中营，数百名被认为具有"颠覆性"的村民被强制转移至此接受再教育。我们能看到面无表情的居民排队并背诵政府宣传的场景。对暴力受害者来说,"记忆的终结"意味着什么,这是一个再清楚不过的答案。

对于知识分子和精英来说,隐世和遗忘是创造幸福的无知的一种方式,这使他们能够安然享受自己的特权而无须承认这种特权的基础正是剥削。遗忘可以让他们避免因所见而感到羞耻。当一位危地马拉种植园主天真地表示她没有什么可隐瞒的时候,一位当地活动人士愤怒地反驳说:"他(她)有很多事情需要隐瞒,即使他(她)不知道。"[15]

作家丹尼尔·威尔金森(Daniel Wilkinson)讲述了一桩轶事,以反映种植园经济的受益者如何通过逃避和遗忘来安抚自己的良心。一位种植园主开车沿着乡村土路飞驰,快速地穿过一个村庄时,一只公鸡突然冲进了面前的道路。司机一边将其碾过,一边耸耸肩。"我又能做什么呢?"他狡辩道。[16]

诚然,如果忽视他导致这一事故的行为——超速驾驶,人们便能轻易地认为自己是无辜的。而且,正如威尔金森反复提醒他的美国读者的那样,他们与危地马拉的精英阶层一样,都与这个体系有牵连,威尔金森也请读者嘲笑他们自己的傲慢。

两首创作于 20 世纪 80 年代的诗,一首来自危地马拉游击战士奥托·勒内·卡斯蒂略(Otto René Castillo),另一首来自美国诗人兼活动家卡罗琳·福歇(Carolyn Forché),探讨了在财富和贫困中流淌的暴力,以及中美洲的精英群体如何构建特殊的隐世和遗忘。但这些诗歌也向美国读者诉说,并悄悄提醒我们:我们也是他们所描述的系统的一部分,如果我们对这一点一无所知,那是因为我们正在进行自己的遗忘仪式。

卡斯蒂略将注意力集中在"不关心政治的知识分子"(apolitical intellectuals)身上,这些人身处象牙塔中,远离穷人的苦难,并努力忽视他们在维持其特权的体系中的共谋。每一天,他们都把目光从那些负重前行以支持自己岁月静好的人身上移开,享受着"属于他们的精致衣装,属于他们的饭后漫长午睡",以及他们对希腊神话或"虚无的想法"的自以为是的沉思。但有一天,卡斯蒂略想象,"他们将受到我们最纯朴的人民的审问……那些在不关心政治的知识分子的书籍和诗歌中没有地位,却每天给他们送来面包和牛奶、玉米饼和鸡蛋的人,那些为他们开车的人、照顾他们的宠物狗和花园的人"。那些被隐去身形的工人最终会提出自己的问题:"当穷人遭受苦难,当他们的柔情和生命被燃烧殆尽时,你做了什么?"不关心政治的知识分子将无言以对:"沉默的秃鹫会吃掉你的内脏……你会因羞耻而哑口无言。"[17]

美国诗人卡罗琳·福歇在萨尔瓦多度过了漫长的战争岁月,她在1978年创作的最著名的诗《上校》(*The Colonel*)中也谈及了恣意的无知、羞耻和遗忘。但是,当她描述萨尔瓦多上校的残暴和遗忘时,她是用英语向美国听众念诗,而不是向萨尔瓦多听众。

这首诗简洁地描述了萨尔瓦多资产阶级的自满和暴力的正常化,同时含蓄地指责了那些资助战争的美国人,指责他们的刻意无知和自以为是——好似她对上校家人的描述那样。"你所听到的是真实发生过的,"她在开头阴郁地写道,暗示她的美国读者肯定听到过有关萨尔瓦多暴行的传言,却认为这些可能太过令人愤慨——或者可能太令人不安——而否认了其真实性。

上校家里的场景令人感到十分熟悉,甚至几乎有些平淡无奇。他的妻子端来一盘咖啡,他的女儿正在锉指甲,他的儿子晚上出去游玩,电视上播放着英语的"警匪剧"。"有日报、宠物狗……"但在同一句话中,"他旁边的垫子上有一把手枪"。这把手枪的出现是如此随意,以至于几乎会被忽视,但正当读者沉浸在熟悉的场景中时,他们的注意力立刻被吸引到了酝酿在表面之下的暴力——"破碎的瓶子……嵌在房子周围的墙上,足以把男人腿上的膝盖骨挖下来,或者将他的手切成碎片"。

接下来的场面变得更加紧张,因为"当时有人在谈论(国家)治理变得多么困难",上校在鹦鹉打招呼时告诉它"闭嘴"。他离开房间,随后"带着一个用来装杂货的麻袋"回来。但当他把麻袋里的东西倾倒到桌上时,掉出来的是一只只人耳。"你所听到的是真的。"读者回忆道。"我受够了这些胡闹,"上校随后告诉福什,"至于任何人的权利,告诉你的人民见鬼去吧。"上校用这些话嘲笑美国人拥有遗忘的特权,这使他们能够将侵犯人权的行径归咎于萨尔瓦多人,同时抹去他们自己对萨尔瓦多乱局的罪责。[18]

移民和遗忘

随着越来越多的中美洲人背井离乡,到北方开始新的生活,遗忘的政治在美国呈现出新的意义。中美洲向美国的大规模移民可以追溯到 20 世纪 80 年代发生内战的时期,这些移民主要来自萨尔瓦多和危地马拉。大多数人是为了逃离政治暴力,他们的存在给里根政府在政治上带来了很大的麻烦,因为里根政府力图证明美国对这些国家政府的支持是合理的。其他人则是经济难民。不管怎样,难民们的存在都戳破了里根政府关于这些中美洲国家政府合法性和获得美国支持的权利的谎言。

当然,中美洲人的迁徙已经有数个世纪的历史。甚至在西班牙人到来之前,他们就在移民浪潮中被塑造和重塑,形成了语言、文化与种族的融合。为了利用这里的土地和劳力,并实现政治和宗教控制,西班牙移民在进行迁徙的同时,也迁移土著。19 世纪的咖啡和香蕉经济同样改变了土地和劳力模式。第二次世界大战后的人口增长、土地枯竭、出口农业和国家资助的殖民计划,迫使农民从中美洲土地最稀缺也是人口最稠密的国家萨尔瓦多迁徙到洪都拉斯,并从危地马拉高地向北迁移到伊克斯坎(Ixcán)雨林和佩滕(Petén)平原。当他们前往美国时,中美洲人往往沿着墨西哥人开辟的路线,来到加利福尼亚州和得克萨斯州,有时也前往华盛顿特区和其他城市中心,以及位于美国南部的各个新目的地。

1986 年,里根政府签署了一项具有里程碑意义的移民法——《移民改革与控制法案》(*Immigration Reform and Control Act*,IRCA)。《移民改革与控制法案》试图解决部分由 1965 年《移民和国籍法》(*Immigration and Nationality Act*)

造成的问题——该法首次设定了配额以限制来自墨西哥和其他拉丁美洲地区的移民。美国移民局将数以百万计的墨西哥季节性移民转变为无证或"非法"移民。《移民改革与控制法案》试图管制这些移民,并处罚那些雇用无证工人的雇主,此举为20世纪90年代开始并持续至今的、以反移民和筑墙为诉求的歇斯底里情绪奠定了基础。

《移民改革与控制法案》的主要目的是使墨西哥移民劳工合法化。它排除了1982年之后入境的人,即许多中美洲难民。但有些人,比如来自危地马拉高地上的托托尼卡潘(Totonicapán)并在休斯敦定居的玛雅人很早就抵达了美国,这使他们得以利用法律。移民总要追随家庭成员,而合法的身份使一些人有能力正式担保亲属入境,从而为社区的不断发展壮大创造了另一条路径。

20世纪90年代中美洲和平条约签署后,中美洲与美国的政治、经济和军事关系愈加紧密。和平、新自由主义改革和结构调整贷款为来自美国的大量投资奠定了基础。与其他地方一样,更紧密的经济联系是移民增长的额外刺激因素。然而,尽管中美洲的移民时不时登上报纸头版,但中美洲在美国公众眼里却越来越渺无踪影。

在美国遗忘中美洲

许多历史学家和调查人员在中美洲都遇到过闭门羹、记录被毁和丢失以及沉默带来的挑战,而意图调查美国在中美洲所扮演角色的人也面临着同样的困境。

1985年，一组研究人员造访了美国驻萨尔瓦多大使馆，询问当地侵犯人权的情况，尤其是一家企业对74名印第安农民的屠杀。"他们温和地责备我们的到访，"访客们报告说，"因为我们走进了他们眼中已是往昔云烟的萨尔瓦多。'发生的事情太可怕了——但那已经是两年前的事了！'他们说。'美国人必须停止沉溺于这个国家过去的罪恶。这是萨尔瓦多的第一天，一个新的开始。'"[19]

即使是现在，美国的政府记录仍被保密或大量编辑。中央情报局发布的为数不多的关于危地马拉镇压最为激烈时期的电报中，其中有一份除了一行之外，其余都被粗重的黑色记号笔所覆盖。美国审查机构实际上正在抹杀过去。[20]

1958年，时任副总统的尼克松访问拉丁美洲时，对那里的反美抗议活动感到十分震惊。1982年，里根总统出访时，惊奇地报告说："你会感到惊讶……他们居然是不同的国家！"[21]很少有美国人能够说出哪怕一位中美洲政治领导人的名字。我们有"幸"来"遗忘"这些国家。

然而，美国的政治领导人、政党和政策却是中美洲的日常话题。那里的人们无法忽视或忘记美国正在发生的事，因为他们知道，美国的总统选举、决策和经济发展很有可能会对他们产生极为深远的影响。

塑造美国，塑造中美洲：香蕉、咖啡、野蛮人和土匪

19世纪是美国和中美洲国家经济发展和国族建构的时期，而这些过程是相互关联的。政治独立意味着建立新的机构和意识形态，并试图对人民和领土实施治理。在19世纪，美国和中美洲国家都处于战争之中，战争的部分原因是为了决定新国家的性质。所有人都在努力解决公民身份和种族问题。到19世纪末，他们的道路已经深深地交织在一起。

在美国，人们遗忘的幻想之一，是殖民主义已经于1776年新国家宣布独立时终结。中美洲国家也将其独立英雄和独立战争视为历史的里程碑。但在这两个地区，殖民主义其实根深蒂固，且深刻地塑造了这些新的国家。在美国，独立意味着定居者殖民扩张的激增，这其中也包括将中美洲纳入视野；而在中美洲，殖民时期的种族等级制度塑造了新国家，即便当美国强加了新形式的殖民统治后仍是如此。

殖民主义如何塑造美国

从早期到当下,定居者殖民主义一直是美国历史的特征。这个国家自建立之初就是一个白人国家,却建立在一个有大量非白人定居的土地上。这个国家由殖民者一手建立,他们坚信自己有权利甚至有义务进行扩张。种族和自由的观念在定居者殖民主义中根深蒂固。对于一个建立在奴役、扩张和驱逐基础上的国家来说,自由的概念在其自我形象和意识形态中的核心地位是值得注意的。然而,白人的自由却有赖于非白人的土地、劳力和资源。因此,对美国身份而言如此核心的自由概念本身,一直被深深地种族化了。

这种观点的结果之一是,在美国历史中,其国内政策和外交政策一直相互纠缠。如果只有最初13个殖民地的白人居民成为新国家的公民,那么非白人(主要是美洲原住民和非洲裔美国人)居民到底应该处于什么地位?即便获得了自由,黑人也无法成为美国公民,他们永远是身处内部的局外人。

当然,大多数美洲原住民生活在新国家的边界之外,他们被认为是外国人,新国家需要通过外交、战争、贸易和条约来应付他们。但也有人生活在这13个宣布独立的殖民地的边界内,并且这些边界不断地扩大。独立后的世纪是不间断的战争和征服的世纪。新领土的并入意味着新居民的加入。"对于美国人来说,独立战争是一场争取独立的战争,也是一场争夺印第安人土地的战争,"科林·加洛韦(Colin Galloway)写道,"建立美国的主权需要与印第安民族的主权及其在美国社会中的地位进行角力。"[1] 随着新国家将影响力扩展到印第安领土上，被征服的印第安人遂被重新定义为"国内依附族群"[2]。

历史学家约翰·格雷尼尔（John Grenier）称这是美国的"第一种战争方式"，是一种针对平民的全面战争，这一战争摧毁了平民赖以生存的经济模式，并塑造了美国军队。这也是第一种基于种族优越观念和种族化的自由概念的思维方式。这种傲慢和自以为是的态度构成了一对致命的组合，将美国对非盎格鲁撒克逊人的统治正当化，并从此形塑了美国与中美洲的关系。[3]

中美洲

今天的中美洲国家曾是西班牙殖民地危地马拉检审区（audiencia）的一部分，该检审区是更大的新西班牙总督辖区下的一个地区，总督辖区的总部设在位于墨西哥中央山谷的古老阿兹特克帝国的中心地带。1786年，作为精简帝国治理运动的一部分，西班牙进一步将检审区划分为行政区（intendancies），行政区划和权力掮客也由此产生，这也为独立后出现的国家奠定了基础。

中美洲在19世纪的独立是分阶段进行的。最初，它于1821年成为墨西哥的一部分，两年后又以联合省的身份脱离，而后成为中美洲联邦共和国；1838年，通过精英们对权力和领土的争夺，中美洲演变成了我们今天所熟悉的这些国家（尽管边界争端仍然持续存在）。与拉丁美洲其他地区一样，新国家的独立为克里奥尔人（即在美洲出生的、具有西班牙血统的人）精英带来了新的自治权、意识形态和经济项目，并与英国、德国以及即将蓬勃发展的美国工业经济体建立了新的关系。

　　独立后，各国花费了几十年的时间巩固新秩序。精英群体也分裂为自由派和保守派，尽管分歧导致了持续的内战，但精英们的基本目标仍是相互重叠的。保守派希望维持大部分殖民地时期的社会秩序，包括印第安社区的法律地位和教会在治理中的作用。自由主义者则试图推翻殖民时期的种姓制度及其法律中间人，以便国家对人民实行直接控制。自由主义者还致力于推行那些基于外国投资和发展出口经济的进步理念。在殖民主义的影响下，自由派和保守派有着深刻的精英主义和种族主义观点，这些观点将欧洲人的后裔置于社会等级的顶端，并将印第安人，特别是大量农村贫困人口视为进步的障碍，只适合为他们的社会和种族更好地服务。

　　当自由派在世纪末取得胜利时，印第安人社区和教会成为两个利益严重受损的群体。尽管印第安人在殖民制度下被边缘化，并被视为劣等人，但西班牙人也承认他们拥有相当程度的自治，特别是在公共土地权方面。教会也拥有大片土地。自由派想要一个强大的国家来消除或控制这些替代性的权力来源。他们认为，废除集体土地所有制并将土地置于自由市场中出售，将是刺激出口生产和经济进步的关键。

　　随着精英们在新的自由派政权下巩固了权力，他们又转而求助新的军队和不断增加的警察机构（农业警察、乡村警察、公民卫队等）来保证对土著土地的征用，以及强迫农民融入新的出口经济。与美国一样,进步之路也是由种族主义和暴力铺就的。

独立与整合之间

危地马拉自由派于 1829 年掌权,随后便开始致力于拆解殖民时期的机构和制度。印第安人社区失去了合法地位和土地权,印第安人还被要求缴纳新的人头税。政府没收了教会的财产,并将大主教和传教士驱逐出境。国家开始拍卖教会财产,宣布宗教自由,并控制了教会经营的墓地和学校。军队是没收教会财产的主要受益者,他们还进入农村地区,填补了教会留下的空间,成为那里的第一个也是主要的政府存在。[4]

改革和霍乱疫情(许多农村贫困人口将其视为政府夺取他们土地的又一策略)引发了多起叛乱,这些叛乱往往与宗教权威合作。19 世纪 30 年代末,这些运动以保守党的拉斐尔·卡雷拉(Rafael Carrera)的胜利而发展到了顶峰。许多作者一致认为,卡雷拉的统治是"危地马拉高地社区自治和免受外界干预的黄金时代……那些被教会和中央政府抛弃的社区……在一代人的时间里基本依赖自己的力量"[5]。

这并不意味着乡村生活就可以免于冲突。外部权威的撤离使印第安精英能够巩固其在社区中的财富和权力。[6] 社区之间还是会因土地而互相争斗。"尽管西班牙殖民政权能够在乡村强制执行起码的秩序,甚至保持公正,但随着中央政府几近崩溃,各个村庄以狂热和凶猛的方式互相残杀。"[7] 19 世纪后期,随着人口的增加和种植园经济对土地需求的上涨,这些斗争愈演愈烈。

印第安社区内部和彼此之间的斗争这一事实提醒我们,不能将种族或阶级身份简化。印第安人社区是分层的、等级森严的、分裂的。忠诚度和身份是流动的,并且会随着时间的推移而变化。历史学家埃里克·庆(Erik Ching)这样描述萨尔瓦多的19世纪:

> 1824—1842年,萨尔瓦多卷入了40场内部战争……国家机构自诞生起就虚弱无力,没有一个政治团体能够产生足够的力量来巩固权威。萨尔瓦多的政治体系不是一座大金字塔,而是由无数小金字塔和迥异的庇护网络组成,这些网络相互争夺对中央的控制权——无论它是多么破败,在偿还债务上又是多么无力。[8]

他的话适用于19世纪70年代之前的整个中美洲。

1870年后的新自由秩序

至19世纪末,自由派政府终于巩固了权力,它们渴望摆脱殖民限制,并寄希望于在欧洲贷款和投资的帮助下实现国家现代化。他们相信建设出口经济将带来进步。在危地马拉和萨尔瓦多,到19世纪末,基于促进咖啡生产的新自由主义霸权与寡头政治联合了。对于中美洲大多数贫困的人来说,精英的进步愿景意味着新形式的镇压和强迫。

19世纪中叶，中美洲大部分土地和劳动力仍然掌握在土著村庄手中。咖啡业的繁荣给生活在凉爽的太平洋火山高地的土著居民带来的是土地掠夺、种植园农业、铁路和强迫劳动。一些历史学家将其称为"第二次征服"——当地寡头和外国投资者实施了新的制度来控制土著的土地和劳动力。[9] 他们还重新阐释了意识形态，将印第安人定义为落后、原始的人，是陈旧的古物，必定要被现代化和生产的利益所超越，也必定要被整合进世界市场。

在危地马拉，德国移民在产业发展中发挥了关键作用。在萨尔瓦多，则存在着臭名昭著的"十四大家族"（这些并非核心家庭，而更像是各个紧密相连的氏族），这些家族的名字大多来自欧洲（有些来自加勒比），例如希尔（Hill）、德索拉（de Sola）、帕克（Parker）、道尔顿（Dalton）和达布松（D'Aubuisson）。这些寡头们控制着政治、经济和军事力量。

在尼加拉瓜和洪都拉斯，美国拥有更大的影响力。英国在这两个国家广阔的大西洋海岸的强大存在可以追溯到17世纪初，这引起了美国的持续关注，特别是在英国于1844年宣布该地区为保护国之后。在尼加拉瓜，自由派和保守派之间的斗争日益激烈，这部分是由于美国在当地巨大的影响力和存在。洪都拉斯的情况也是如此，孱弱的国家、香蕉业和采矿业对外国投资者的依赖减缓了咖啡业寡头的兴起。

即使在精英更加强大、自主性更强的危地马拉与萨尔瓦多，孤立地看待它们本身就是一种遗忘。中美洲19世纪的咖啡繁荣背后，是更大的全球力量。中美洲咖啡并不是欧洲人在第二次工业革命期间唯一投资、生产、进口、销售和消费的热带饮料。随着英国和法国的农民离开农场走进工厂，他们的饮食也从自产的谷物和蔬菜转向由殖民地生产的糖、咖啡和茶，这与母国为了利润而进行的大规模生产相对应。美国市场上的咖啡起初来自法属加勒比的奴隶种植园，而后来自巴西和哥伦比亚，并越来越多地来自古巴和波多黎各（美国于1898年从西班牙手中夺取的两个殖民地），而在20世纪，名义上独立的中美洲国家很快被纳入美国的势力范围，成为美国进口咖啡的新来源地。新的咖啡寡头虽在这些国家内崛起，但在全球秩序中仍然处于从属地位。

为了咖啡再造危地马拉

危地马拉提供了自由派独裁者和咖啡寡头如何依靠对人民的军事镇压来建立一个强大国家的典型案例。咖啡收入补贴了国家的镇压机构，而镇压是迫使农民放弃土地并为新咖啡种植园提供廉价劳动力的必要手段。一系列"自由派独裁者"用铁腕手段强加了"秩序和进步"的自由主义优先事项。那些尤其长寿且臭名昭著的包括：胡斯托·鲁菲诺·巴里奥斯（Justo Rufino barrios，1871—1885）、曼努埃尔·埃斯特拉达·卡布雷拉（Manuel Estrada Cabrera，1898—1920）和豪尔赫·乌维科（Jorge Ubico，1931—1944）。危地马拉籍诺贝尔奖获得者作家米格尔·安赫尔·阿斯图里亚斯（Miguel Ángel Asturias）在1946年创作的悲剧小说《总统先生》（*El Señor Presidente*），就是以埃斯特拉达·卡布雷拉为原型的，该小说成为阐释独裁者如何利用身体和心理恐怖来控制民众的经典之作。

卡雷拉保守党的时代结束后，自由派政府卷土重来，1871年革命让咖啡种植园主胡斯托·鲁菲诺·巴里奥斯上台。巴里奥斯对实体产业和银行基础设施进行了大量投资，以支持新的咖啡经济，并推行了对村社土地和教堂土地的私有化改革，从而促使土地从社区转至新种植园主手中。土地的丧失迫使许多农民向种植园出卖劳力，但巴里奥斯不遗余力，他还建立了新的强迫劳动制度，以确保种植园能有足够的劳工。

首先是"强制令"（Mandamiento）——1877—1894年对土著社区强加的殖民风格的强制劳役。强制令还辅以债役手段。如果劳工因债务和种植园主签订契约，就可以免于政府发布的强制令，转而受到其债权人（种植园主）的约束。债役创造了一种可以替代国家强迫劳役制度的私有化方案，但它只有在国家安全部队的支持下才能发挥作用。

1931年，豪尔赫·乌维科重新调整了这一制度，用新的《流浪法》（*Vagrancy Law*）取代了债役，该法规定，所有名下没有地产的男性每年必须在公共工程或私人种植园中劳作100—150天。债役制度和《流浪法》都模仿了美国南部在废除奴隶制后所实施的法律，但在中美洲，这两项法律几乎只适用于印第安人。

因此，"危地马拉农业无产阶级的生成是沿着明确界定的种族界限进行的。咖啡生产寄生于土著社区，慢慢地耗尽了普通人的生存自主权。印第安人是主要的劳力来源，有时，整个社区,无论是通过强制令还是债役,都成为屈从于某个特定种植园主的劳动力"。由于咖啡是一种季节性作物,仅在收获时需要大量劳工,因此种植园主也可以通过允许村庄在咖啡业不需要劳动力时维持最低限度的自给自足的农业来维持生计而受益。[10]

咖啡业经济的融入也改变了许多土著社区内部的关系。当公共土地被废除时,土著和拉迪诺精英都有权购买土地。在土著社区内,"平民(macehuales)变成了苦工(mozos),社区领袖(principales)变成了老板(patrones)"[11]。随着国家加强土著地主的权力,社区内曾经的互惠关系充满了更强制性的色彩。

历史学家格雷格·格兰丁(Greg Grandin)调查了该系统在印第安人人口稠密的城市克萨尔特南戈(Quetzaltenango)的运作方式。有土地的土著精英"仍然积极参与城市的兄弟会(cofradía)系统,并以依附性的家长制模式将其他人约束在自己身旁。基切(K'iche')的大地主们向较贫穷的印第安人提供土地供其生存和耕种,以换取劳动力或农作物"。兄弟会逐渐在社区治理中发挥更大作用,精英的地位也得到加强。因此,出口经济及其受益者找到了利用现有社区身份和机构的渠道。[12]

随着土著中有权势的人对贫困社区成员的影响力增加,他们也越来越多地依赖拉迪诺代理人和国家机器来维护他们的权威。"1871年,自由派政府在社区中的出现并不出人意料,"格兰丁写道,"它是受邀而来的。"在自由主义/咖啡时期,"随着对生存权的期望逐渐消失,尊重和义务的关系逐渐减弱。社区领袖的权力更加直接地与国家的惩罚职能联系在一起"[13]。

咖啡革命也将拉迪诺人带入了印第安社区的中心。他们作为劳务承包商、商人、放债者和政客，成为将印第安工人与咖啡种植园的移民劳工联系在一起的黏合剂。

土著精英同拉迪诺人精英分享了"许多关于进步、文明、教育和经济繁荣的自由主义未来畅想"，以及印第安社会本质上是落后的共识。然而，他们"断然拒绝接受拉迪诺人的种族和阶级观念，但随着危地马拉转变为咖啡生产国，这种观念变得越来越强大"。由于印第安人被定义为咖啡采摘者，印第安精英试图创造一个文化和政治空间，让他们能同时拥有印第安人的身份和富人的身份。[14]这些关于印第安身份的本质和意义的争论将在危地马拉后来的历史中持续存在和发展。

萨尔瓦多

萨尔瓦多的咖啡种植地集中在该国人口稠密，尤其是土著人口稠密的西部地区。1881年，立法革命开始，政府废除了土著社区的法律地位，同时将公共土地私有化。与危地马拉的情况一样，新法律迫使那些被剥夺财产的人在数量不断增长的咖啡种植园工作。为了推行新秩序并镇压19世纪80年代和90年代爆发的农民起义，政府于1900年建立了军校，又在1912年组建了新的乡村警察部队——国民卫队（Guardia Nacional）。随着印第安社区失去土地和合法权利，印第安人被迫在新的咖啡种植园从事工资低下且艰苦的雇佣劳动。

尽管如此，头几十年的咖啡革命在萨尔瓦多并不像在危地马拉那样残酷。在萨尔瓦多，一些农民，包括土著农民，设法获得了小块土地并从咖啡出口的繁荣中分得了一杯羹。20世纪20年代的咖啡繁荣加速了西部咖啡区真正的"无产阶级化和剥夺"，因为"农民遭受了痛苦的分解"，而这种分解在大萧条袭来后滑向了灾难的深渊。[15]

虽然失去了土地，但印第安社区在20世纪的前几十年"仍然是萨尔瓦多西部社会政治结构中充满活力的一部分"，这些社区通过他们的兄弟会以及社群身份和机构得以团结在一起。[16]有些人讲土著纳瓦语并身着传统服装，尽管多数人没有这样做。印第安农民有着与拉迪诺农民相似的结构性地位：大多数人贫穷、不识字并且无法染指地权。正是他们不太明显的共同历史和集体身份，特别是他们的土著兄弟会，使萨尔瓦多的印第安农民在各印第安群体中脱颖而出。[17]

萨尔瓦多的高人口密度和高城市化水平培育了强大的组织文化。到了20世纪30年代，圣萨尔瓦多成为规模较小的萨尔瓦多共产党（Salvadoran Communist Party）、共产主义互助组织国际赤色援助（International Red Aid）和萨尔瓦多工人地区联合会（Regional Federation of Salvadoran Workers）的所在地，萨尔瓦多工人地区联合会曾创办了一所人民大学，该国约10%的工人是该联合会的成员。

1927年，学生活动家法拉本多·马蒂（Farabundo Martí）离开萨尔瓦多前往尼加拉瓜，以反抗美国对尼加拉瓜的占领。1929年，他回国加入萨尔瓦多蓬勃发展的组织生活，并创立了萨尔瓦多共产党。除了在首都的工人中进行组织活动外，萨尔瓦多共产党还寻求与农村地区的咖啡工人建立联系。大萧条期间，咖啡价格的暴跌意味着工作岗位的消失和工资下降。负债累累的小农失去了土地，却没有办法找到工作。"1931年夏天，出现了成千上万绝望、饥饿的工人。"[18]

美国驻中美洲专员描述了1932年初，军事将领马克西米利亚诺·埃尔南德斯·马丁内斯（Maximiliano Hernández Martínez）通过政变推翻改革派当选政府后的情况：

> 在非常富有的人和非常贫穷的人之间几乎不存在什么中产阶级……我认为萨尔瓦多今日的光景和革命前夕的法国、俄国以及墨西哥十分相似。形势对共产主义者来说一片大好……一场原本要发生在萨尔瓦多的社会主义或共产主义革命被延后了数年，甚至可能是十年乃至二十年，但当革命最终来临时，必将血流成河。[19]

革命的到来无须如此之久。在1932年1月的地方选举中，共产党和左翼候选人在许多城市获胜，但政变政府拒绝承认选举结果。在一些印第安社区，印第安候选人和拉迪诺候选人之间还爆发了冲突。公众的愤慨凝聚成了一项计划：工人们将会在1月22日于首都举行罢工以配合农民接管当地的市政厅。该计划被泄露后，政府立刻行动起来，在计划举行的抗议活动前几天逮捕了马蒂。

在种植咖啡的地区，起义仍旧按计划进行。武装起来的农民占领了市政厅，洗劫了档案，并袭击了拉迪诺当权者。在整个地区，大约有50—100人丧生。弗吉尼亚·蒂利（Virginia Tilley）写道，这场叛乱"在很大程度上受到种族间的紧张局势以及土著人将'西班牙人'和拉迪诺人视为侵略者和占领者的看法"的影响。这次起义"被视为20世纪最后的印第安人大起义之一，应该获得它长期被否认的历史地位"。原住民起义者寻求"摆脱拉迪诺种族统治，为土著社区（有它自身的精英和阶级划分）赢得自由……它的反殖民主义和反拉迪诺色彩……植根于对征服的集体记忆"[20]。

随之而来的是"种族恐怖统治"，这主要是由武装的拉迪诺治安团而非军队实施。死亡人数估计在1万到3万多人。蒂利将这种邪恶的暴行描述为"种族极端主义的短暂爆发，席卷了该地区拉迪诺人的心灵和思想，将通常平和的、容易在熟悉的种姓制度中跨种族同居的人们卷入一场致命的运动"[21]。在国家层面，美国干预的威胁也促使马丁内斯政府以残酷的暴力进行回应，以证明其维持秩序的能力。[22]

大规模屠杀，或称"马坦萨（matanza）"，使拉迪诺人能够在一个又一个的村庄中维持自己的权力，特别是对土地和水的控制。杀戮本身只是沉默和抹杀的一种形式。屠杀结束后，"对事件的公开讨论受到压制，档案被禁止审阅，文件被毁坏、丢失或盗窃，许多目击这些暴行的人要么被流放，要么被迫流亡，或是对这些事情保持沉默"[23]。如果历史学家想要回顾这场起义的历史，那也是通过共产主义和反共产主义的视角，尽管共产党在整场事件中发挥的作用是有限的。

"马坦萨"（大屠杀）之后，萨尔瓦多知识分子和政府官员加入了彻底消灭本国印第安人的国际潮流。政府从人口普查和所有市政记录中删除了种族类别。"到 1958 年,萨尔瓦多立法机关会简单地宣称'在我们国家不存在土著居民。'"[24] 与此相反的是,这个国家颂扬了种族团结和种族混合或混血(mestizaje)的神话。知识分子追随墨西哥和其他地方的人,提出"宇宙"(cosmic)或"拉丁"种族作为民族自豪感和抵抗欧洲帝国主义(尤其是美帝国主义)的源泉。

但民族团结是建立在遗忘之上的。蒂利解释说:"在萨尔瓦多,民族良知中不存在任何对那场创伤的道德责任感,甚至没有一丝一毫的在意。没有人考虑对大屠杀的幸存者进行赔偿,没有人考虑设立真相委员会,也没有人考虑过像其他那些经历过种族清洗的国家一样,采取任何后续措施……马坦萨被认定为一场针对全体少数民族人口的恐怖事件。但那场大屠杀所针对的目标族裔却被认为已经消失了。""从概念上讲,这些少数族裔被隐藏在一个遥不可及的过去,从而赦免了这个国家在'马坦萨'之后的任何集体罪行,也免去了这个国家进一步采取行动的责任。"[25]

沉默运动和历史改写也以不同的方式塑造了受害者的记忆。几十年后,研究人员发现,虽然幸存者可以生动地讲述这场屠杀,但他们却忘却了自己的激进主义。创伤和持续的镇压促使幸存者强调他们的受害者身份而不是动员起来。"一个常用短语'mataron justos por pecadores'(他们杀死正义而非杀死罪人)便总结了这一观点。换句话说,印第安人并没有参与这场起义,而是成了血腥镇压的替罪羊。"[26] 尽管印第安人埋葬了他们的记忆，但他们并没有乖乖地放弃自己的身份和制度。土著身份的含义和用途仍在不断演变。

美国影响下的尼加拉瓜和洪都拉斯

美国对中美洲国家和国族建设精英的喜爱不仅仅是一时兴起。美国的政策制定者同样认为印第安人应当被历史的车轮碾过，为了资本主义的发展，他们的土地和自治权必须被牺牲。美国人相信，美国在中美洲的贷款和投资可以建立起出口经济，帮助他们个人和集体走向富裕。至于美国国内的穷人，他们的革命潜力将因消费主义社会的恩赐而受到削弱。为此，美国需要西部及其他地区（包括中美洲）的土著土地来养活美国的工厂和工人。处于等级制度最底层的是中美洲的劳工，如果他们胆敢挑战这个制度，等待他们的只有武力镇压。

在危地马拉和萨尔瓦多，美国的影响力仍然主要是间接的、文化的和经济的。美国输出了意识形态、贷款和市场，以及20世纪末在危地马拉偏远的大西洋沿岸的一种新兴出口产业——香蕉业（见下文）。而在尼加拉瓜和洪都拉斯（程度较小），美国的干涉更为直接。

门罗主义

1823年，詹姆斯·门罗总统首次发表了美国美洲政策的官方声明，从而奠定了美国未来许多干涉措施的基础。他宣称："美洲大陆从此不再被任何欧洲列强视为未来殖民的对象……

我们应该考虑他们将其系统扩展到这个半球任何部分的任何尝试,[因为]这将对我们的和平与安全构成危胁。"这一声明针对的是欧洲人。尽管欧洲国家提出了一些主张,但事实上,在1823年,美洲大部分地区的主权仍然属于美洲原住民部落,或者新近独立的拉丁美洲国家。新独立的许多拉丁美洲国家和美国一样,也声称对那些仍在土著人控制下的土地拥有主权。门罗对土著和拉丁美洲的主张如此轻视,甚至认为不值得一提:他关心的是与欧洲殖民者的竞争。

门罗宣布这一主张时,美国仅占领了北美东部地区。他的声明明确表示,这个新国家声称拥有殖民新大陆其他地区的唯一权利,而这个新生国家将立刻投入到这项事业中。[27]

1829年,拉丁美洲独立领袖西蒙·玻利瓦尔阐明了他对美国立场的理解。他写道,美国"似乎注定要以自由之名让美洲遭受苦难"[28]。[他以传统的拉丁美洲方式使用"美洲(America)"一词,指的是包括北美洲、中美洲和南美洲的整片大陆,而不是指美国这个国家。这也是一件美国常常忘记的事:美洲是一个大陆,美国人并不是唯一的"美洲人"]

美国独立后的一个世纪里,是那片土地上的定居者殖民计划的鼎盛时期。"昭昭天命"和"西进运动"是描述殖民征服当地土著土地活动的常见委婉说法。但美国西部的大部分土地也是拉丁美洲——准确地说是墨西哥的一部分。中美洲在西进运动中发挥了关键作用。由于东海岸和加利福尼亚之间的大部分领土仍处于土著的控制之下,意图前往加利福尼亚的淘金者希望找到一条南部的路线。铁路和航运大亨科尼利厄斯·范德比尔特（Cornelius Vanderbilt）来到尼加拉瓜修建道路和航运基础设施，每月以最快、最廉价的航线运送数千名东部人前往加利福尼亚。正如与印第安部落和民族的关系模糊了国内政策和外交政策之间的界限一样，美国与中美洲的关系也是如此。

当盎格鲁定居者迁移到墨西哥的得克萨斯［或科曼切里亚（Comanchería），因为这片土地的大部分都在科曼奇部落（Comanche）的控制之下］，然后向美国要求吞并这里时，"昭昭天命"成了一场公私合作。[29] 1848年后，数千名私掠者或暴民组织起了私人军队，向拉丁美洲发起远征。[30] 其中最成功也最臭名昭著的是威廉·沃克（William Walker），他与尼加拉瓜的自由派结盟共同反对尼加拉瓜保守党政府，并在1855—1857年间成功控制了这个国家，他还带来了约1.2万名美国定居者。美国总统富兰克林·皮尔斯（Franklin Pierce）很快就承认了沃克在尼加拉瓜的政权。一位历史学家称沃克的使命是"以海外定居者殖民主义形式出现的新生的美国自由帝国主义"，这同样超越了国内政策和外交政策之间的界限。[31] 沃克的入侵和占领，以及中美洲军队联手驱逐他并恢复尼加拉瓜独立的历史已经基本从美国历史中消失，但中美洲人仍铭记着这些事件对他们的深远影响。

美国内战暂时分散了美国向西部、南部和海外扩张的注意力，但到了19世纪末，中美洲再次感受到了来自美国的压力。战争为美国的铁路建造和钢铁制造商创造了新的市场与政府扶持，为该国工业和金融部门的大规模发展奠定了基础。对于中美洲来说，这意味着对新一轮香蕉产业和咖啡产业以及将这些商品出口到美国的运输基础设施的大量投资。投资还会流向金银开采业，和私人承包的公用事业，以服务不断增长的城市人口。[32]

罗斯福推论

1904年，西奥多·罗斯福总统宣布了他对门罗主义的著名"推论"。他宣布："最文明的国家"（显然美国也在这一类别中）有义务武装自己，并"监督"那些种族和经济地位不如自己的国家。"如果一个国家表明它知道如何在社会和政治事务中以合理的效率与得体的方式行事，维持秩序并履行义务，就无须担心来自美国的干涉，"然而这一推论继续说道，"长期的不当行为，或者导致文明社会纽带普遍松动的无能……可能最终需要一些文明国家的干预，并且……在此类显而易见的不当行为或无能的情况下，无论多么地不情愿，都可能会迫使美国行使国际警察权力。"[33]

门罗主义宣称美国将严防欧洲染指拉丁美洲。罗斯福推论则声称，如果美国不同意某个拉丁美洲国家处理其内政的方式，就有权进行干涉。如果中美洲政府未能保护在那里扮演越来越重要角色的美国投资者和银行家，美国军方将进行干涉以对他们进行保护。

金元外交

1912年，威廉·霍华德·塔夫脱总统宣布：美国的经济扩张意味着美国的外交政策将会"用金钱代替子弹",这正式确立了所谓的"金元外交"。但在中美洲,内战后美元的大量涌入和罗斯福推论却带来了相反的结果。为了保护美国投资免受欧洲和当地的挑战,军事干涉和罗斯福口中"国际警察权力"的使用变得越来越普遍。伍德罗·威尔逊(1913—1921年任美国总统)宣称欧洲对中美洲的投资或信贷扩张将被视作对当地的美国利益的威胁。美国战舰在加勒比海域巡逻,毫不犹豫地多次干涉——用卡尔文·柯立芝(Calvin Coolidge,1923—1929年任美国总统)的话说,保护中美洲的"(美国)公民的人身和财产安全"[34]。

美国海军陆战队少将史沫特莱·巴特勒(Smedley Butler)在1933年的一次演讲中讥讽地描述了他在执行这一政策中所扮演的角色。他说道,在海军陆战队服役期间,"我大部分时间都在为大企业、华尔街和银行家充当高级打手。简而言之,我是一个勒索犯、一个资本主义的恶棍。为了华尔街的利益,我协助掠夺了6个中美洲共和国"[35]。虽然中美洲国家在名义上都是独立的,但所有人都清楚谁才是真正的主宰者。[36]

尼加拉瓜

美国占领时间最长的中美洲国家是尼加拉瓜,在那里,美国于1909年策划推翻了何塞·桑托斯·塞拉亚(José Santos Zelaya)领导的自由党政府,于1912年对尼加拉瓜实施直接占领,直到1933年前都一直保持着对这个国家的控制。自1893

年掌权以来，塞拉亚一直在挑战美国在尼加拉瓜的霸权。他拒绝授予美国在尼加拉瓜修建运河的权利（这导致美国密谋在巴拿马建立一个新的傀儡国家并在那里修建运河），并声称他有权自由地和英国、日本投资者进行谈判，而无须美国同意。1909 年，美军占领了尼加拉瓜大西洋沿岸的蓝地（Bluefields），支持了在那里的叛乱活动，最终成功在马那瓜建立了一个更加顺从的政府。

几年后，当本杰明·泽莱东（Benjamín Zeledón）领导的一群塞拉亚支持者拿起武器反对美国支持的保守党政府时，美国海军陆战队迅速登陆以平息叛乱。泽莱东被尼加拉瓜政府军俘虏并杀害，在被埋葬前，他们将他的尸体拖过尼奎诺莫（Niquinohomo）镇游街示众。少年时期的奥古斯托·C.桑迪诺目睹了这一事件，他后来说这让他"愤怒得热血沸腾"。几年之内，他将领导另一场叛乱，这一次是反抗1912年叛军失败以后随之而来的美国的全面占领。[37]

美国海军陆战队一直在尼加拉瓜驻扎到1933年。他们的存在确保了总统职位在名义上继续掌握在历任保守党领导人手中，而美国官员则控制了尼加拉瓜的中央银行和海关。他们最终还成功地达成了一项条约[1914 年《布莱恩－查莫罗条约》(The Bryan-Chamorro Treaty)]，这一条约赋予美国在尼加拉瓜修建一条跨洋运河的权利，美国还获得了加勒比海科恩群岛（Corn Islands）长达 99 年的租约，以及在丰塞卡湾（Gulf of Fonseca）建立海军基地的权利。

尼加拉瓜在被占领时期获得的外国投资相比同期几乎任何

其他拉丁美洲国家都要少。美国在尼加拉瓜的首要任务更多是地缘政治而非经济：确保没有其他欧洲国家在那里修建运河，从而与美国在巴拿马的运河相竞争。美国后来迅速撤回了大部分军队，并"基本上通过华尔街银行业的代理人来管理尼加拉瓜"。在20世纪20年代，美国银行业没有像在拉丁美洲其他地方那样，对尼加拉瓜提供大量贷款，而是实行财政纪律管制。[38] 尼加拉瓜土地精英的利益因无法获得政府资助的基础设施和信贷来源而遭受损失。因此，无论好坏，尼加拉瓜确实没有经历危地马拉所特有的极端地产剥夺和土地集中现象。在20世纪30年代之前，该国大部分用以种植咖啡的土地仍掌握在小农手中。

对于在美国占领时期的尼加拉瓜土著来说，债务负担占据了主导地位，就像在危地马拉一样。一位尼加拉瓜立法者写道："这里至少有7万名土著及其妻儿生活在真正的奴隶制之中……警长们从地主，特别是从外国人那里收取报酬，这样，他们总是愿意下令抓捕和搜查印第安人的房屋，然后将印第安人绑起来带到种植园，在那里，印第安人被迫不停地工作。"[39]

就像在危地马拉一样，印第安精英经常在剥削制度中扮演中间人的角色，并从中找到发家致富的方法，这加剧了印第安人社区的分歧。历史学家杰弗里·古尔德（Jeffrey Gould）在谈到20世纪初期时写道，这个时代对土著生活的经典形象是"阿马拉多斯（Amarrados，被束缚的人）：一长串双手被反绑在背后的印第安人，由骑在马背上的同族带领，前往军营或种植园的苦工宿舍"。许多人选择逃离社区迁往山区。[40]

在尼加拉瓜和萨尔瓦多，拉迪诺人精心炮制了一套历史和意识形态,他们称赞尼加拉瓜的混血是进步的,甚至是反帝国主义的,并不屑一顾地将印第安人视为原始的遗迹。此外,就像在萨尔瓦多一样,尼加拉瓜的印第安人也参与了对种族镇压和抵抗的记忆的抹杀。

在一个印第安小镇,古尔德描述了数十年来土著对种植园与国家机构的袭击、对一名拉迪诺人的谋杀,以及随后出现的对该社区的残酷镇压。多年后,这个社区仍在与极度的贫困、无地和孤立作斗争。老人们哀悼的不仅是物质损失,还有"年轻人不想了解我们的历史,他们也不关心我们的历史"。"恐惧、羞耻和逃离已经瓦解了印第安人社区的纽带。"古尔德总结道。如今,"40岁以下的人都不会轻易接受土著身份"。他们因斗争失败而感到羞耻,为社区纽带的支离破碎而感到羞耻,为抵抗让位于"与压迫［自己］的人共谋"而感到羞耻。[41]

20世纪20年代中期,美国准备放弃尼加拉瓜,将权力留给其保守党盟友。自由派的叛乱很快接踵而至,美军则迅速卷土重来。这一次,占领者将金元外交提升到了一个新的层次,他们建立起了一支新的、无党派背景的军队,希望这能保证一个稳定的、对美国友好的政府。他们在保守党和反叛的自由派之间斡旋,使得双方达成了休战协议,并允许自由派候选人赢得1928年由美国监督的选举。美国人开始组织和训练他们的新代理人——国民卫队。

国民卫队是一个奇怪的混合体,"既由美国的技术和资源所驱动,又受到当地人和当地政治文化的深刻影响"。国民卫队不再是一个服从文职当局、捍卫民主国家的非政治性的无党派机构,而是成为个人统治和荫庇政治的"一种被遮掩和现代化了的形式"。[42]

有一群自由主义者拒绝了这项协议。"人民的主权和自由不是可以拿来谈判的,而是要用手中的武器来捍卫的。"桑地诺如此宣布道,他组织并领导了一支旨在驱逐占领者的游击队。美国海军陆战队和尼加拉瓜国民卫队花了5年的时间进行了一场经典的反叛乱战争,游击队活动地区(尤其是塞戈维亚北部山区)的所有居民都成了反叛者。"美国军队使用了后来在越南战争期间为人所熟知的战术——对'敌对'城镇和村庄进行空中轰炸、在农村地区建立相当于'自由开火区'的地方,以及强迫农民再安置到在20世纪较晚时期被称为'保护性村庄'的地方。"[43]美国媒体以各种方式将桑地诺描述为"强盗、亡命之徒和共产主义者"[44]。

因此,国民警卫队的身份特性是在针对尼加拉瓜平民的"残酷反叛乱战争"中形成的。[45]这场由国民警卫队进行的战争,对尼加拉瓜国家的形成具有重要意义。

当美国认为国民警卫队已经建制完善且训练有素时,就撤出了美国海军陆战队,将国民警卫队交由阿纳斯塔西奥·索摩查·加西亚(Anastasio Somoza García)执掌。此后尼加拉瓜的统治便是

阿纳斯塔西奥·索摩查·加西亚

"基于腐败化和完全政治化的国民警卫队与索摩查家族之间共生关系的一种精英独裁制度……这个制度的目的是掠夺、欺辱尼加拉瓜人民,在 40 多年来给尼加拉瓜人民带来了痛苦"[46]。

1933 年,名义上的文官政府与桑地诺起义军签署了和平条约,在北部山区里为起义军提供了土地和庇护。仅仅一年后,国民警卫队就在桑迪诺和他的大部分部下前往与尼加拉瓜总统会面时暗杀了他们。两年后,索摩查推翻了文职政府,并在军事管制下举行了第一次选举,这种在军事统治下的选举在此后数十年里一直延续,且均由他本人或与他亲近的家庭成员获胜,由此,国民警卫队在尼加拉瓜政治中的霸权正式确立。

洪都拉斯

19 世纪末,当危地马拉和萨尔瓦多的精英为了咖啡经济的利益而巩固对国家和军队的控制时,洪都拉斯在地理和政治上仍然处于四分五裂的境地。"洪都拉斯寡头集团仅拥有大量的土地,而缺乏发展出口作物所必需的资本。"艾莉森·阿克(Alison Acker)写道:"洪都拉斯从靛蓝和菝葜等作物的出口中获利甚少。其原本更有前途的养牛业却因内乱和外国入侵而毁于一旦。交通网络不畅、劳动力短缺以及缺乏国外销售的经验阻碍了国家出口业的发展能力。"[47] 历史学家沃尔特·拉费伯(Walter LaFeber)称洪都拉斯"与其说是一个国家,不如说是一个被冒险家所围绕的海关大楼"[48]。从 1824 年至 1933 年,洪都拉斯出现了 117 位不同的总统。[49] 但所有人都清楚:真正的权力掌握在香蕉公司手中。

香蕉

长期以来，移民和贸易将中美洲东部的大西洋沿岸地区和那里的土著居民与加勒比世界联系起来，而不是与美洲大陆部分联系起来。英国而非西班牙的影响在这里占据了主导地位。1797 年，英国将圣文森特岛的非洲土著驱逐到美洲大陆。他们被称为加里富纳人（Garifuna），这些人也成为洪都拉斯漫长海岸线上的主要人口。

即使在今天，从太平洋低地和中部高地到中美洲大西洋沿岸大部分地区的地面交通水平仍然并不完善，甚至可以说根本不存在。与咖啡经济隔绝的沿海居民一直保持着相当程度的自治，直到 19 世纪末美国香蕉公司的到来。

19 世纪末之前，香蕉在美国几乎无人知晓。马萨诸塞州的一位船长和一位企业家合作从牙买加运来香蕉，在波士顿开发市场，然后创建了联合果品公司（United Fruit Company, UFCO）。这家公司很快在中美洲以"章鱼"的形象而臭名昭著，因为它抢占了大西洋沿岸的雨林，从加勒比群岛和中部高地引进了劳工，并建立了虚拟的国中之国。公司收购或建造了铁路，并将航运和销售发展为垂直一体化运营，在此过程中吞并了其竞争对手。

至 1915 年，联合果品公司在加勒比海和中美洲已经拥有超过 100 万英亩的土地，其中哥斯达黎加 25.2 万英亩，危地马拉

14.1万英亩，洪都拉斯 6.2 万英亩，尼加拉瓜 19.3 万英亩。这一数字在洪都拉斯较低仅反映了另外两家美国公司——标准果品公司（Standard Fruit Company）和库亚梅尔果品公司（Cuyamel Fruit Company）拥有该国 100 万英亩外资香蕉种植土地大部分的事实；库亚梅尔后来被并入联合果品公司。这些公司的大部分土地并未进行实际种植，而是用作储备。[50]

当大萧条袭来时，以联合果品公司为首的美国投资者，

> 在中美洲已变得至关重要……在危地马拉，他们……控制了除几英里里程之外的所有铁路、总土地面积的十五分之一、主要的银行、许多主要工业以及大型公用事业公司，例如通用电气旗下的美国和外国电力公司（American & Foreign Power Company）。在洪都拉斯，联合果品公司及其子公司控制着铁路系统、港口设施以及几乎所有的香蕉和橡胶产地。美国人还拥有欣欣向荣的银矿。在尼加拉瓜，联合果品公司和大西洋水果公司声称占有 30 万英亩的土地。美国人拥有和/或管理着主要的矿山、铁路、伐木业和银行……在哥斯达黎加……在全国占主导地位的公司无疑是联合果品公司。[51]

到 1950 年，联合果品公司在危地马拉拥有 56.5 万英亩土地，成为这个国家最大的土地所有者。在洪都拉斯和哥斯达黎加，联合果品公司也是最大的土地拥有者之一。[52] "对于生活在沿海地区的洪都拉斯人来说，特古西加尔巴（洪都拉斯首都）就像是另一个世界。在洪都拉斯，英语是官方语言，公司律师

是洪都拉斯事务的权力掮客,香蕉公司决定了洪都拉斯政治斗争的结果。"[53]这个国家的大部分财富被输送到新奥尔良、纽约和波士顿。国家政治基本上屈从于公司的操纵。[54]

智利诗人巴勃罗·聂鲁达(Pablo Neruda)在他的著名诗作《联合果品公司》中捕捉到了这种关系。他写道:

> 耶和华将世界分给了
> 可口可乐公司、阿纳孔达、
> 福特汽车,以及其他实体:
> 联合果品公司
> 保留了最丰美的部分,
> 我的大陆的中央海岸,
> 美洲甜美的腰线。
>
> 它重新为这些领土命名,
> 称它们为"香蕉共和国",
> ……

在"甜美的腰线"(即中美洲),联合果品公司释放了"苍蝇的独裁,(拉斐尔)特鲁希略苍蝇,塔乔(阿纳斯塔西奥·索摩查)苍蝇,卡里亚斯(安迪诺)苍蝇,马丁内斯苍蝇,乌维科苍蝇"。这些名字指的是20世纪20年代和30年代,在多米尼加共和国、尼加拉瓜、洪都拉斯、萨尔瓦多和危地马拉长期执政、由美国强加或支持的独裁者们。这就是金元外交的运作方式,"在嗜血的苍蝇之间,果品公司靠岸,将咖啡和水果席卷一空"[55]。

除了聂鲁达的《联合果品公司》外，中美洲作家们，从种植园的劳工活动家到著名知识分子，都在文学作品中谴责了这家公司。哥斯达黎加作家卡门·莱拉（Carmen Lyra）于 1931 年出版了《香蕉与男人》（*Bananos y hombres*）。随后，哥斯达黎加劳工活动家卡洛斯·路易斯·法利亚斯（Carlos Luis Fallas）的《联合的母亲》（*Mamita Yunai*，1941）谴责了哥斯达黎加种植园的状况，而华金·古铁雷斯（Joaquín Gutiérrez）的《利蒙港》（*Puerto Limón*，1950）则重点描述了一次发生在哥斯达黎加种植园的罢工。工会组织者拉蒙·阿马亚·阿马多尔（Ramón Amaya Amador）的《绿色监狱》（*Prisión Verde*，1950）记录了洪都拉斯种植园的生活。危地马拉诺贝尔奖获得者米格尔·安赫尔·阿斯图里亚斯出版了以 20 世纪 50 年代公司种植园为背景的三部曲。在中美洲以外，哥伦比亚诺贝尔奖获得者加夫列尔·加西亚·马尔克斯在他的经典著作《百年孤独》中以一种令人刻骨铭心的方式描述了 1928 年军队在圣玛尔塔（Santa Marta）对香蕉劳工的屠杀。这些作者中有许多是左翼人士，也有一些是共产党员，他们将文学用作唤起被抑制的历史和鼓励革命道路的有力工具。

错综复杂的历史：殖民主义与"进步"

中美洲精英在独立后的几十年里寻求建设自己的国家，而他们中的许多人都将美国视为榜样。与美国同行一样，中美洲那些掌握政府和经济大权的人认为印第安人是进步和现代化的障碍。但对于美国来说,整个中美洲都体现了那种他们归咎于印第安人的政治和经济落后,并试图寻求美国强加的"进步"来克服这一落后。

对于美国来说,中美洲代表了美国西部的延伸:这是一片必须被征服的野蛮人的土地。"更文明的美国的管理将使这些野蛮人受益,无论他们是否认识到这一点,这种共识如此令人钦佩,以至于从19世纪中叶开始,对于决定国家利益和追求这种利益的权利来说,边界已不再具有太多意义。"历史学家马修·弗莱·雅各布森(Matthew Frye Jacobson)解释道。[56]

玻利瓦尔曾对美国直接干预拉丁美洲事务的危险作出过警告。美国的先例以一种虽不明显但也许阴险的方式渗透到了那些正在试图建设民族和国家的拉丁美洲精英的思想中,也渗透到了那些贫苦的普罗大众的脑海中。这些普通人为了自身的生存,或是为了换取生活消费品而在出口经济中为精英卖力——这些生活消费品来自在大多数人看来代表了"繁荣"的美国。

一些人将自己的现实与美国的先例进行比较,试图模仿或采用美国的模式。中美洲精英经常邀请美国进行经济甚至军事干预以实现自己的目标。他们让自己的孩子学习英语,并送他们去美国的学校学习。另一些人则对美国的种族主义感到不满,将自己国家的问题归咎于美帝国主义,并与之进行斗争。

1855年,威廉·沃克(William Walker)入侵尼加拉瓜,引发了团结一致的强烈抵抗,并为人所铭记。历史学家米歇尔·戈巴特(Michel Gobat)表示,这也"矛盾地增强了尼加拉瓜精英对美国现代化道路的迷恋"。随着淘金热的交通热潮，"尼加拉瓜积极采用了大量新的美式商品和文化实践，以及来自美国的技术进步和企业理念"。但沃克也带来了"一种高度排他性和好战的美式'昭昭天命'，声称拉丁美洲人无法通过美国文化和贸易的'文明'力量来实现美国化，只能使用暴力使其屈从，甚至彻底摧毁他们"[57]。

1912—1933年间美国的长期占领也产生了类似的矛盾效应。占领带来了银行家、新教传教士以及美国海军陆战队士兵。尼加拉瓜精英渴望美国所代表的资本主义进步和国家实力，但占领者对尼加拉瓜财政的接管和对天主教会的挑战，又动摇了这些精英的权力，使得他们中的许多人转而反对占领者。

因此，中美洲的统治精英不得不在几种情绪中徘徊：坚持欧洲中心主义和白人至上主义思想，要求消灭或同化本国土著人口以实现理想中的美式"进步"，以及不满于美国将所有中美洲人归入"野蛮"类别的傲慢态度。

中美洲国家的国家性质及其与美国之间的紧张关系具有强烈的种族色彩。欧洲后裔的中美洲精英会认同国家中占多数人口的土著，从而挑战美国的殖民主义态度和结构吗？还是说他们会与美国当权者结盟？这些美国当权者将印第安人（以及整个中美洲的人口）视为导致落后的威胁——需要通过欧洲文化的同化来消灭他们，无论是从文化上，还是从肉体上。

消失的印第安人

与美国一样,针对中美洲土著的种族主义存在于多个层面,并表现在种族灭绝、强迫同化、法律排斥、强迫劳动等政策和"消失的印第安人"的神话中。[58] 由于中美洲的土著人口更多,相比美国,中美洲的种植园和采掘经济更依赖土著劳工,而美国则更多地剥削非裔奴隶劳工。从废奴后的强迫劳动政策来看,美国主要针对黑人人口,中美洲则更多针对土著人口。

一系列交叠且连续的神话伴随着这两个地区的土地和劳动力掠夺而出现。印第安人被认为是落后的,是过去的遗物,是劣等的种族。他们的组织是原始公社性质,摧毁他们是进步所必需的。他们对土地的利用效率低下,阻碍了国民经济的发展。同化主义者希望文化灭绝将印第安人重塑为对社会更有贡献的公民,而灭绝主义者则认为解决印第安人威胁的唯一方法是从肉体上消灭他们。其他人则寄希望于印第安人会在"进步"的浪潮中自然消失。这些理念经常出现融合和交叠。

美国陆军准将理查德·普拉特(Richard H. Pratt)的职业生涯就展示了这种交叠。他目睹了发生在美国西部的一些最严重的种族灭绝事件。当印第安人在军事上的威胁被摧毁后,普拉特推行了强制同化(或文化种族灭绝)和印第安人寄宿学校制度,希望这些手段能"杀死印第安人,拯救人类"。他相信,如果对印第安人放任不管,他们将继续处于历史停滞状态,但如果印第安人被强行融入美国社会,他们就可以加入进步的行列。[59]

19 世纪的危地马拉精英们与普拉特的观点一致,即印第安人"在历史进步的时间轴上代表了过去"。危地马拉 1894 年的人口普查解释道:"拉迪诺人和印第安人是两个截然不同的群体;前者充满希望和活力,沿着进步所铺就的道路徐徐前行;后者则冥顽不化,不参与任何政治和知识生活,顽固地坚持旧习惯和生活方式。印第安人在参与文明进步方面并不积极。"[60] 在尼加拉瓜,一份 1919 年的马那瓜报纸评论说:"印第安人阻碍了国家进步……(他们)过着闭塞的生活……他们保留了自己的种族传统……以及原始主权的印记。但在中心,一切都停滞不前,僵化不变。"[61]

1955 年,美国国务院在危地马拉问题上也表达了同样的观点,指出"大多数目不识丁的人仍然生活在脱离现代主流生活的地方,固守玛雅时代的古老习俗"。一份简报称,印第安人"没有什么雄心壮志,也没有多少机会超越维持生计的水平……他们把自己贫乏的财产花费在酒精和烟花上,并经常阻止他们的孩子上学,以免他们放弃先祖的道路"[62]。这些态度合理化了一系列种族灭绝的政策——包括但不限于地位剥夺和强迫劳动。

一位德国移民的评论显示出危地马拉国内社会等级制度嵌入全球结构的程度。他在 1812 年写道:"危地马拉的居民是印第安人,即土著,他们属于不同的部落,讲不同的语言。"

> 他们(印第安人)身材矮胖,是种植园社会中的最底层,即所谓的莫佐(mozo),也就是工人,每天仅有一马克的收入以维持生计。第二种是混血儿,他们是商人或仆人,负责饲养牛和马。西班牙人的后裔是种植园的主人,

而大部分贸易商行则由德国人所有。这个国家的一个巨大劣势是，印第安人的工作只能满足他们的基本需求，而这些需求少之又少。促使印第安人工作的唯一方法就是预付给他钱，然后就能强迫他进行工作。他们经常逃跑，但一旦被抓回去，就会受到非常严厉的惩罚。[63]

咖啡种植者对土地和劳动力的需求完美契合，因为当印第安社区失去土地时，他们无法再种植所需的粮食，不得不为获得工资而工作。在产咖啡的中海拔地区，杰弗里·古尔德在尼加拉瓜所描述的情况可以适用于整个中美洲："1880—1950年，印第安人遭受了土地、语言和身份的巨大损失。这些损失被记录在人口普查报告中，报告显示印第安人实际上已经消失在拉迪诺人口中。"随着社区机构被破坏，"在20世纪来临之际，我们几乎可以宣布印第安人已经死亡"。在萨尔瓦多和洪都拉斯，"印第安人作为一个社会类别逐渐被淘汰，被同化为数量上占主导地位的混血儿，尽管白种克里奥尔人继续掌权"。这些国家正是建立在混血和同化的神话之上的。[64]

危地马拉的情况略有不同，因为它的高地太过寒冷，不适合种植咖啡。在那里，种植园主还可以通过允许自给农业为种植园工人提供廉价食物而受益，这类自给农业里的农民还会在收获期间或道路建设等临时项目中被招募或被强迫进入种植园进行劳作。因此，在危地马拉的高地，玛雅语言和传统的手工服装，特别是妇女的编织裙（corte）和刺绣上衣（huipil），仍然是强有力的种族特征。除了混血和同化的神话外，危地马拉的咖啡经济和国家也建立在种族差异的神话之上。[65]

20 世纪 20 年代和 30 年代，拉丁美洲民族主义者努力反对美帝国主义，宣扬西班牙主义、黑人认同、跨文化、混血和"宇宙种族"等理念，以努力定义他们的国家和自身。在危地马拉，20 世纪 20 年代的知识分子庆祝与古代玛雅文明相关的考古发现，并呼吁研究古代和当代玛雅文化。在尼加拉瓜，桑地诺通过他对"印第安裔西班牙人种"的定义，提倡一种激进的混血理念。然而，在尼加拉瓜北部塞戈维亚斯这一土著人口集中的山区根据地，桑地诺仍然认为印第安人是落后的民族，需要通过同化来提升，使得他们可以为民族主义和反帝国主义的融合运动做出贡献，而非将他们视作应拥有自己权利的民族。[66]

印第安人也阐明了自己版本的反殖民主义意识形态，正如 1932 年在萨尔瓦多发生的那样。随着历史进入 20 世纪，印第安人和共产主义者（以及其他左翼运动）结成了复杂且有时令人担忧的联盟。共产主义可能看起来不像是一种外来的或学术的意识形态：（共产主义所反对的）地位剥夺和资本主义剥削正是这些社区所感同身受的。对于中美洲精英及其美国支持者来说，反共产主义和反印第安的种族主义常常融合在一起。

香蕉共和国和"苍蝇的独裁"

聂鲁达笔下的在 20 世纪 30 年代盛行于中美洲的"苍蝇的独裁"，一直持续到第二次世界大战，而冷战则开辟了一些新的反抗道路。中美洲融入世界现代工业经济过程中发生的暴力和镇压留下了难以愈合的创伤，这种创伤的溃烂导致了 20 世纪

60 和 70 年代新的革命起义。古尔德认为,"整个 20 世纪对土著社区身份的压制在镇压文化的形成中发挥了重要作用,它长期影响在该地区 20 世纪 70 和 80 年代的暴力冲突中显而易见"[67]。与此相似的是,美国的定居者殖民主义本质、对其领土内土著的暴力与持续的文化/意识形态镇压,助长了镇压和抹除的文化,从而维持了过去 50 年里美国对中美洲和美国南部边境的军事化。

冷战、"十年之春"及古巴革命

本章将焦点转向二战后的美国及其对中美洲的政策。它聚焦于 1954 年冷战时期对危地马拉的首次重大干预，然后是 20 世纪 80 年代美国试图将其战后发展主义观点和冷战时期的反叛乱政策，强加给该地区酝酿中的革命斗争，在这一过程中，美国的政策发生了更为广泛的演变。美国的政策是由国会、白宫和五角大楼制定的，同时也是在美国投资者和公司、私营和公共金融机构以及天主教会的影响下制定的。本章主要关注 20 世纪下半叶美国对中美洲国家的政策。在本章之后，本书的第二部分将更深入地讨论同一时期内，中美洲四个国家（危地马拉、尼加拉瓜、萨尔瓦多和洪都拉斯）各自发生的事件。

睦邻

1933 年，富兰克林·D. 罗斯福（Franklin D. Roosevelt）提出"睦邻政策"（Good Neighbor Policy），对美国与拉丁美洲的关系进行了重大改革，放弃了过去几十年来主导美国政策的武装干预手段。鉴于美国在尼加拉瓜、海地和多米尼加共和国的长期占领,以及在那里训练和建立的军事化警察部队和独裁政权,这种突然宣称友好关系的方式被怀疑者视为一种使这些早期干预的镇压结果合法化的手段。罗斯福曾被引述称赞尼加拉独裁者安纳斯塔西奥·索摩查(Anastasio Somoza)的话:"[他]可能是个混蛋,但他是我们的混蛋。"[1] 不管这个故事是真实的还是虚构的,它之所以流传开来,是因为它捕捉到了睦邻时代的一些基本要素。

"睦邻政策"表明美国与20世纪30年代聂鲁达所提出的中美洲的"苍蝇统治"关系密切。历史学家保罗·多萨尔(Paul Dosal)认为,对于在危地马拉的美国公司来说,独裁统治大有裨益,过多的民主会让工人、农民和当地政府能够挑战美国公司的主导地位:"联合果品公司发现,与独裁者做生意比与民选总统做生意更有利可图。"[2]

睦邻时代与美国国内的"罗斯福新政"相辅相成。美国在名义上承认中美洲人民的自治权,这与1934年的《印第安人重组法案》如出一辙,该法案鼓励美国原住民实行部落自治。随着大萧条期间美国银行纷纷倒闭,政府在国内外都采取了干预措施,接管了银行在中美洲发展项目上的资金。1934年,罗斯福创立了进出口银行,为美国出口商提供信贷,并向中美洲政府提供贷款。贸易协定促进了美国商品尤其是农产品在中美洲地区的销售,从而支持了美国的经济复苏。最后,美国加强了与中美洲各国政府的军事关系。罗斯福承诺提供武器、培训和顾问,这既有利于美国工业复苏,又帮助了中美洲的独裁者。[3]

第二次世界大战与冷战

第二次世界大战期间，美国和苏联是抗击法西斯主义以及德国与日本扩张的盟友。在纳粹侵略中，苏联首当其冲，死亡人数超过2500万，还遭受了大规模的物质损失。欧洲、中国和日本的大部分地区也沦为废墟。美国本土有40万人死于战争，但没有造成任何物质损失，美国因而成为世界上无可争议的超级大国，并且意图继续保持这一地位。

美国主导了欧洲和日本的重建，并推动建立了一系列新的国际机构，包括联合国、世界银行和国际货币基金组织（IMF），后两者旨在在全球范围内促进市场经济和资本主义体制。美国将成为在经济增长的基础上展示社会和平与繁荣的典范。学生们经常被教导说，冷战是美国和苏联两个超级大国之间的斗争。但这两个国家从未直接交战。相反，冷战的血腥战斗发生在第三世界。

在东南亚、非洲和拉丁美洲，美国开始将寻求自身独立经济发展形式的民族主义运动视为生存威胁。冷战时期的反革命行动不仅针对共产主义，而且几乎针对任何寻求社会变革的运动。"到冷战结束为止，"格雷格·格兰丁写道，"在华盛顿的训练、资助、武装和煽动下，拉丁美洲的安全部队已实施了一场血腥的恐怖统治——数十万人被杀害，同等数量的人遭受酷刑，数百万人被迫流亡，这个地区至今尚未从中恢复过来。"[4]

反共产主义与美国的经济利益

冷战时期，美国在拉丁美洲的首次重大干预发生在1954年的危地马拉，这次干预标志着"睦邻政策"的终结，开启了美国直接干预主义的新时代。三个相互交织的因素促使美国决定推翻危地马拉改革派独立政府：冷战时期的反共产主义、联合果品公司的游说以及美国决策者认为危地马拉的改革威胁到了美国在拉丁美洲更大的经济计划。联合果品公司在美国政府中有着近乎荒诞的影响力。总统艾森豪威尔的国务卿约翰·福斯特·杜勒斯（John Foster Dulles）和他的兄弟，美国中央情报局局长艾伦·杜勒斯（Allan Dulles）都与该公司关系密切。联合果品公司在美国国会中和媒体上发起了一场声势浩大的公关活动，以证明危地马拉的民选政府是被共产主义者控制的。但是，美国在危地马拉的干预行动及其后果与美国在拉丁美洲的长期政策是连贯的，这表明，美国干预的原因其实已经超越了这些个人关系的因素。美国反对并惧怕拉美的共产主义，因为社会改革威胁到了美国在拉美的企业、霸权和经济利益。

在某种程度上，美国将冷战政策框定为反共产主义是颇具讽刺意味的。拉丁美洲的共产党规模较小，且往往与许多左翼党派相互竞争。虽然它们可能已被正式纳入了共产国际，但它们是由当地的积极分子组成的，根据当地情况做出反应，通常与莫斯科很少互动。不过，它们确实遵循了苏联战后的官方路线，即只要存在民主机构，就致力于在民主体制内开展工作；如果不存在民主体制，就与非共产主义反对派结成联盟开展工作。当其他左翼团体开始从事武装革命时，拉美共产党仍然坚持在体制内开展工作。在美国，主导了公众和官方讨论的所谓苏联威胁，与拉丁美洲的现实情况相去甚远。

危地马拉，1944—1954

危地马拉的豪尔赫·乌维科（Jorge Ubico）将军是一位典型的"睦邻"伙伴。他在1931年的选举中毫无争议地获胜，并以军事独裁者的身份执政至1944年。他通过全国性的《流浪法》（*Vagrancy Law*）和强制兵役，迫使印第安人强制劳动。在野蛮镇压危地马拉共产党和任何农村组织或抗议的萌芽的同时，乌维科又与美国公司和政府保持友好关系，为联合果品公司提供免税待遇，还邀请美国在危地马拉建立第一个军事基地，邀请美国派遣顾问指导危地马拉军事学院。[5]

3家美国公司主导了美国在危地马拉的投资：联合果品公司在危地马拉的大西洋和太平洋沿岸经营香蕉种植园，是危地马拉最大的土地所有者；联合果品公司持部分股份的中美洲国际铁路公司控制着危地马拉的铁路系统；国外电力公司（American and Foreign Power）经营着危地马拉的电网。

到20世纪50年代初，危地马拉约70%的出口产品销往美国，而美国则提供了危地马拉64%的进口产品。这是一种不平等的关系，因为美国在危地马拉的贸易格局中占据着如此重要的位置，而危地马拉在规模更大的美国贸易体系中只扮演了微不足道的角色。此外，危地马拉出口的是初级产品，如咖啡和香蕉，还有糖和棉花，以及麻蕉（abaca）、铅、锌和铬等战略资源，而进口的则是高附加值的工业品。[6]

1944 年，一群年轻的改革派军官在民众广泛抗议的支持下推翻了乌维科，随后又推翻了他所留下的军政府，在这些军官的领导下，危地马拉开始建立民主体制。同年 12 月，教师胡安·何塞·阿雷瓦洛（Juan José Arévalo）赢得了危地马拉有史以来第一次真正自由的选举。阿雷瓦洛废除了《流浪罪法》，并通过了一部适度进步的劳动法，保障了最低工资以及基本的健康和安全工作条件。他还释放了政治犯，使包括共产党领导的工会在内的劳工运动得到了蓬勃发展。

另一位改革派人士哈科沃·阿本斯（Jacobo Arbenz）在 1950 年的选举中以超过 60% 的选票获胜。阿本斯是一名参加过 1944 年起义的军官，曾在阿雷瓦洛手下担任国防部长，他致力于深化国家的民主改革，并推动经济现代化。他的核心目标是进行重大土地改革，以作为"新政式经济计划"的一部分，这将赋予工人和农民权利，并使压迫性的种植园制度现代化。[7] 对于联合果品公司、美国政府和危地马拉的地主精英来说，土地改革以及共产党员在政府中的角色构成了不可接受的威胁。虽然危地马拉寡头反对阿本斯，但恰恰是中央情报局策划了推翻总统、政府的民主改革以及民主本身的血腥行动。

土地改革

阿本斯的土地改革法，第 900 号法令，与 19 世纪的自由党改革一样，旨在促进农业生产和发展。但这一法令的愿景与自由党的改革愿景有着本质的不同：它试图将土地从大型种植园主的手中夺回，交到渴望土地的农民手中；通过让农民获得自己的土地而进行劳作，而非强迫他们为他人劳作，从而将他们纳入资本主义生产体系。改革取缔了一切形式的强迫劳动，并将 140 万英亩土地重新分配给约 50 万危地马拉农民，平均每块土地 10 英亩。[8]

改革针对的是大宗地产和未开垦的土地。因此，改革特别针对联合果品公司，因为该公司是危地马拉最大的土地所有者，而且拥有大量的土地储备。改革征收了联合果品公司一半以上的土地，并根据该公司在纳税申报单中申报的土地价值对其进行赔偿。但联合果品公司现在声称，这一估价严重偏低，坚称这些土地的价值是其申报价值的十倍。[9]

改革还试图颠覆农村的权力结构。在改革中，征用土地的主动性来自下层，法律鼓励农民和农村工人组织工会，提出对土地的要求。农村组织的激增成为阿本斯所说的危地马拉人"意识地震"的一部分，土地改革成为"革命最宝贵的成果"。农民联盟成了全国最大的组织，农村工会取代军队，成为土著社区与国家之间的主要调解机构。这对军方在农村地区的地方权力构成了威胁，从而动摇了军方与阿本斯政府的关系。[10]

这项法律使多年来酝酿的冲突浮出水面。自土著人口在殖民时代晚期开始恢复以来，土地稀缺问题一直困扰着危地马拉农村。19 世纪，随着咖啡种植园占据了更多的社区土地，人口持续增长。这意味着社区与土地所有者之间、社区之间以及社区内部的斗争都更加尖锐。[11]

土地改革开始卷入这些冲突之中。法律在分配种植园土地时，优先考虑了种植园工人。然而，许多工人都是新移民，当地土著也对种植园土地提出了主张。社区之间或社区内部、印第安人和拉迪诺人之间，往往对市政土地存在长期争议。"在许多情况下，土地部门的决策只是各个市镇之间，或部分市镇之间围绕土地的长期斗争的又一个转折点。"[12]

美国

阿本斯的政策从多方面挑战了这3家重要美国公司的利益。3家公司，尤其是联合果品公司，全力进行游说和宣传，敦促美国进行干预以推翻危地马拉的民选政府。

但是，美国的权力结构超越了特定公司的个体利益。对于美国国务院官员来说，反共产主义、特定公司的利益以及更大的经济和地缘战略利益是交织在一起的。1953年末，一位官员警告说，危地马拉的民主可能会威胁到美国在萨尔瓦多和洪都拉斯的利益："［它的］土地改革是一种强有力的宣传武器；其帮助工人与农民战胜上层阶级和大型外国企业的广泛的社会计划，对情况类似的中美洲邻国人民具有强烈的吸引力。"另一位官员则担心，危地马拉成功的土地改革可能会"在其他美洲共和国的农村人民中激起破坏性的骚乱"。一份政变后的情报担心，"危地马拉的例子本身就具有感染力"，因为"危地马拉反对'封建主义'和'殖民主义'的宣传迎合了美洲其他地区广大受众的偏见"。[13]

直到1952年中，美国一直满足于通过施加外交压力，并切断对危地马拉的经济和军事援助来施加影响。随着《土地改革法》的通过，以及几位危地马拉共产党领导人在实施土地改革过程中的突出表现，美国的反阿本斯行动加速了。1952年11月当选的德怀特·D.艾森豪威尔发誓要以"推回"政策取代哈里·杜鲁门总统的"遏制"共产主义政策，并责成中央情报局策划推翻阿本斯。1953年夏天，中央情报局启动了"PBSUCCESS行动"，"内部几乎没有争论，参与行动的几位决策者达成了令人振奋的一致意见"[14]。

艾森豪威尔任命狂热的反共分子约翰·佩乌里弗伊（John Peurifoy）为新任驻危地马拉大使。佩乌里弗伊和中央情报局发起了一场反共宣传运动，并开始在危地马拉军队中招募盟友。美国媒体和国会以及危地马拉的大主教都迫不及待地加入了这场歇斯底里的反共大合唱。中情局开始在洪都拉斯和尼加拉瓜训练一支流亡部队。

在围绕危地马拉的紧张局势中，1954年5月，洪都拉斯北海岸的香蕉种植园爆发了一场大规模罢工。据《商业周刊》报道，洪都拉斯在此之前一直是"雇主的天堂"，没有工会，也几乎没有劳动立法。洪都拉斯和美国都指责是危地马拉共产党人煽动了此次罢工。[15]

美国飞机向危地马拉城投放反政府传单，阿本斯逮捕了策划政变的嫌疑人，紧张局势随之进一步升级。危地马拉军方本就对阿本斯削弱其在农村的权威而感到不安，因此也发生了动摇。6月17日，由中央情报局训练和武装、由卡斯蒂略·阿马斯（Castillo Armas）中校率领的一支组织散漫的叛军从洪都拉斯进入危地马拉。叛军几乎没有构成军事威胁，但"恐惧击败了［军队］，"一名军官解释说，"他们对美国在卡斯蒂略·阿马斯背后支持的意图感到恐惧。"[16] 由于军队不愿意保卫政府，阿本斯最终在佩乌里弗伊的不断施压下辞职。

政变后的危地马拉

政变后随之而来的镇压浪潮以反共产主义为口号，全国各地的阿本斯政府支持者和政治活动家遭到围捕、杀害、监禁、酷刑或失踪。天主教会在反共大主教马里亚诺·罗塞尔·阿雷利亚诺（Mariano Rossell y Arellano）的领导下，号召天主教徒"团结一致对抗上帝和国家的敌人"[17]。成千上万的危地马拉人被监禁，还有更多的人在外国大使馆避难或流亡国外。

在一个咖啡种植园小镇，一位居民回忆道："政府被推翻三四天后，士兵们来到拉伊瓜尔达德（La Igualdad）抓人。他们有一份长长的名单，上面都是共产主义者——市长、市政官员、工会领袖。这些人被带到了圣马科斯监狱。士兵们本打算枪决他们，但一道相反的指令阻止了处决。种植园里的工会就此终结。此后，没有人再敢尝试组织工会了。"[18]

与萨尔瓦多的有趣对比

在萨尔瓦多，新一代现代化军官（其中一些人在美国接受过培训）同样在 20 世纪 50 年代挑战了寡头对国家的统治。新宪法实施了包括劳工权利、最低工资和社会保障在内的社会改革,但农村工人被排除在外。国际贷款为太平洋沿岸高速公路、基础设施和工业发展提供了资金。但与危地马拉不同,萨尔瓦多的现代化主义者坚定地站在美国的反共阵营中。萨尔瓦多还邀请美国劳工联合会－产业联合会通过其区域组织——美国自由劳工发展研究所来发展反共工会。一项研究得出结论:"美国政府正与现代化的寡头集团和技术官僚上校一起,准备将萨尔瓦多打造成其展示窗口。"[19]

"争取进步联盟"的十年

1959年古巴革命的胜利使得美国对中美洲的冷战更为关注。在竞选活动中,参议员约翰·F.肯尼迪解释说,美国在古巴犯了三个错误:

> 首先,我们拒绝帮助古巴满足其对经济发展的迫切需求……其次,我们以必然会激怒古巴人民的方式,利用我国政府的影响力来促进和增加主宰着古巴岛经济的美国私营公司的利益……最后,也许是我们的失败中最灾难的,就是决定为拉丁美洲漫长的镇压史上最血腥、最专制的独裁政权之一提供支持,并承认其地位。

现在,"与卡斯特罗借以上台的同样的贫困、不满和对美国的不信任,几乎正在每一个拉美国家蔓延"[20]。作为总统,肯尼迪提出了"争取进步联盟",以重新调整美国的政策。

争取进步联盟将促进资本主义经济发展,温和地敦促中美洲寡头进行改革,以解决这一地区严重的贫困和不平等问题。

肯尼迪宣称:"那些使和平革命变得不可能的人,也将会使暴力革命不可避免。"[21] 然而,他并没有放弃使用颠覆和军事手段来辅助改革与镇压任何"暴力革命"的苗头。改革和镇压是反叛乱这枚硬币的两面。

争取进步联盟和新成立的美国国际开发署为这项事业带来了 200 亿美元的资金,也赋予了美国军队在旨在赢得民心的经济发展计划中新的角色。肯尼迪将萨尔瓦多的现代化军队视为"遏制共产主义在拉丁美洲渗透中最有效的"典范。到了 20 世纪 60 年代中期,萨尔瓦多"到处都体现了进步联盟的软实力","学校和诊所都传递着美国慷慨解囊的信息;工会和农村工人组织都是按照美国劳工联合会和产业工会联合会的模式塑造的;美国投资的大幅增加……为萨尔瓦多停滞不前的工业化计划注入了新的活力"[22]。

但在美国对安全问题的重视面前,经济发展项目显得黯然失色。20 世纪 60 年代,"军事资金涌入小型经济体,改变了政府预算结构,并且培训了一大批军事人员,这些人由美国军官在诸如巴拿马运河地区南方司令部的美洲学校等专业学校进行培训"。每年都有数万名拉美军人进入美国军事中心和学校接受培训。警察部队"学会了使用毒气枪、直升机和其他防暴装备。对于这个新兴的强大精英阶层来说,事实证明,通过复杂的酷刑手段控制异议并非难事"。1963 年林登·约翰逊接任总统一职时,由于社会福利项目的资金急剧减少,争取进步联盟转而将重点放在了经济增长和军事实力上。[23]

经济增长之路： 工业化和经济一体化

争取进步联盟通过发展农业和工业来促进经济增长。但是，中美洲国家如何推动工业化呢？在这些国家，占多数的农村贫困人口艰难求生，几乎没有可支配收入来购买制成品。由于美国和寡头统治阶层对能够创造更强大国内市场的再分配政策兴趣寥寥，区域一体化成为一个替代方案。20世纪60年代，一个新的中美洲共同市场降低了贸易壁垒，为纺织和制鞋等新兴产业创造了更大的市场。对于美国投资者来说，中美洲共同市场提供了一个激励机制，即给一个国家的投资者免税进入整个地峡市场的机会。尽管洪都拉斯于1971年退出了中美洲共同市场，中美洲共同市场也因1973年的石油危机而最终瓦解，但它仍持续至20世纪80年代初。

工业化以及农村出口农业的扩展，将大量农民带到了城市。然而新兴产业无法吸纳如此多的工人，城市基础设施或政府机构也无法为他们提供支持。政府计划鼓励引进先进的机械和技术，这意味着新兴产业创造的工作岗位将比一些人所期望的要少。从农村来的移民涌入了城市里新的棚户区，他们在那里搭建了非正式的住所，并在非正规经济中谋生。在危地马拉，居住在城市地区的人口比例从1950年的25%增长到了1980年的40%。[24]

现代化和城市化作为解决社会问题的方案，与美国对待本国土著人口的战后政策异曲同工。20世纪50年代，部落主权被废除，部落被"终止"。印第安人从保留地被重新安置到城市地区，目的是使他们现代化并同化他们。[25]

经济增长之路：出口农业和危机

第二个促进经济增长的提案是增加农产品出口并使之多样化。美国国际开发署将杀虫剂和化肥带到了中美洲，并推动了中美洲出口经济的大幅增长。它还为美国石油和化工行业带来了新市场，并为不断发展的美国快餐业提供了新的原料。随着工业化农业的推广及重型机械和化学品的使用，森林遭到砍伐，土地受到污染。

绿色革命技术——新种子、杀虫剂、化肥和农业机械大量涌入中美洲，这些技术由渴望为美国产品开辟市场并展示资本主义经济发展优势的政府和机构资助。国际机构资助修建了太平洋沿岸高速公路，为这一地区的出口生产打开了大门。这些机构还推动成立中央银行和农业发展银行，扩大了信贷渠道。贷款绝大多数流向了大地主，而不是小农，并且"在战后促进土地集中方面发挥了主导作用"[26]。

棉花热潮首先到来。"从几千英亩到超过一百万英亩，棉花开始占据太平洋沿岸最优质的农田，最先进的科学技术应用也随之而来。"[27]对于农民来说，棉花意味着在最恶劣的工作条件下劳动，被驱逐和无产化——不仅仅是通过债务和低工资进行强制征募，还有童工、酷暑、接触杀虫剂和住房不足。

一位经济学家发现，"棉花工人通常是从最贫困的农民家庭中招募的，他们来自拥有最少土地和家畜的家庭，以及最贫穷和最偏远的山顶村庄"，"他们在沿海地区的生活条件比咖啡和蔗糖种植园的工人更糟糕：他们的口粮更加匮乏，法定假日或星期日没有工资，住所更加简陋，卫生设施更差。棉花工人面临更高的疟疾和痢疾感染风险,并经常出现棉花[农药]中毒的症状"[28]。数十万来自危地马拉西部高地的农民进行了这种季节性的跋涉。到了20世纪70年代,危地马拉从事流动劳动的人口比例已经位居世界首位。[29]

里戈贝塔·门楚描述了她10岁时第一次下到沿海地区的经历:

> 天气非常非常炎热。第一天摘完棉花后,我在午夜醒来并点燃了蜡烛。我看到我的兄弟姐妹们脸上都是蚊子。我摸了摸自己的脸,也满是蚊子。到处都是蚊子,在人们的嘴里,到处都是。光是看见这些昆虫,想着要被咬,我就忍不住开始抓挠。这就是我们的世界。[30]

但更糟糕的情况还在后面。新一轮的美国资金为中美洲养牛业的迅速扩张打下了基础。"牛肉业的繁荣,"一位分析家写道,"对土地的贪婪程度超过了先前任何的出口繁荣……之前的每一次出口繁荣都对农民的生活产生了深远的影响,但每一次都受到了自然边界的限制。牛肉出口热潮则不同。只要有草生长的地方就能饲养牛。"[31]而且,与棉花产业不同,牛肉产业提供的就业机会极少。

各国政府和国际机构试图通过推动开拓新土地来应对日益严重的农民失地或无地现象。那些无法在不断缩小的土地上生存的农民,纷纷去砍伐或被派去砍伐森林以为畜牧做好准备。农民的开拓行为加剧了出口农业对环境造成的破坏性影响:在几十年的发展过程中,三分之二的原始森林消失了。[32]一旦农民完成了开垦土地的繁重劳动,地主,有时甚至是军队,往往就会进驻并接管这些土地。

土地危机因人口的增长而进一步加剧。中美洲的人口从 1950 年的 1100 万增长到 1990 年的 2700 万。原因显而易见:医疗和卫生措施将死亡率降低了一半,而极高的出生率却丝毫未减。[33] 到 2000 年,地峡地区的人口增至 3600 万,在 2010 年达到了 4300 万,在 2019 年则达到了 5000 万。[34]

随着农民的土地持有量减少,人均粮食产量也在减少。在 20 世纪六七十年代棉花和牛肉出口的繁荣时期,除哥斯达黎加外,每个中美洲国家都有一半以上的人口营养不良。[35]

农产品出口虽然成功地让某些部门(包括跨国公司和中美洲精英)富裕起来,但并没有带来足够的收入来偿还政府所欠下的贷款。1960 年后,债务的增长速度超过了出口收入的增长,到 20 世纪 80 年代初,所有中美洲国家的债务都显著超过了其年收入。[36]

天主教会与玛利诺修会 (Maryknolls)

外交史学家有时会忽略冷战拼图的另一个重要组成部分:天主教会。自 19 世纪末的自由主义改革以来,正统教会在中美洲失去了大部分的政治和文化权力。取而代之的,是一种由天主教和玛雅传统融合的"民间宗教"(costumbre),它将天主教符号与土著的意义相融合,并在地方层面通过"兄弟会"(cofradías)将精神力量与政治力量联系起来,从而构成了宗教生活的核心，这种情况在土著社区尤为明显。

20世纪40年代，受到罗斯福在拉丁美洲发展主义方法的鼓舞，美国天主教玛利诺修会向危地马拉的韦韦特南戈（Huehuetenango）高地派出了首批传教士。危地马拉的高地很快成为"类似早期殖民时期的机构扩张的中心"，而玛利诺修会也从那里向整个中美洲扩张。[37]

玛利诺修会在危地马拉的工作与阿雷瓦洛·阿本斯政府的目标并不完全契合。双方都相信现代化，并试图取代传统的土著权威和自治，将危地马拉的土著社区融入国家生活。[38]地方选举产生市长、支持工会和合作社组织的成立、扫盲计划、农村双语教育以及废除《流浪法》，这些仅是革命宪法和政府通过传教士扩展其在土著村庄影响力的几种方式。玛利诺修会同意土著社区需要现代化，但他们在遵循美国反共意识形态和外交政策方面，与阿本斯政府存在分歧。危地马拉的保守教会权威起初支持玛利诺修会项目，以作为对传统玛雅"民间宗教"的反击，也是对教会眼中阿本斯时期日益增长的共产主义威胁的一种反制。

美国玛利诺修会和其他外国牧师成立了天主教平信徒组织分支，以合作扩大他们的传教工作。天主教协会挑战了"民间宗教"和"兄弟会"的等级制度，培养了新的领导力量，并推动了社区改善项目。到1958年，玛利诺修会估计已培训了1000名传道师。到1963年，他们声称已有1.7万名传教士。[39]

玛利诺修会的活动产生了一些意想不到的影响。随着传教士们越来越多地了解他们所工作的村庄的生活和现实，他们的目标也在不断转变和扩大。作为挑战传统权威的一部分，许多传教士参与到了解决村庄居民物质和精神需求的发展计划中。传教士们变得更加同情宗教融合，并对使得土著持续贫困，以及被排斥的社会经济秩序提出了更多批评。后来，阿本斯被推翻，教会高层、新的军政府和美国对教会中的这些趋势愈加怀疑。

到了20世纪60年代中叶，拉丁美洲天主教的主教们发展出了一种激进的新"解放神学"（Liberation Theology）。他们认为，教会应该对穷人"优先照顾"。宗教信仰要求皈依者致力于实现人间的社会正义。新的基督教基层社区强化了教会是一个平等社区的理念，以及圣言代表（Delegates of the World）可以利用圣经研究来提高农民对贫困原因的认识。玛利诺修会连同西班牙耶稣会士和其他人一起，将这种新的理念带到了中美洲的每一个角落。教会成了革命性的组织。

同样，在尼加拉瓜，面对新教和共产主义的双重威胁，教会于20世纪40年代成立了"天主教行动"组织，以促进平信徒参与教会事务和社会教义的发展。[40] 在那里，新成立的社会活动型教会也与传统宗教实践发生了冲突，尤其是在传统的宗教和政治权威在相当程度上保留了对地方控制的土著社区。[41]

在整个地区，农民们以类似的措辞描述了他们参与基层社区和大众教育项目的情况。"我开始以不同的方式看待一切……我感到被唤醒，来到了一个不同世界，"萨尔瓦多莫拉桑的一位传道师在参加教会组织的农民大学后解释道。"通过这样的对话，"历史学家莫利·托德（Molly Todd）解释说，参与者"注意到了〔萨尔瓦多〕各地之间惊人的相似之处，并得出结论：全国各地的农民都面临着同样的压迫和苦难、同样的敌人和挑战。这种认知形成了新的阶级意识的基础。"[42]

一位尼加拉瓜桑地诺教育工作者解释说，意识觉醒对于政治和社会革命至关重要。"只要人们为自己的贫困感到羞耻并自责，事情就无法改变。我们所有的工作都是为了改变他们对自己的看法……我们试图带领人们经历三个步骤。首先，他们必须看到使他们陷入贫困的真正不公……其次，他们必须了解这是如何发生的——事情并不总是这样，也不必永远这样。最后，我们要向他们指出，他们的处境是全国性的——他们并不孤单，他们的问题是我们大多数人的问题。""以前我们是盲目的、麻木的。"一位社区领袖回忆道。"这就像他们曾失明了，"另一个人进一步补充说，"然后真相从瞳孔中流淌而出。"[43]

20 世纪 70 年代的危机

中美洲战后问题重重的经济发展模式，在 20 世纪 70 年代暴露出了更多的弊端。全球石油危机导致中美洲当时依赖的以石油为基础的进口产品的价格大幅上涨，而其贸易伙伴由于陷入衰退，对中美洲地区出口农产品的需求也大幅减少。石油危机之后，利率上升，这又使得这些国家几乎无法偿还为发展项目所背负的债务。

除了这些经济挑战之外，中美洲还遭遇了一系列自然灾害。在马那瓜，1972 年的地震几乎将整座城市夷为平地，造成 1 万多人死亡，2 万多人受伤，数十万人无家可归。1974 年，飓风"菲菲"袭击了洪都拉斯北部海岸，1976年，危地马拉再次遭遇了大地震。这些灾难，以及政府除了通过触目惊心的腐败将国际援助吸进政客和精英的腰包之外，完全无力应对的现实，引发了人们的幻灭和动员。

尼克松时代（1969—1974）：永不沉没的航空母舰

新上任的尼克松政府对前任的"争取进步联盟"计划并不感兴趣。尼克松的观点受到美国在越南的经历的影响。美国在越南战争中的失败，以及国内日益高涨的反战情绪，特别是对征兵的反对，促使尼克松转向"越南化"策略：撤回地面部队，同时加强空中力量，并武装南越。"尼克松主义"主张通过武装和支援代理人来执行美国的外交政策目标，避免直接干预。

在拉丁美洲，这意味着支持像巴西和中美洲等地的军政府，尤其是索摩查·加西亚（Somoza García）之子，尼加拉瓜的安纳斯塔西奥·索摩查·德瓦伊莱（Anastasio Somoza Debayle）。这还意味着武装智利的军队，以推翻1973年当选的社会主义总统萨尔瓦多·阿连德（Salvador Allende）。通过销售、贷款及信贷，大量武器涌入了中美洲。本已贫困的中美洲政府更加深陷债务之中，而军队却变得更加强大了。

福特时代（1974—1977）

1974年，尼克松被迫辞职，副总统杰拉尔德·福特接替总统一职。福特保留了尼克松的许多下属，特别是国务卿亨利·基辛格，但他不得不应对水门事件的后果以及公众对美国在越南的侵略行为普遍感到的幻灭。

尽管福特在中美洲问题上鲜有建树，但军事援助和培训仍在继续。美国的援助和顾问帮助维持了尼加拉瓜的索摩查政权以及萨尔瓦多和危地马拉的军人政府。

卡特时代（1977—1981）：人权？

吉米·卡特总统的名字不可避免地与"人权"一词联系在一起。卡特承诺"明确支持那些与我们一样始终尊重个人人权的社会"[44]。对于许多拉美人来说，他的当选标志着政策的明显转变。

不仅仅是卡特，国会和美国公众也对允许国务院在没有监督的情况下进行运作而心存疑虑。越南战争、水门事件和五角大楼文件曝光之后，紧接着，1975年参议院对中情局非法参与暗杀外国领导人展开调查，其中就包括对古巴的菲德尔·卡斯特罗（Fidel Castro）的暗杀，这些都加剧了公众的不安情绪。随着有关中美洲官方暴力和镇压的消息逐渐传入美国，国会试图对这个看似失控了的行政机关的外交政策施加一些限制。20世纪70年代中叶的一系列法律要求国务院报告世界各国的人权状况，并禁止向侵犯人权的国家出售武器。

这些新要求并没有达到预期的效果。国务院的人权报告经常受到政治的影响——为右翼盟友开脱罪责，同时痛斥左翼敌人。武器禁令只是将美国的援助转移到为经济目的服务，从而释放了其他政府资金用于购买武器，第三方则加紧出售武器。

例如，在美国被禁止向危地马拉出售武器期间，以色列成为向危地马拉提供援助的一个重要来源。[45]

卡特对中美洲日益增长的革命运动感到不安。1979年7月尼加拉瓜革命胜利后，他明确表示，绝不允许中美洲发生另一场社会革命，并重申了美国对萨尔瓦多军政府的支持。

萨尔瓦多军方践踏人权的行为并非偶然，它们是军方和精英阶层在民众要求变革的情况下不顾一切攫取权力的必然结果。尽管屠杀、酷刑和镇压的证据越来越多，但直到1980年12月发生了萨尔瓦多国民卫队杀害四名美国教会女性成员的事件后，卡特政府才有所犹豫，要求对此进行调查，并威胁要切断援助。紧接着1月，两名美国顾问和萨尔瓦多土地改革最高官员在圣萨尔瓦多的喜来登酒店被枪杀。然而，就在同月，萨尔瓦多的游击队展开了对萨尔瓦多政府的"最后攻势"，卡特搁置了对人权问题的关切，恢复了对政府的全力支持。

在危地马拉侵犯人权的问题上，卡特的政策更为一贯。1978—1984年，美国切断了对危地马拉的直接军事援助，武器销售也在此期间减少。美国之所以愿意在危地马拉采取更为强硬的人权立场的原因之一，是那里的革命运动从未接近真正夺取政权。而在萨尔瓦多，对人权的关注被置于防止革命胜利的目标之下。而且，尽管有武器限制，美国仍继续向危地马拉提供经济援助，并帮助训练危地马拉军队。

在尼加拉瓜问题上，卡特的政策摇摆不定。他上任时，尼加拉瓜的革命斗争愈演愈烈，腐败的索摩查独裁政权和尼加拉瓜国民警卫队正在对平民进行全面的镇压。就连保守的尼加拉瓜大主教米格尔·奥万多-布拉沃（Miguel Obando y Bravo）也最终谴责了国民警卫队及其暴行。卡特向索摩查施压，要求他开启政治进程并制止暴行，但仍会为索摩查继续提供军事援助。1978年，随着叛乱力量的壮大，镇压行动急剧升级，尼加拉瓜政府开始轰炸和屠杀整个村庄和贫困社区。桑地诺民族解放阵线（Frente Sandista de Liberatión Nacional，FSLN，以下有时简称桑解阵）在哥斯达黎加成立了一个流亡政府，并开始获得国际承认。

最后，在1979年初，美国放弃了对索摩查的支持，切断了援助。然而，美国继续支持对索摩查的国际援助，并像在危地马拉一样，鼓励以色列和阿根廷等第三国介入以填补缺口。

5月底，驻扎在哥斯达黎加的桑解阵部队再次进入尼加拉瓜，发起了最后攻势。在索摩查政权摇摇欲坠之际，卡特做了最后的努力，以阻止看似迫在眉睫的桑解阵的胜利：他呼吁美洲国家组织（Organization of American States，OAS）派遣一支"维和部队"来阻止桑解阵夺取政权。美洲国家组织自1948年成立以来，一直是美国为实现其目标而展示多边主义形象的平台。但这一次，美洲国家组织挺身而出，拒绝了美国的要求。

正如在萨尔瓦多一样，一名美国人的死亡震惊了美国公众和政府。数以万计的中美洲农民可能被悄无声息地杀害，但在1979年6月20日，美国广播公司记者比尔·斯图尔特（Bill Stewart）被尼加拉瓜国民警卫队从车里揪了出来，强迫他跪在街上，并在他的摄像机捕捉到这一切的时候开枪击中了他的头部。美国广播公司对这起谋杀案的广泛报道，让国民警卫队的暴行走进了美国人的客厅。

最终，7月17日，美国说服索摩查辞职，并把他和他的家人送到了佛罗里达（索摩查很快就去了巴拉圭，并于1980年在那里被暗杀）。在哥斯达黎加流亡的桑解阵政府回到了一个欢欣鼓舞的国家，面临美国提出的一系列要求，包括在其执政集团中加入美国认可的"温和派"，以及保留国民警卫队，但尼加拉瓜拒绝了这些要求，并公开宣布其独立于美国的政策。桑地诺主义者向革命的古巴伸出了友谊之手，加入了不结盟运动，并反对美国对萨尔瓦多的干预。

1980年中，中央情报局开始努力重组尼加拉瓜国民警卫队，希望他们能最终推翻桑地诺革命政府的统治。罗纳德·里根于11月当选后，美国对尼加拉瓜的侵略进一步加速。

里根时代（1981—1989）：反共产主义的回归

罗纳德·里根于1981年上台，他提出了激进的反共产主义、干预主义和我们今天称之为新自由主义的经济议程——当时被称为里根经济学或"涓滴经济学"。和他的前任们一样，里根更倾向于与弱小的国家打冷战，于是，中美洲成为他的集结地。沃尔特·拉费伯尔（Walter LaFeber）认为，"控制中美洲的政策是对激进保守派的回报"。用一位参议院工作人员的话来说，政府"不得不给右翼分子一些甜头"，"他们不能拥有苏联、中东或西欧，这些地区都太重要了，所以他们把中美洲给了他们"。[46]

里根的一些幕僚来自大学和右翼智库，而其他人例如奥利弗·诺斯（Oliver North）、理查德·塞科德（Richard Secord）、约翰·辛格劳布（John Singlaub）和理查德·阿米蒂奇（Richard Armitage）则属于"因在东南亚的经历而政治化的一代越战老兵"。他们的突出特点是对中美洲缺乏了解。当里根在世界其他地方奉行更为细致的缓和政策时，在中美洲，他却让"政府中最坚定的军国主义者来制定和执行政策"。

里根的驻联合国大使珍妮·柯克帕特里克（Jeane Kirkpatrick）曾在1979年发表了一篇题为《独裁和双重标准》（*Dictatorships and Double Standards*）的文章，批评了卡特政府的中美洲政策，这引起了里根的注意。柯克帕特里克认为，卡特没有认识到，尽管尼加拉瓜的安纳斯塔西奥·索摩查等"传统独裁者"侵犯了人权，但他们其实并没有那么糟糕。相反，他们反对共产主义，并支持美国的利益。[47]

柯克帕特里克承认，"传统的独裁者保留了财富、权力、地位和其他资源的现有分配方式，在大多数传统社会中，这些分配方式使少数人富裕，而使大多数人陷入贫困"。但美国不应因为这些事实而退却。"因为传统生活的苦难对普通人来说是熟悉的，所以它们是可以被忍受的。"[48]这些普通民众的任何抗议都只能证明他们正被苏联支持的、一心想称霸全球的共产党人所操纵。柯克帕特里克坚持认为，中美洲"对美国来说是世界上最重要的地方"[49]。

当然，柯克帕特里克忽略了这样一个事实，即她所谓的"传统"独裁者根本不是什么传统的，而是美国为保护其利益而强加给不情愿的民众的产物。中美洲的革命释放了大量的民众支持，这表明中美洲民众也许并不能忍受他们所遭受的"苦难"。但在里根政府看来，这些革命只是苏联的阴谋。

里根为他的中美洲政策辩护，称其是弥补美国在越南战争中失败的一种方式。他声称："长期以来，我们一直生活在越南综合征中……近十年来，他们一遍又一遍地告诉我们，我们是一心进行帝国主义征服的侵略者……现在是我们认识到自己的事业其实是崇高的时候了。"[50]

在里根反对者的想象中，越南也占据了重要地位。反战活动人士反对美国向萨尔瓦多派遣顾问，认为"萨尔瓦多是西语世界中的越南"，暗示美国正在采取的措施将把自己拖入另一场不公正、不道德的战争。

在八年任期内，里根政府竭力阻止萨尔瓦多和危地马拉的革命取得胜利，并试图推翻尼加拉瓜的革命政府。在这一过程中，洪都拉斯实际上成了美国训练和武装反革命军队的基地，美国希望，这支军队能推翻桑地诺主义者。

低烈度战争与美国公众舆论

里根首选的方案是对尼克松的"越南化"政策进行更新，他将其重新命名为"低烈度冲突"（low-intensity conflict，LIC，或"低烈度战争"，low-intensity warfare，LIW）。为了防止先前那种因征兵和美国在越南的伤亡而引发的反战运动，"低烈度战争"将避免派遣美国军队。取而代之的是，战争将由当地盟友和代理军队进行，并得到美国的军事援助和在越南战争时期开展的"赢得民心"计划的支持。对于中美洲人来说，这并不是一场"低烈度"的战争。

在他的极右翼圈子之外，里根的"低烈度战争"，仍然很难为人所接受。里根在 1983 年哀叹道："我没能成功地向公众解释为什么他们应该关心中美洲和南美洲。"同年的一份跨部门战略文件也对此表示赞同："美国目前的政策在国内外都面临着巨大的反对。"因此，在发动战争的同时，一场"让美国公众相信共产党人正试图对我们发动进攻"的运动也随之展开。[51]

里根的一些讨论要点虽是准确的，但并无多大意义。他在 1983 年警告说："萨尔瓦多离得克萨斯州比得克萨斯州离马萨诸塞州还近"，"尼加拉瓜离迈阿密……就像图森这些城市离华盛顿一样近"[52]。

他的还有一些观点则荒唐至极。"苏联的计划，"他缓慢而庄重地说道，"旨在粉碎自由人民的自决权，粉碎哥斯达黎加、洪都拉斯、萨尔瓦多、危地马拉和巴拿马的民主。这是一个把中美洲变成苏联侵略的滩头堡的计划。""成千上万逃离共产主义压迫的难民"，或者可能是"数千万……的人潮"将会涌入美国。在这些表述中，或许把"苏联"和"共产主义"换成"美国"会更准确，因为正是美国的侵略粉碎了民主，在这一地区制造了难民潮，而苏联在那里没有任何参与。但在里根看来，美国支持的尼加拉瓜反政府武装"康特拉"（Contras，contrarrevolucionarios 的缩写，意为反革命）是"自由战士"，"在道义上等同于我们的开国元勋"。[53]

公众舆论从未支持过美国对中美洲的干预。赞成美国介入萨尔瓦多的人从未超过 35%。[54] 在尼加拉瓜，里根越来越多地在国会和公众舆论的背后进行秘密战争。

尼加拉瓜的秘密战争

美国的法律和国际法禁止无端入侵他国和推翻主权政府。因此，里根对尼加拉瓜发动的战争是非法的，而且他试图对此保密。他利用中央情报局秘密组建并资助了一支代理军队——反政府游击队"康特拉"，以推翻桑地诺革命政府的统治。与此同时，他展开了一场针对美国公众和国会的宣传战。为了证明美国援助的正当性，里根声称古巴和尼加拉瓜正在向萨尔瓦多的叛军运送武器。他坚称，军事援助的目的仅仅是阻止武器流入，而不是推翻尼加拉瓜政府。

矛盾的是，当里根政府徒劳地想要揭露古巴在尼加拉瓜的军事影响时，中央情报局却依靠反卡斯特罗的古巴裔网络开展了支持"康特拉"的非法活动。美籍古巴人，其中一些是猪湾入侵的老兵，为"康特拉"筹集资金、担任军事顾问、组织武器运输，并在萨尔瓦多开展秘密空中补给行动。[55]

洪都拉斯、尼加拉瓜和美国的战场

1982年11月，《新闻周刊》发表了一项爆炸性调查，其中揭露道：

> 现在有近50名中情局人员在洪都拉斯服务……辅以数十名特工，包括一些退休的军事和情报官员……[这些美国特工监督着一支战斗部队]其成员包括2000名米斯基图印第安人、尼加拉瓜境内约1万名反桑解阵人士，以及一群前尼加拉瓜国民警卫队成员和被推翻的独裁者安纳斯塔

西奥·索摩查的支持者。他们已经在洪都拉斯和尼加拉瓜之间建立了10个训练营。他们对尼加拉瓜的桥梁、建筑工地和巡逻队进行打了就跑的突袭，目的是骚扰桑解阵，与此同时，中情局特工则四处寻找温和的尼加拉瓜新领导层。[56]

国会消息人士"尖锐地怀疑，政府是否准备利用批准切断古巴武器流向萨尔瓦多叛军的计划，来实施一个更鲁莽的推翻桑地诺主义者的阴谋"。《新闻周刊》报道说："虽然美国官员坚持认为，这次行动的主要目标仍然是切断补给线，但他们也希望受到威胁的桑地诺革命政府能够通过进一步镇压内部反对派而走向覆灭，从而加强温和派力量的抵抗决心。"仔细阅读这句话——美国官员"希望"桑地诺革命政府采取更多镇压。他们的政策旨在实现这一目标。[57]

美国驻洪都拉斯大使约翰·内格罗蓬特（John Negroponte）推动了美国在洪都拉斯非法建立"康特拉"训练营和军营，并掩盖了这一事实。他还努力隐瞒洪都拉斯政府糟糕的人权记录以维持两国的友好关系和保证军事援助的持续。[58]大量的援助不仅换来了洪都拉斯军队的忠诚，也为"康特拉"提供了物资。

国会与《博兰修正案》（Boland Amendments）

尽管里根的团队尽其所能，但仍无法找到大量武器从苏联或古巴流入尼加拉瓜，或从尼加拉瓜流入萨尔瓦多的确凿证据。当里根的真正目的——推翻尼加拉瓜政府——逐渐暴露时，美国国会介入了。众议院议员爱德华·P. 博兰（Edward P. Boland）提出的一系列预算修正案，试图明确禁止里根政府将美国资金用于这一目的，这些修正案也被称为《博兰修正案》，但这些修正案都存在漏洞。

第一个修正案于 1982 年 12 月颁布，仅限制了中央情报局或国防部的资金使用。它还授权进行军事援助，只要其目的是阻止尼加拉瓜的武器进入萨尔瓦多，而非推翻尼加拉瓜政府。[59]

1984 年，美国中央情报局特工奉总统指示在尼加拉瓜的港口埋设水雷，但此事并未通知国会。这公然违反了美国法律和国际法，当美国媒体在当年 4 月报道了此事时，美国国会和国际社会都感到强烈愤慨。美国否决了联合国谴责布设水雷的决议。尼加拉瓜将此案提交给了海牙国际法庭，法庭裁定美国对反政府武装"康特拉"的支持侵犯了尼加拉瓜的主权，美国必须立即停止对尼加拉瓜的战争行动，并对造成的损失进行赔偿。里根则回应称，海牙法庭没有管辖权，并忽视了法庭作出的裁决。

1984 年 10 月，驻洪都拉斯的记者发现了一本中情局"康特拉"秘密训练手册。这本名为《游击战中的心理战》（*Psychological Operations in Guerrilla Warfare*）的手册提供了关于酷刑及如何"消灭"（即暗杀）桑地诺解放战线领导人的指示。该手册建议对尼加拉瓜的民间社会组织进行渗透，以"操纵这些组织的目标"，并鼓励它们"参与一场正当暴力的狂潮"。[60]《华盛顿邮报》写道，"中情局的谋杀手册'教导'尼加拉瓜游击队如何绑架、暗杀、勒索和欺诈平民"，这明显违反了美国禁止此类活动的法律。[61]

1984年底，美国国会通过了加强版的《博兰修正案》，以回应港口埋雷和酷刑手册所引发的愤怒，该修正案禁止向"康特拉"提供一切军事援助。作为反制，里根发布了一项行政命令，禁止与尼加拉瓜进行一切贸易，理由是尼加拉瓜"对美国的国家安全和外交政策构成了非同寻常的威胁"[62]。当尼加拉瓜总统丹尼尔·奥尔特加（Daniel Ortega）正式访问苏联时，里根趁机施压，使众议院通过了他的新"人道主义""康特拉"援助一揽子方案。1985年12月，第3版《博兰修正案》重申了对人道主义和非军事援助的授权。1986年，国会甚至投票决定允许提供军事援助。

1986年10月，当尼加拉瓜击落了一架中央情报局的军事补给飞机，并俘虏了机长尤金·哈森弗斯（Eugene Hasenfus）时，这场秘密战争被进一步揭露。他的公开供词和大量报道揭露了美国长期以来违反国会的限制，从洪都拉斯和萨尔瓦多的美国基地向"康特拉"提供武器的行动。

美国国家安全委员会顾问罗伯特·麦克法兰（Robert McFarlane）和他的助手奥利弗·诺斯中校（Oliver North）立即解散了萨尔瓦多行动，并销毁了罪证文件。两周后，在更多谎言的蛊惑下，国会批准了对"康特拉"的进一步资助。随后，黎巴嫩的一家杂志刊登了一篇爆炸性报道，且很快得到了伊朗政府以及罗纳德·里根本人的证实，报道揭露了美国一直在秘密向伊朗出售武器，并将利润用于为"康特拉"购买武器。

伊朗门事件

几乎在第一版《博兰修正案》颁布后,里根就立即转向中央情报局和国家安全委员会的诺斯与麦克法兰,以寻求秘密资金来源。到了 1984 年 5 月,他们已经从沙特阿拉伯获得了一笔 100 万美元的捐款,并建立了一个秘密银行账户,将这笔资金输送给了尼加拉瓜反政府武装"康特拉"。[63]

1985 年秋季,诺斯借助以色列的安排向伊朗出售美国武器,作为交换,伊朗承诺向黎巴嫩真主党施压,释放美国人质。1986 年春季,这项行动进一步引入了诺斯的私人"康特拉"融资和供应网络。模式已经成型:

> [伊朗军火中间商马努彻·]古尔班尼法尔(Manucher Ghorbanifar)将从沙特商人阿德南·卡舒吉(Adnan Khashoggi)那里借来的资金存入一个由[退役空军少将同时也是诺斯在非法补给"康特拉"行动的合作者理查德·]塞科德(Richard Secord)控制的瑞士银行账户。塞科德按国防部确定的价格将钱转入中情局账户。中情局从美国陆军购买陶式导弹。随后,塞科德安排了一家总部位于迈阿密的包机公司——南方航空运输公司将导弹从美国运往以色列。以色列的一艘包机在最后一程将这些武器运往伊朗。[64]

通过向伊朗收取高于向国防部支付的费用,诺斯的行动得以将大量资金转移给"康特拉"。

当记者、由里根任命的托尔委员会、国会以及主持法律调查的独立检察官慢慢揭开真相时，白宫却拒绝透露信息。诺斯销毁了文件，他和他的同事都向国会撒谎。里根和他的许多内阁成员声称对此事一无所知。在最终被起诉的14名政府官员中，有11人被判有罪，一些人获得了豁免权，另一些则被新上任的总统乔治·H. W. 布什赦免。还有一些人被召回，继续在乔治·W. 布什和后来的唐纳德·特朗普政府任职。有罪不罚现象成了常态，里根对尼加拉瓜的非法、不宣而战的战争从历史书中被抹去了。

萨尔瓦多

里根的新任国务卿亚历山大·黑格（Alexander Haig）很快就与卡特的驻萨尔瓦多大使罗伯特·怀特（Robert White）发生了冲突。黑格要求怀特发表公开声明，赞扬萨尔瓦多政府对4名女教徒遇害案的调查。怀特曾与这些修女关系密切，其中两人在被绑架并被谋杀的几小时前还与他共进晚餐。"我不会参与任何掩盖真相的行动，"怀特在一份机密电报中写道，这份电报直到多年以后才被公开。"我们掌握的所有证据都表明……萨尔瓦多政府并没有认真调查杀害美国女教徒的事件。"不久之后，黑格将怀特撤职并迫使他离开了外交部门。[65]

从里根上任之初到1992年和平协定签署，美国在萨尔瓦多投入了60亿美元。这个小国的军队规模从1.5万人增加至6万人，并建立了新的反叛乱快速部署步兵营。其中最臭名昭著的是由美国训练的阿特拉卡特尔营（Atlacatl Battalion），这个训练营后来卷入了一系列侵犯人权事件——从1981年底在埃尔莫佐特（El Mozote）村屠杀近一千名平民，一直到 1989 年在中美洲大学屠杀 6 名耶稣会领袖和他们的管家及女儿。[66]

国会在萨尔瓦多问题上的行动微乎其微。尽管民主党人大声抗议，一位记者写道："很明显，无论如何，都不会有人投票支持中断对萨尔瓦多的援助，因为众所周知，这将意味着把这个国家'输给'共产主义者。从根本上说，几乎所有人都心照不宣地同意了……这种结局是无法忍受的，甚至连想都不敢想，无论萨尔瓦多尔政府最终采取什么手段，他们都必须赢得战争……因此，由于这种潜在共识，整个辩论尽管乍看之下声势浩大、怒气冲冲，但其实并不是一场辩论，不过是在镜头面前的一场演习。"[67]

洪都拉斯

尽管洪都拉斯吸引的国际关注要少得多，但在 20 世纪 80 年代，这个国家在成为美国对尼加拉瓜战争集结地的过程中发生了深刻的变革。美国军队涌入了这个小国，驻扎了约 7000 名人员，占领了数百平方英里的土地，驱逐了 1.2 万名农民来建立新的基地。约 4 万名尼加拉瓜"康特拉"武装成员驻扎在这里，其中包括 2 万名米斯基托印第安人，他们的目的是建立一个所谓的"新尼加拉瓜"。在国会切断对"康特拉"的关键援助后，美国通过洪都拉斯向其提供了更多援助。[68] 1988 年，美国开始建设永久性的航空和港口设施。有些人开始称这个国家为"美国海军洪都拉斯号"。[69]

孔塔多拉和平进程

当世界上的许多国家面对里根政府对中美洲革命的暴力和夸张反应而退缩时,一群拉丁美洲国家却主动采取行动,为该地区带来和平。1983年1月,巴拿马、墨西哥、委内瑞拉和哥伦比亚的代表在巴拿马的孔塔多拉岛举行了会议。9月,这一组织公布了提案,所有5个中美洲国家均表示支持提案。代表们的计划呼吁结束外国军事干预,减少外国军事顾问,削减军备,并实现民主化。

这一计划没有特别提及美国。但众所周知,美国正是那个进行外国干预并提供外国军事顾问和军备的国家。一份机密的美国国家安全指令担心这一计划"可能对美国的战略利益和政策目标造成负面影响"。这份指令还总结道,如果这一提案得以实施,"美国的利益和目标将受到严重损害"[70]。美国根本不会容忍一个承认尼加拉瓜政府并禁止美国干预的解决方案。里根公开拒绝了孔塔多拉提案,同时宣布,除非桑地诺民族解放阵线被迫"认输",否则他不会满意。[71] 在美国的压力下,哥斯达黎加、萨尔瓦多和洪都拉斯撤回了他们的支持,康塔多拉提案也随之搁浅。

一年后,在哥斯达黎加总统奥斯卡·阿里亚斯(O'scar Arias)的倡议下,中美洲五国于1987年签署了他们各自的和平计划《第二次埃斯基普拉斯协议》(*Esquipulas Agreement II*),一致同意通过谈判来解决持续不断的战争。1990年尼加拉瓜桑地诺革命政府选举失利后,美国从尼加拉瓜的战争中撤出。最终,1992年和1996年分别在萨尔瓦多和危地马拉签署了和平协议。

更深入的政策

在官方和公开政策之外,美国在中美洲的影响根深蒂固。美国企业的利益在其中发挥了作用。像中央情报局、美国国际开发署和美国自由劳工发展研究所等众多机构也起到了作用。多种形式的军事训练也是如此,比如美国美洲陆军学院和在当地的军事顾问。还有一些是无意识的影响,美国投资者、顾问、游客、军队、产品和媒体的存在都带来了各种信息。

1983年,里根宣布了"加勒比盆地倡议"(Caribbean Basin Initiative),这是一套贸易优惠措施,倡议将为中美洲和加勒比国家的纺织品、服装和其他产品提供免税进入美国市场的机会,同时为在中美洲和加勒比国家投资、搬迁或举办会议的美国公司提供税收优惠。

"加勒比盆地倡议"是一项早期的"自由贸易"协定,实际上更多地是为了补贴外国投资者而不是推动自由贸易。制造商们蜂拥而至,他们利用新的保障措施、低工资和免税进入美国市场的优势,为出口加工或保税工厂行业(maquiladora)奠定了基础。美国的粮食援助也从1954年至1979年的1000万美元,增长到了1980年至1988年的6亿美元。食品援助主要是为了帮助美国农民和中美洲军方,这种援助在这些国家的预算中占据的比重越来越大:在萨尔瓦多占一半以上,在危地马拉和洪都拉斯则各占四分之一。[72]

美国政策的核心存在着一些深刻的矛盾。美国声称要促进民主,却拒绝接受选举结果,比如1952年在危地马拉,及

1984年在尼加拉瓜桑地诺民族解放战线的选举胜利。反叛需要赢得民心，也需要残酷和血腥的镇压。可见，"镇压叛乱与新自由主义之间的矛盾"是固有的。[73]赢得民心需要支持社会民主项目，包括社会福利政策、土地改革和合作社运动。而新自由主义则要求为了外国投资者和经济增长的利益而废除这些项目。

美国十年干预的惨痛结果可以以死亡人数来衡量：3万尼加拉瓜人（除了在反对索摩查战争中丧生的5万人）、20万（或更多）危地马拉人和7.5万萨尔瓦多人丧生。随之而来的，是一种有罪不罚的文化，这种文化使得美国政府、国会和公众逃避责任，埋葬了中美洲人为美国冷战繁荣付出代价的历史。这种有罪不罚的文化深刻地塑造了20世纪90年代及以后中美洲地区动荡不安的和平局势。

第二部分

20世纪70和80年代的革命

危地马拉：改革、革命和大屠杀

本章审视了1954年危地马拉政变后的镇压，以及美国新形式的干预、天主教会的新趋势，及马克思主义革命组织等因素是如何在20世纪70至80年代引发了土地和劳工斗争、镇压与反抗的。本章关注基督教基层社区、工人和农民组织、武装游击队运动、抵抗人口社区（Communities of Population in Resistance，CPRs）、民防巡逻队、行刑队、大屠杀和失踪事件。它探讨了为何其他地方的人权侵犯得到了更多的媒体关注，而危地马拉的恐怖镇压在美国却基本上不为人所知。

政变之后：消除"共产主义"威胁

1954年政变后，美国的首要任务是镇压威胁到美国在危地马拉目标的政治和社会运动。而这意味着需要一场血腥屠杀。美国中央情报局帮助危地马拉新政府制定了一份涉及7万名共产主义嫌疑者的黑名单，这份名单不断扩大以至于包括了约10%的成年人口。随之而来的是大规模的解雇、逮捕、酷刑和失踪。美国大使馆称赞这些措施是"恢复所有者和管理者认为必要的农业劳动纪律的一种可接受的手段"[1]。

然而，大使馆自己开展的研究却对"共产主义"威胁的真实性提出了怀疑。大使馆聘请的一名人类学家在调查被新政权监禁的危地马拉人的政治生活时，发现没有一个是危地马拉共产党员，甚至很少有人听说过卡尔·马克思。这些人确实是活跃分子，但都只是参与地方事务的当地积极分子，其中75%的人参加过政党、工会、农民联盟和农业委员会。

十年革命带来的不是共产主义，而是一种"社会觉醒"，它让贫困的人相信他们可以组织起来争取自己的权利，"他们意识到，以前社会体系中公认的某些角色和地位不再受相同规则的约束，而且突然间出现了新的渠道来表达和满足需求。此前政治领袖与国民之间、雇主与劳工之间、印第安人与拉迪诺人之间建立起来的一系列关系并没有突然改变，但是突然间，出现了对其做出一些改变的可能。"[2]

正是这种觉醒和对剥削性社会秩序的威胁，使美国在危地马拉发生政变后试图进行镇压。几个月内，美国加强了与危地马拉军方和警察的关系，提供援助和培训，以支持政府"维持国内秩序的能力"，并塑造军队的"意识形态取向"。不过，美国试图保持低调，因为"如果我们被认为在［他国的］国内政治事务上发号施令，那将是灾难性的"[3]。

美国对阿本斯的敌意，以及将其推翻的决定背后的逻辑，在美国试图重塑政变后的危地马拉的方式中得到了体现。群众动员和土地改革威胁到了外国投资者与地主精英的利益。美国寻求的是一个有利的投资环境，以使美国公司能够获利。这意味着要取消阿本斯时期的改革——这些改革旨在赋予大多数穷人权利，与他们分享财富和权力——并将这些利益归还给寡头和外国投资者。要做到这一点，就必须在数十年间大规模使用恐怖手段，以说服穷人他们无法"为自己的权利组织起来"，并恢复"政治领袖和国民之间、雇主和劳工之间、印第安人和拉迪诺人之间先前建立的一系列关系"。

外商投资的展示窗口

政变后，艾森豪威尔政府试图通过"引导外国资本进入新的投资领域"，特别是在石油、采矿、木材等战略原材料以及制造业和银行业等盈利部门，将危地马拉"转变为一个展示窗口"。美国专家来到危地马拉，重写了该国管理外国投资的法律。历史学家斯蒂芬·斯特里特（Stephen Streeter）解释说："免税、投资保障法和货币可兑换性帮助吸引了美国企业来到危地马拉。"[4]

为了确保新法律能够满足所有需求，美国资助潜在的投资者来编写这些法律。一家美国石油业咨询公司制定了危地马拉的新石油法规，允许外国全资、利润汇回国内和降低税收，同时允许美国公司在与危地马拉政府发生任何纠纷时，向美国国务院请求仲裁。新法规导致"外国石油公司争相获得最有利可图的勘探和钻探特许权"。危地马拉很快授予了数十项新的特许权，这些新特许权涵盖的土地面积达 380 万公顷。美国银行的一名代表就银行法的修订向政府提出建议,并成为第一家在危地马拉开设分行的外国银行。美国政府的地质学家还对危地马拉北部的采矿潜力进行了调查。[5]

美国进出口银行向危地马拉政府和私营公司提供了1500万美元的贷款,其中大部分用于从万国收割机和通用汽车等公司购买美国制造的机械设备。[6] 因此,对美国企业来说,这场政变带来了丰厚的意外之财。

外国援助、改革和企业利润

新阳光地带(美国南部地区)的房地产、石油和国防产业组成了推动美国对外援助的危地马拉游说团体,以帮助他们向中美洲扩张。到了1961年,美国已经向危地马拉新政权提供了超过1亿美元的对外援助,其中包括用于农村发展的1400万美元,以及用于修建泛美公路的2700万美元(美国公司获得了大部分高速公路建设合同)。美国与危地马拉政府各部门密切合作,制定了一系列经济发展五年计划。[7]

大量涌入危地马拉的外国投资只是加剧了长期存在的贫困和无地问题。为了防止这些问题爆发而形成新的动员浪潮,美国增加了一系列改革措施,希望通过改善穷人和缺地者的生活,在不威胁到精英和投资者利益的情况下,缓解社会紧张局势。但是,每一项改革都充满了矛盾。鉴于危地马拉的极度不平等,穷人发起的任何动员或对穷人的任何让步都不可避免地威胁到了那些依赖于剥削他们的人。

改善农民生活可以通过获得土地，信贷、机械和化肥等投入，或通过劳工权利或合作社等法律和制度上的改善来实现。阿本斯的土地改革试图重新分配权力和资源就是为了实现这一目标。在之后的反共产主义改革中，其理念是在不挑战精英阶层既得利益的前提下安抚农民。政变后，美国国际开发署以及非政府组织和宗教援助项目大量涌入危地马拉。

疫苗接种、公共卫生和卫生措施似乎是一种既能帮助穷人，又不会威胁到权贵的干预手段。但这些措施加剧了人口增长和土地压力。在西班牙征服后，当地人口大规模崩溃，库丘马坦（Cuchumatán）地区的玛雅人口花了4个世纪的时间才恢复到被征服前的数量，即到1950年才恢复这一水平。在此后的1950—1980年，人口翻了一番。1950—1970年，试图依靠小土地维持生计的家庭数量从30.807万户增加到42.1万户，而中西部高地的农场的平均面积从1950年的3.2英亩减少到了1975年的2英亩。[8] 因此，即使是旨在避免威胁精英权力的改革，实际上也可能加剧社会紧张局势。其他的改革措施同样被证明是矛盾重重。

绿色革命

绿色革命是解决人口增长和土地稀缺问题的一个反共方案。技术，而非一场涉及土地和资源再分配的"红色"或共产主义革命将为贫困与饥饿提供解决方案，美国政府与洛克菲勒基金会合作开发了绿色革命的高产种子、化肥和杀虫剂，和平队志愿者和玛利诺传教士则将这些技术引入他们工作的农村。

最初，绿色革命的投入提高了产量，并帮助减轻了迫使农民需要进行季节性迁移和激进政治诉求的绝望情绪。然而，这些变化也使更多的农民依赖现金经济。20世纪70年代，随着石油危机导致化肥价格急剧上涨，许多小农负债累累，被迫出售土地，并进一步陷入季节性劳动力迁移的困境。[9]

绿色革命的变革还可能导致政治激进化。危地马拉的一位人类学家认为，对农民来说，种植经济作物意味着"放弃祖传的思维方式，建立新的世界观……正是在这个新的空间里，年轻一代的印第安人开始了他们的［政治］工作。"[10]

在更大的背景下，高地上的绿色革命只是一个更大的技术援助计划的一部分，这一计划旨在帮助生产出口作物的大农场主。[11]在太平洋低地，杀虫剂、化肥和道路的开通为地区内的棉花种植打开了大门。由于土地被棉花种植者占领，太平洋地区的农民遭受了大规模的驱逐；到了20世纪80年代末，该地区的土地集中程度达到了全国最高水平。[12]

殖民化与合作社

资本主义改革者提供了另一种土地再分配的替代方案：殖民。将种植园分割并把土地归还给被迫流离失所的农民，这既损害了投资者的利益，也有共产主义的色彩。于是，资本主义的解决方案是，开辟新的耕地，尤其是在国家北部和东部茂密的森林地区。

通过开拓新土地来化解民众对富人的诉求，这种方式呼应了美国西部"拓荒"的悠久历史以及随后的美国对外政策。美国将印第安人从资源和经济发展所依赖的土地上赶走的历史由来已久。危地马拉的殖民化计划与美国的定居者殖民主义则有所不同,因为许多"殖民者"是土著农民。但与美国西部情况类似的是,小农户和随后进入该地区的大公司对土地的分配及利用有着截然不同的看法。

对于韦韦特南戈和基切高原上严重缺地的农民来说,北部雨林被吹捧为缓解压力的阀门。这是一个避难所,尤其是逃离棉花种植:这些地区的村庄派遣了一半以上的劳动力前往太平洋沿岸收割棉花。自20世纪60年代以来,小农户就开始随意地在雨林里寻找土地,到了70年代初,这里成为天主教会、美国国际开发署和危地马拉政府赞助的殖民化项目的关键地点。[13]

危地马拉耶稣会人类学家里卡多·法拉(Ricardo Falla)解释说:

> 1966年之前,伊斯坎还是一片无人居住的丛林,那一年,第一批定居者与[一位]玛利诺教会的神父一起来到这里,他们参与了教会和[政府]联合发起的项目,购买私有土地,并被分配了一些国家财产。殖民者们在伊斯坎河沿岸定居下来,开始清理丛林并种植庄稼,与酷热和大雨(降水量每年达6米)、茂密的植被、蛇、蚊子、沼泽、道路缺乏、远离城镇和商业中心、孤独和与世隔绝作斗争。他们是渴望土地的拓荒者,厌倦了在沿海和沿岸低地的大型咖啡、甘蔗和棉花庄园出卖劳动力。

在接下来的几年里,"丛林里逐渐住满了人"[14]。

许多新定居者组织了合作社,以便更容易获得援助和资源。在政变后的镇压中,阿本斯政府的合作社计划被废除。但是,1956年的新宪法又恢复了合作社的地位,并规定由国家银行提供资金和信贷。几年后,美国政府解释说,"解散阿本斯时代由共产党领导的'合作社'",使得"受到美国国际开发署特派团和在危地马拉农村工作的许多独立发展团体支持"的非共产主义合作社"进入了一个新的发展阶段"。[15]但这些合作社的赞助者往往很难对其进行控制,尤其是在石油业和养牛业也追随他们进入雨林的情况下。

人类学家比阿特丽斯·曼兹(Beatriz Manz)曾陪同一个试图在雨林中谋生的殖民地。天主教会招募了来自基切省不同城市的农民。"定居并非一帆风顺,"曼兹解释说,"只有最积极和乐观的人才会前往伊斯坎……殖民是一场重大的动员和激进主义的一部分……他们知道政府是不民主的;他们熟知种植园的工作和地主精英的特权;他们知道社会是如何对待和看待玛雅人的。他们中的许多人拥有短波收音机,收听古巴哈瓦那广播电台的节目或有关阿连德的智利人民团结阵线的新闻。"[16]

开发区:北部横向带和佩滕省

危地马拉北部和东部人口较少的地区同样拥有丰富的资源,在吸引农民移居者的同时,政府和跨国公司也看中了这些地区能够大规模出口发展的潜力。北部横向带(Franja

Transversal del Norte，FTN）开发项目针对的是在咖啡业繁荣发展时期失去土地和被强迫劳动的高地村庄，以及农民迁移和殖民的低地边界，以吸引出口导向型投资。资源丰富的热带雨林暴露了新老农民社区与大规模经济发展之间的紧张互动。

就在雨林殖民计划开始几年后，危地马拉土地改革研究所宣布北部横向带为农业开发区。美国国际开发署和危地马拉政府开始着手修建高速公路，并向国内外的采矿业、牧场、养牛业和伐木业开放这片土地。1979 年，杂志记者艾伦·里丁（Alan Riding）在《纽约时报》上报道说："在过去的五年里……部分由于在墨西哥边境附近的西部丛林中发现了石油，政府已开始深入该地区，改善通往北部佩滕省的公路，并修建了［一条］新的东西向公路，横跨该国狭窄的腰部地带，即北方横向带。"[17]

丽莎·格兰迪亚（Liza Grandia）解释说："受到墨西哥石油繁荣的启发，以及 20 世纪 70 年代石油禁运和世界能源危机的推动，危地马拉政府将佩滕和北部横向带的勘探合同授予了一系列美国和其他外国石油公司……殖民规划者同样欢迎本国和外国公司在佩滕省伐木，在北部横向带开采镍矿。"[18]

危地马拉将军费尔南多·罗密欧·卢卡斯·加西亚（Fernando Romeo Lucas García）在这一地区获得了大量土地，并在 20 世纪 70 年代担任国防部长，负责该地区的石油开发项目。在 1978 年当选总统后，费尔南多见证了这一地区的发展及伴随发展而来的非同寻常的暴力。

1973年，Exmibal①镍矿开采公司获得了在这一地带的东部边缘进行开采的特许权。到1978年，已有7家国际石油公司在北部和西部开展业务。1974年，危地马拉政府获得了一笔贷款，用于建设其有史以来最大的公共基础设施项目，即沿同名河流而建的奇霍伊水电综合工程，随后又启动了其他采矿项目。"集石油、镍、水电和牛肉为一体的综合项目为20世纪70年代和80年代最大的道路建设项目提供了资金支持"，横贯危地马拉的高速公路和道路网络将正在开发的低地雨林与高地村庄连接起来。"对跨国公司来说，公路的主要吸引力在于方便矿产的勘探、开采、运输和加工。对于军官、政府官员和其他与政府关系密切的危地马拉人来说，这些道路意味着成为牧场主的机会。"公路连接了西部的石油生产商和东部的镍矿开采。[19]

在最东北部的佩滕地区，人口密度非常低，尽管几十年来，来自邻近省份的凯克奇印第安人一直为了寻找土地而移民到那里。20世纪60年代中期，政府成立了佩滕国家开发公司（FYDEP），以鼓励进一步的殖民化。这一机构的发展计划，包括基础设施和道路建设，都倾向于支持畜牧业和伐木业。它开始将土地主要分配给大农场主和种植园主，包括军队成员。事实上，尽管殖民的既定目标是为无地者提供土地，但佩滕新殖民地的社会结构却复制了高原地区的不平等体系，许多农民殖民者成了无地工人。[20]

---

① *Explotaciones y Exploraciones Mineras de Izabal*，简称 *Exmibal*。

农民合作社与大型项目之间的冲突一直困扰着该地区。1976 年的一篇文章称，北部地带是"全国最重要、最具争议性的镍和石油投资地……这里也经常发生土地冲突，一方是常年耕种土地的农民，另一方是拥有临时所有权的新地主"。地区内开始流传有游击队存在的谣言。[21]

20 世纪 70 年代末，美国为一个重新安置北部横向带 4000 名农民的项目提供了 560 万美元，安置地点就在得克萨斯州谢南多厄公司经营的一个石油勘探项目附近。[22] "甚至在重新安置项目开始之前，"里丁在 1979 年《纽约时报》的报道中写道："横向带就遭受了和佩滕一样的命运，新定居者最终只能在该地区新出现的大农场里做散工。据报道，1977 年，负责横断带开发的危地马拉总统罗密欧·卢卡斯·加西亚将军拥有 3 处地产，总面积达 13 万英亩。包括国防部长奥托·施皮格勒（Otto Spiegler）在内的其他几名军官也获得了'殖民'土地。塞波尔附近的一个地区被称为'将军区'。"[23] 到 20 世纪 70 年代末，北部的这些冲突地区成为群众组织、游击活动、平定叛乱和种族灭绝的重要场所。

对传统宗教的挑战

在玛雅社区，宗教和政治权力通过"传统宗教""兄弟会"和"长老会"紧密交织在一起。"兄弟会"创建了一个社会控制体系，将村民与组织及其领导层联系在一起，并合理化了"长老会"根深蒂固的父权制。此外，长者还通过将土地传给儿子来行使权力。不平等是这一制度的内在特点,但互惠也是特点之一。

传统领袖在维护使他们受益的制度上有着自身的利益。而在阿本斯时期,农村组织挑战了土著社区的权力结构。许多"长老会"感到了威胁,从而反对政治开放和土地改革。[24]

镇压及后阿本斯时代的几十年发展为"长老会"提供了恢复地位的新机会。一些人成为劳工承包商、放贷人和店主。[25]不过即使他们成功地恢复了权力,重新获得合法地位也变得更加困难。人口增长和随之而来的土地压力也削弱了社区等级制度的基础。

尽管遭到镇压,但成长于20世纪60和70年代的青年仍被阿本斯时期用来动员其社区的意识形态和政治所吸引。其中一些思想随着宗教的发展重新出现,并吸引社区成员离开"兄弟会",如"天主教行动"和"解放神学",或新的福音派新教教派。[26]

尽管危地马拉的教会层级依然持保守态度,但解放神学已开始渗透到下层,其中不乏美国的玛利诺会、西班牙耶稣会和其他外国教区级牧师。这些宗教激进分子最初是为了对抗共产主义的吸引力而寻求改革,但到了20世纪60年代中期,他们开始为社会正义而奋斗,其中一些人更是成为马克思主义者和革命者。

解放神学家培训了传道师,组织了学习小组,利用圣经文本分析并提高人们对当地现实情况的认识,组织了信用合作社和其他合作社,使农民摆脱当地"长老会"、地主和放贷人的控制。他们建立了医院、卫生诊所和赤脚医生培训项目。他们还创办了地方广播电台，通过"广播学校"开展大众教育。[27]

这场宗教革命在基切和韦韦特南戈的土著高原地区尤为深入，这里是危地马拉最贫穷、土地最贫瘠的地区，曾为棉花种植业提供了大部分的移民劳工。这一地区位于北部横向带的西端，这里有新的公路，也因牛群、矿产和石油开发受到军官、外国跨国公司和当地精英的觊觎。到1968年，基切超过50%的青年和成年人参加了天主教行动。[28]

当局的权威和传统村庄制度受到天主教行动与合作社运动等新宗教活动的严重威胁。"在一些社区，这引发了一场漫长而激烈的冲突，有时极其严重，且不乏暴力。在社区成员之间，发生了近乎私刑的事件，他们用砍刀、石块和小刀进行对抗，以争夺对当地教会的控制权并获得社区成员的忠诚。"[29]

1973年初，位于基切省北部伊西尔地区的内瓦赫镇，传统领导层成员呼吁军队进行干预，声称"我们中间现在有一个坏种子——共产主义者，他们正在利用合作社和其他愚蠢的行动与我们对抗"。根据一项研究，这是印第安领导人第一次直接呼吁军队介入干预自己的社区。1976年1月，这些领导人拟定了一份黑名单，并交给了军事情报官员。两个月后，军队占领了内瓦赫镇，并开始针对合作社、天主教行动和发展委员会的领导人。[30] 伊西尔很快成为危地马拉种族灭绝行动的中心。

深受解放神学影响的激进耶稣会士和玛利诺会士还领导了殖民项目，将缺少土地的农民从高地带到北部的雨林地区。殖民项目将来自不同地区和语言的玛雅人聚集在了一起，从而为宗教变革提供了沃土。传统权威和结构的缺席为殖民者开发更民主的新制度创造了空间。

20 世纪 60 年代：东部的年轻军官叛乱

1960 年，冷战在危地马拉出现了另一个转折，当时，美国中央情报局越过危地马拉军方，在危地马拉建立了几个基地用于训练和武装古巴流亡者，以为入侵古巴做准备，希望推翻菲德尔·卡斯特罗。危地马拉军队中的许多军官和士兵是卡斯特罗革命的崇拜者，并对危地马拉屈从于美国的地位感到愤怒，于是他们在首都和东部的萨卡帕（Zacapa）地区发动了起义。这场起义吸引了大量东部的拉迪诺农民，尽管当地的印第安人群体对此兴趣不大。

美国派出了军舰、轰炸机和一艘航空母舰，起义很快就被镇压。一些起义领导人逃到了山区，在接下来的几年里，他们重新组织成"革命武装力量"（Revolutionary Armed Forces, FAR），这是一支由数百名战士组成的游击力量，曾多次开展小规模行动。

随后发生的野蛮镇压主要针对的是非战斗人员。1966—1968 年，军方与准军事行刑队联手，杀害了 3000—8000 名农民，其中大部分发生在东部的萨卡帕省。领导这次行动的国防部长卡洛斯·阿拉纳·奥索里奥上校（Colonel Carlos Arana Osorio）被称为"萨卡帕屠夫"，后于 1970 年当选总统。

地理学家梅根·伊巴拉（Megan Ybarra）提出了一个问

题:"军方为什么要招募民众到边疆定居,然后再杀害他们呢?"她是这样回答自己的疑问的:"到了20世纪70年代中期,当军方在低地殖民的反革命计划似乎并没有按计划进行时,他们转而将反叛乱暴力作为更大的发展项目的一部分。"[31]东部发生的事件预示着,随着这十年的发展,暴力将席卷以土著为主的西部和中部高地。

20 世纪 70 年代:抵抗运动日益壮大

20 世纪 70 年代,约 60% 的玛雅农民季节性地迁移到海岸地区进行劳作。[32] 75% 的儿童营养不良。[33] 在 70 年代,几种不同的组织形式动员了城市贫民、海岸的移民工人、高原村庄和新的合作社。到了 70 年代中期,民众与新生游击队组织的联系也在不断加强,这些游击队组织与尼加拉瓜和萨尔瓦多的游击队组织一样,都认为用武装革命推翻不公正秩序的时机已经成熟。

1976 年,一场大地震震撼了危地马拉高地地区。超过 2 万人丧生,7.5 万人受伤,100 万人无家可归。阿图罗·阿里亚斯(Arturo Arias)认为,"地震对受灾农村社区的地方领导层是一次真正的烈火考验……从那时起,扫盲工作、基督教社区工作、政治讨论工作真正开始转变为组织工作",这种工作明显变得更加政治化,有时还与左翼武装组织建立了联系。[34]

地震救灾工作将进步的天主教组织、城市工会、来自不同社区的印第安人以及拉迪诺活跃分子聚集在一起。"中小学生组织起来要求重建学校,工厂工人向雇主争取救灾援助,而通常由学生或工会成员发起的邻里委员会,则在城市各处蓬勃发展,居民们动员起来"提供基本服务。"地震后的经历是在面对国家腐败时的一次地方权力试验",这进一步滋养了革命组织的发展。[35]

危地马拉城的工会组织

随着出口农业取代了自给农业,以及中美洲共同市场促进了制造业的发展,为外国投资者带来了新的机遇,至 1975 年,外国投资者控制了危地马拉近 50% 的工业,危地马拉城也因此迅速发展起来。"工人们经常用集中营或监狱的形象来描述工厂,这些工厂通常被铁丝网包围,由武装人员和警犬看守,工厂内部还有武装监管人员巡逻。"[36]尽管遭到大规模镇压,但工会还是形成了,尤其是在首都的大型外资工厂,这些工厂生产供本地和区域消费的商品,如鞋类、纺织品、香烟、罐头食品和可口可乐。大多数移民在非正式部门工作,但他们也参与了城市的民众组织。

与农村的天主教行动一样,天主教劳动青年会运动开始的目标是振兴天主教会,以取代共产主义组织的方案。随着解放神学的兴起,天主教劳动青年会的俱乐部和项目开始关注"人们如何拥有改变生活的力量",并投入到工会组织中。当下的情况使许多积极分子变得激进,他们逐渐远离了中间派基督教民主党,转向了一种"受到基督教社会正义观及马克思主义对资本主义分析"启发的分析。[37]

武装游击运动

20世纪60年代，危地马拉革命武装力量（Revolutionary Armed Forces，FAR）和许多拉美游击组织一样，信奉由切·格瓦拉提出的"游击中心论"（foco theory），即通过小规模游击组织发动惊人的袭击能够引发广泛的革命起义。除了东部的革命武装力量之外，危地马拉境内还形成了其他武装游击组织，包括贫民游击队（Ejercito Guerrillero de los Pobres，EGP）和武装人民革命组织（Organización del Pueblo en Armas，ORPA）。到了20世纪70年代中期，所有组织都意识到"游击中心论"已经失败，他们需要努力建立基层组织，逐步争取革命的支持。他们的方法各不相同，革命武装力量试图在城市工人阶级中建立基础，而武装人民革命组织专注于农村土著人口，贫民游击队则试图在农村土著、种植园工人和城市贫民之间建立联系。危地马拉共产党与南美大陆大多数的共产党一样，强调在体制内开展合法组织活动，而不是进行武装斗争，尽管一些党内异议者也采取了武装的方式。到了70年代末，经过多年默默地争取在伊斯坎雨林的合作社和伊西尔地区附近的村庄的支持，贫民游击队已成为最大的游击组织，并在全国三分之二的领土上开展活动。[38]1982年，这些游击组织联合起来成立了危地马拉全国革命联盟（Unidad Revolucionaria Nacional Guatemalteca，URNG）。

玛雅文化权利

不同玛雅社区之间通过教会活动、学校和迁移建立的联系，促进了人们对共同物质条件和剥削的认识，以及对种族主义和边缘化的共同文化体验的认知。左翼或阶级主义的玛雅组织关注的是将贫穷的印第安人和拉迪诺人团结在一起的结构性或阶级性问题，而文化主义组织则强调玛雅身份和权利。对许多活动家来说，鉴于危地马拉的社会阶级和大多数殖民地和后殖民社会一样是种族化的，因此，结构或阶级性问题，与玛雅身份和权利这两者是相互交织、相辅相成的。

1974 年，玛雅活动人士成立了"全国印第安人协调委员会"（Coordinadora Indígena Nacional），发起了一系列研讨会，汇集了全国各地的活动家。1977 年，在玛利诺会的支持下，他们创办了一份月刊报纸《伊克西姆：本土记录》（Ixim: Notas Indígenas），旨在培养一种超越地区、语言和城乡差别的泛玛雅意识。1978 年的一篇社论将 10 月 12 日——美国官方的哥伦布日——在危地马拉和拉丁美洲其他地方则称为"种族日"的日子，重新命名为"不幸之日"（Día de Desgracia）。[39] 类似 1976 年的地震和 1978 年的潘索斯大屠杀事件，激发了对国家支持的"民间传统"宣传的批评，这种宣传异化并利用了玛雅文化，同时掩盖了官方的种族主义。许多年轻人从文化活动中成长后，加入了左翼的"农民团结委员会"和贫民游击队的行列。

传统村镇当局往往对泛玛雅行动主义持怀疑态度，因为后者试图创造超越村镇和"兄弟会"制度的对土著身份的新的政治化理解。由于当地的拉迪诺人也从土著政治和宗教等级制度中受益，因此他们也有理由维护这种制度。当一个拉迪诺人哀叹传统土著习俗的衰落时，一位高地青年回答说："是的，这是悲哀的……但是是对你!"[40]

连接高地和种植园: 农民团结委员会

南部海岸新兴棉花出口经济中的种植园工人来自许多不同的印第安社区,他们与贫穷的拉迪诺人一起承担了繁重的工作。许多人还从高地村庄进行季节性的迁移,从而在不同的印第安社区之间,以及高地社区与沿海工人之间建立了新的联系和身份网络。

许多印第安人从高地下来,只为观看1977年5月1日国际劳动节的游行,并参加了10月20日纪念1944年革命的全国集会。次月,来自韦韦特南戈的印第安矿工和拉迪诺矿工沿着泛美高速公路穿越印第安高原的大部分地区,行进了351千米,历时9天,最终抵达危地马拉城,"同行的有15万人,包括学生、定居者、政府雇员、工人和农民"。南部沿海的糖厂工人也举行了游行活动,并加入了队伍。这次游行首次将沿海农民联盟和高地基督教基层社区聚集在了一起,"在群众组织中产生了越来越强烈的欣喜情绪"[41]。一位支持矿工组织的玛利诺会神父写道:"工人和农民,印第安人和拉迪诺人,不同种族的印第安人之间从未表现出如此的团结。"[42]

这种行动主义在农民团结委员会中凝聚,并在次年的5月1日首次公开亮相,提出了包括"军队不再强制征兵""土地匮乏""反对镇压""反对歧视""反对高昂的生活成本"等口号。[43]尽管农民团结委员会从未公开与贫民游击军有关联,但它或许已经迅速成为"与国家政治和革命左派联系紧密"的组织，其成员构成，及对高地土著农民、沿海种植园工人和城市贫民共同利益的构想都与贫民游击队显著重叠。[44]

1980年1月，来自基切北部的27名农民团结委员会活动人士，包括里戈贝塔的父亲维森特·门楚（Vicente Menchu）在内，前往危地马拉城，要求政府调查他们所在地区的镇压事件。当国会拒绝与他们会面时，他们和平占领了西班牙大使馆。尽管西班牙大使提出了抗议，危地马拉安全部队还是袭击了大楼。袭击最终导致使馆被烧毁，占领者及人质共计37人丧生。大使和一名示威者幸存了下来，不过这名示威者在当晚晚些时候就从医院被绑架，之后又受到拷打并被杀害，第二天，他的尸体被扔在了大学校园里。

对大屠杀的恐惧促使文化主义和阶级主义的非武装左派走到了一起。他们在会议上发表了《伊希姆切宣言》（Declaration of Iximché），这是一份"危地马拉原住民向全世界发出的声明"。这份声明为左翼的农民团结委员会和更具文化主义色彩的土著运动（movimiento indígena）提供了一个框架，将土著问题与阶级问题联系起来。与农民团结委员会高度重合的贫民游击队也从宣言中汲取了灵感。

潘索斯大屠杀

一个月后，在危地马拉东部的上韦拉帕斯省潘索斯村，军队对日益壮大的动员作出了回应。1978年5月29日，一群凯克奇玛雅人聚集在一起，准备向市长递交一份文件，以陈述他们对土地的要求。危地马拉真相委员会后来总结说：当地地主"不仅要求军队驻扎，还助长了针对农民的敌对氛围"[45]。

士兵向人群开火，造成了数十人死亡，军用直升机则追捕那些试图逃跑的人。还有一些在逃入河中时被杀害或淹死，或后来死于山中，人数不详。这是针对正在崛起的群众组织、手无寸铁的平民，尤其是土著社区的军事和准军事暴力的开始，并在随后发展成了一场雪崩般的暴力狂潮。

关于大屠杀的大多数描述都集中在当天发生的恐怖事件上：可能有100多名手无寸铁的男人、女人和儿童被枪杀、追捕并被追杀至死。但潘索斯的历史表明，它的冲突是中美洲经济发展模式的结果。潘索斯是波洛奇克河谷的一个社区集群，位于北部横向带的东南角。19世纪中叶，这片土地上到处都分散着玛雅凯克奇村落种植的玉米地。随后咖啡种植园系统出现了，它"完全吞噬了凯克奇人"。新的种植园占据了村庄的土地，用数百万棵咖啡树取代了玉米，成千上万的农民流离失所。到了20世纪20年代，潘索斯省近40%的人口失去了土地，只能在咖啡种植园里做苦力。[46]

与危地马拉许多人一样，这些工人曾在1952年的土地改革中组织起来并得到了土地，但在政变后又失去了土地和公开表达的权利。一位长者告诉后来的真相委员会，"哈科沃［·阿本斯］去世后，市长召集我们开会。他说，我们将不能再像过去那样一起工作了。就这样，我们在委员会的工作结束了，而在庄园的工作又重新开始了"[47]。

20世纪50和60年代，牧场主和农民殖民者都迁移到了潘索斯，随着当地的咖啡种植者扩大了他们的牲畜养殖规模，他们与剩下的农民发生了冲突。20 世纪 70 年代，当采矿道路将这一地区与高地和危地马拉城的肉类加工厂连接起来时，大批牧场主又大举迁入这里。[48]

历史学家格雷格·格兰丁认为，潘索斯大屠杀"标志着危地马拉战争的一个分水岭……也许没有其他事件具有如此深远的政治和象征后果"[49]。这场大屠杀激发了城市和农村左翼力量的团结，并促使许多玛雅农民放弃改良主义，不再幻想国家会保护或保卫他们。20 年后，当维多利亚·桑福德（Victoria Sanford）去采访大屠杀幸存者时，她的团队被广场上在大屠杀期间和之后失踪的人的亲属所淹没。"那一年很多人都死了，"一位幸存者告诉他们，"那是一个死亡之年。"[50]

就在潘索斯大屠杀发生的几个月后，罗密欧·卢卡斯·加西亚将军在一场舞弊成风的选举中获胜，成了危地马拉总统，他是东部土地掠夺的主要策划者和受益者。在他的统治下，发生在潘索斯的事情开始在整个土著高地重演。

北基切游击战：伊斯坎和伊西尔地区

伊斯坎雨林和基切省北部的伊西尔高原地区成了游击队组织与针对危地马拉玛雅人的种族灭绝活动的中心，这种种族灭绝活动在潘索斯事件几个月后逐渐展开。随着北部横向带公路的修建和该地区不断推进的石油勘探，那里的暴力事件不断升级。

贫民游击队领导人马里奥·帕耶拉斯（Mario Payeras）描述了20世纪60年代游击队起义及被镇压的一些幸存者如何在墨西哥重新集结，并决定返回危地马拉，"这次要做正确的事"，即在重新发起武装斗争之前先建立一个强大的支持基础。1972年初，这个小团体越过伊斯坎雨林地区进入危地马拉，当时，第一批殖民者刚刚在这一地区建立了定居点。[51]

合作社成为组织肥沃的土壤。"这些起义者的话语与高地的神职人员、修女、学生、社会推动者和政治活动家的话语相似。这些经历令人振奋、充满希望和启发。"村民们小心翼翼地与这些进村要求购买食物的衣衫褴褛的人合作。[52]

慢慢地到了1973年底，这个团体接近了伊西尔高地的老村庄。和高地的许多村庄一样，天主教行动和农民组织为这些村庄带来了新的思想和经济前景，吸引了许多年轻人。[53]

据帕耶拉斯称，到1975年初，"源源不断的农民带着他们长久的积怨，找到了我们的地方小组"。两年后，贫困游击队开始了"武装宣传行动"，即小规模军事行动，"这些行动是有限度的，以免敌人的反应超出人们准备好面对的范围，以及我们在当地所能承受和防御的范围"[54]。

贫困游击队选择了一次引人注目的行动来公开宣布其存在：暗杀"伊斯坎的老虎（或美洲豹）"——路易斯·阿雷纳斯（Luis Arenas），一位大型咖啡种植园主，他在1954年政变后在当地建立了自己的种植园，因征用村庄土地、剥削和残酷对待工人而在当地臭名昭著。帕耶拉斯描述了一个小型游击队如何在发薪日潜入种植园的情景，当时工人们正聚集在一起领取工资,"这个土地的主人站在管理者面前,像一只猛禽,正清点着他的硬币并展开一些皱巴巴的钞票",游击队突然出现,当即向他开枪。

> 人群不敢相信自己刚刚所看到的一切,紧张地听着我们用他们的语言做出解释。随着控诉的进行,人们回忆起了阿雷纳斯的不公和掠夺行为,人群中开始传来声音,打断了演讲者,并为处决此人提供了自己的理由。最后,欢呼声从习惯了数个世纪的沉默和悲叹的喉咙中爆发出来,伴随着一种像是祖先的呐喊,他们异口同声地和我们一起高呼我们的口号:"穷人万岁,富人必亡。"[55]

这就是帕耶拉斯看到的情况。人类学家大卫·斯托尔(David Stoll)指出,并非所有种植园的工人都是失去土地的当地村民。有些是拉迪诺人和土著移民,对他们来说,种植园是唯一的收入来源。这些移民"更有可能怀念路易斯阁下……而不是加入革命,这些〔移民工人〕成了军队平叛行动的中流砥柱"。[56]

军队的反应十分激烈,且针对的是这一地区的全体居民,一个又一个的村庄被占领,疑似与游击队合作的人遭到折磨、殴打和杀害。农民们纷纷逃离村庄,有些人前往游击队营地,帕耶拉斯写道,"在不到一周的时间里,我们的成员数量就增至3倍","突然间听到了四五种不同的方言"[57]。随着当地人的涌入,武装宣传活动扩展至"占领"村庄,召集居民,向他们解释游击队的斗争并谴责军队的暴行,然后又再次消失在乡间。

帕耶拉斯冷静地报告说:"虽然山区的游击队没有遭受任何损失,但我们在村庄里组织的支持者却损失惨重。"[58] 1981—1983年的反叛乱扫荡造成了数千人丧生,数万人因家园被烧毁、村庄被摧毁而逃离。斯托尔报告说:"军队在伊西尔3个城镇外烧毁了所有的村庄和宅院。"在一个又一个村庄,"军事部队枪杀、砍杀或烧死了成千上万手无寸铁的男人、妇女和儿童"。这一地区的人口减少了一半。[59]

幸存者的口述回忆了殴打、强奸、酷刑和令人发指的暴力。许多人逃离了被占领并处于军事统治之下的城镇。大规模屠杀之后是焦土政策,房屋和玉米田都被烧毁,使得返回家园变得不再可能。"军队烧毁了一切,所以我们留在了山里。"一位幸存者回忆说。[60]

一些逃亡者最终在政府控制之外的地区重新组织成了抵抗者社区。数万人多年来几乎一直在持续不断的逃亡和军队的无情追捕下生活。"他们轰炸了整座山。许多人死于这些炸弹。许多人死于饥饿。"另一位幸存者简单回忆道。[61]

在更北部的伊斯坎雨林,人类学家比阿特丽斯·曼兹曾工作过的圣玛丽亚茨哈(Santa María Tzejá)合作社里,该村116户家庭中有50多人在20世纪70年代加入了贫民游击队。当军队和行刑队来到合作社时,一些外国牧师逃离了该地区。但大多数村民无路可逃。正如一位村民向曼兹讲述的:"有些人甚至想过返回高地,但那里如此贫困,他们怎么回去呢?所以没有人回去。"[62]

据后来由教会支持的官方真相委员会报告，当贫民游击队在 70 年代末抵达基切省南部时，"大部分人口都在等待它的到来……贫民游击队的政治干部和战斗人员对他们得到的热烈接待以及人民自发组织的速度感到越来越惊讶"。像农民团结委员会这样的群众组织也动员起来支持游击行动。在 1980 年和 1981 年，随着全国各地的起义蔓延，"游击队胜利论"的论调日益高涨，许多人相信革命胜利即将到来，或至少相信是有可能胜利的，尽管军队做出了十分激烈的反应。[63]

维多利亚·桑福德对数十个社区的屠杀事件进行了调查，她写道，每一个案件中都有一个通过天主教行动、合作社和地震应对项目等途径组织起来的历史。在某些情况下，游击队组织者秘密或公开参与村庄活动。然而，军队袭击村里的积极分子，然后占领、屠杀、焚烧村庄和田地的模式，却几乎在所有情况下都普遍存在。[64]

"村民不一定要被怀疑同情游击队才会遭到袭击，"理查德·威尔逊（Richard Wilson）解释道，"这一计划旨在恐吓整个土著人口，并将其与游击部队分离。那些具有发达地方机构，如合作社或学校的村庄尤其容易成为目标……军队认为，这样的村庄可能对革命者表示同情，这就足以成为摧毁它们的理由。在袭击中，军队纵火烧毁房屋，烧毁或砍伐庄稼，屠杀牲畜……军队在军事化城镇和游击队的丛林之间创造了一个'无人区'，无人居住，也没有庄稼和家畜。"[65]

反叛乱镇压行动：模范村

对于军队来说，土著村民、大屠杀幸存者以及那些在山区寻找庇护的人将自动被视为颠覆分子。从伊西尔地区开始，数以万计的人被抓捕并被重新集中到最终在整个高地的四个"发展极"内建立起来的模范村里，以"军事化农村社区，实施极高程度的控制……特别是对那些被视为游击队社会基础的人口"。这些重新安置的村庄因新的道路和基地而得到巩固，试图在游击队控制的乡村地区建立起军队的存在。[66]

何塞·埃弗拉因·里奥斯·蒙特（José Efraín Ríos Montt）将军是一位虔诚的福音派基督徒，他与军方高层关系密切，又在北部拥有大量土地，于1982年通过政变上台。里奥斯·蒙特减少了在国际上更为引人注目的城市地区的暴力行为，却加剧了对土著高地的攻击。他将模范村体系制度化并加以推广，实施了所谓的"枪支和豆子"计划。村民获得了工作、住房和食物，但实际上却被束缚在由军方管制的村庄中。

反叛乱行动从基切北部向南部和西部的土著地区蔓延。到了1983年，韦韦特南戈、基切、奇马尔特南戈和上韦拉帕斯高地约80%的土著居民被迫逃离家园，至少是暂时性地逃离。当血腥行动在这个十年后逐渐减弱时，已有超过600个村庄被摧毁，20万人丧生，150万人流离失所。约有15万人逃往墨西哥边境的难民营，另一些人则逃往游击队控制的山区。[67] 2013年，里奥斯·蒙特因被判对玛雅人口犯有种族灭绝罪。

让村庄自相残杀：军队、行刑队和民防巡逻队

许多军队的士兵也是玛雅人，他们被迫攻击与自己村庄相似的村落。他们在青少年时就被绑架或强征入伍，变得残暴，并被灌输了反土著的种族主义思想。"军队扼杀了你的一部分身份，"一名曾经的征召兵解释道，"他们想要击垮你，让你成为一个新的人，一个野蛮人。他们激起了我杀戮的欲望。"[68]

在一个又一个村庄，军队组织了"民防巡逻队"（Patrullas de Autodefensa Civil，PACs），实际上是迫使村庄自行攻击和自我摧毁。军事专员（有时是大地主）被武装起来并被赋予权力，所有成年男子都被迫参加他们控制下的新组织的巡逻队。民防巡逻队"将叛军与军队之间的战争转变为了土著农民之间的内战……正是这些临时团体……开始了一场不断升级的酷刑、谋杀和强奸运动……在政治上分裂的社区……开始自相残杀"[69]。到了 1983 年，全国已有约 100 万人被动员加入了民防巡逻队——几乎是所有的成年男性人口。[70]

两位人类学家深入研究了一座高地村庄中一个行刑队的运作方式。当武装人民革命组织在公开集会中短暂出现并解释了他们的事业后，军队就进驻了这个村庄。一个军事哨所随后在附近建立，军队通过提供武器和扩充兵力，扩大了当地军事专员的权力。随着越来越多的村民被迫或选择加入，专员成了一个暴力和专断的权威，随之而来的是一系列的血腥事件：绑架、谋杀和失踪持续了两年之久。

"人们很容易将在圣佩德罗爆发的暴力事件归咎于社会分

裂和旧账的清算，"作者们警告道，"但应该抵制这种诱惑。在1980年之前的几十年里，宗教竞争和激烈的政治斗争是［村庄］生活的特点，但并未导致暴力。人际关系的对立也是如此。这些对立在过去也曾出现过，但都以非谋杀的方式得到了解决。打破和平的……不是差异和分裂的存在，而是军队招募间谍和特工，利用了这些裂痕。"[71]

在伊斯坎圣玛丽亚茨哈的新合作社中，曼茨也报告说，"巡逻队队长散布其敌对者的谣言已成为一种惯例，他希望在给受害者带来恐惧、军事惩罚甚至死亡的同时，为自己谋取一些私利"。一名民防巡逻队领导告诉他的亲戚，"现在没有叔叔、父母、表兄弟，所有人都一视同仁，所以要小心"。他相信，如果不告发他的亲戚，他就会被指控并受到惩罚。[72]

詹妮弗·伯雷尔（Jennifer Burrell）总结了相关文献和她在托多斯桑托斯的调查结果："个人和社区冲突被玛雅印第安人与军方政治化，这加剧了20世纪80年代初的战争。人们几乎总是知道是谁在背后举报导致了亲人的死亡，而且往往能够确定可能引发指控的冲突。冲突通常发生在土地纠纷、水权、未偿还债务，以及因阶级差异而产生的内部紧张局势上。"[73]

在与世隔绝的土著村落内编织的邪恶恐怖网络可以一直追溯到美国。美国提供了反叛乱的意识形态、训练和技术。"军队迅速学会了不仅要恐吓人民以削弱游击队的支持力量，还要将其纳入新的意识形态和政治权威结构中"，包括"破坏、心理战、内部执法和低烈度战争"。镇压工作被委派给了"准自治行刑队"，行刑队成员由军队和警察组成，由军方的合理化军事情报机构提供情报,并通常由美国进行培训。[74]

在基切省的一个村庄里,民防巡逻队奉命杀害邻村的所有男子,并强奸妇女,否则他们自己也会被杀。"这个想法似乎是,一旦这些人参与了犯罪,他们就会成为政府反叛乱行动的帮凶和盟友。"[75]

对宗教的镇压

天主教会的一些部门,特别是玛利诺修会和耶稣会,深度参与了解放神学、意识觉醒、合作社和其他挑战社会秩序和政府的运动。在某些情况下,他们与武装游击队运动建立了联系。于是,参与广播、教育等活动的传道师、基督教基层社区成员和平信徒很快就成了嫌疑人。

包括外国传教士在内的神职人员遭到绑架、拷打和谋杀。教会集会和设施遭到袭击。但主要的受害者是被动员起来参与教会活动的农民。联合国记录了1169名被杀害、失踪或受到酷刑的宗教人士,其中921名是平信徒传道师。[76]

1980年,由于无休止的镇压和数名神职人员被杀,天主教会关闭了整个基切教区。胡安·杰拉尔迪(Juan Gerardi)主教写道:"四年来,在基切,极端暴力的局势笼罩着我们,军队对北部地区的占领更加剧了这种情况……我们发现这一切的根本原因在于一种经济、社会和政治发展的体系,这种制度以国家安全理论为支撑,却不考虑穷人的利益,迫使人们生活在恐怖统治之下。"[77]到1981年,由于许多人被杀害或逃离,危地马拉的神职人员数量从 1979 年的 600 人减少到了 300 人。[78]

1979 年，玛利诺修会关闭了在韦韦特南戈的中心，因为一些运动参与者开始出现在了军队的名单上。参加这些项目的 1500 名学生中，共有约 400 人失踪或遭到杀害。玛利诺修会在危地马拉城的土著中心在 1980 年被军队洗劫后关闭。与该中心有关的 80 多人被杀害，其创始人逃离了危地马拉。[79]

在暴力事件开始减少之后，又发生了两位知名的宗教人士受害事件。1989 年，在韦韦特南戈工作的美国传教士戴安娜·奥尔蒂茨（Dianna Ortíz）修女被危地马拉军方绑架、强奸并遭受酷刑。她在被绑架之前就收到过几次威胁，指责她与颠覆分子合作。

奥尔蒂茨修女在被关押 24 小时后获释。杰拉尔迪主教则不然，他曾在战争年代领导基切教区，并在战争结束后协调了教会的历史记忆恢复项目，这一项目不仅充满了痛苦的证言，还得出结论——军方对战争期间 80% 的暴行负有责任。1998 年，该项目的报告《危地马拉：绝不重演》（*Guatemala：Nunca Más*）发布两天后，人们发现杰拉尔迪主教在其家门外被重击致死。

消失与抵抗：相互支持团体与寡妇全国协调委员会

在中美洲，正如 20 世纪末的阿根廷和智利的独裁统治时期一样，"消失"成为及物动词，而"消失者"则成为命名失踪的受害者的代名词，它指的是那些从家中、工作场所或街头被绑架的人。政府安全部队否认在这些事上有任何过失或责任。有时他们声称这些失踪者根本就不存在。亲人们在警察局和军队基地寻找他们的亲人，但徒劳无功。有时他们被折磨致死的尸体会被发现，但大多数时候他们只是消失得无影无踪。到1996年战争结束时，危地马拉共有约4.5万名失踪者。

1984年，失踪者的亲属成立了相互支持团体，后来又成立了危地马拉被拘禁—失踪者亲属协会和危地马拉全国寡妇协调委员会。这些组织在战后危地马拉的正义和问责运动中继续发挥着关键作用。

美国与危地马拉种族灭绝

格兰丁将美国描述为"危地马拉种族灭绝期间一个距离遥远但仍参与其中的资助者"[80]。美国组织了1954年的政变，而美国政府机构（包括军方）、企业和非政府组织则塑造了危地马拉暴力现代化的发展模式。这些事实构成了危地马拉大屠杀几乎隐秘不见的基础。

由于危地马拉对人权的侵犯，1977年，美国正式终止了对危地马拉的军事援助。但援助仍然通过隐蔽渠道，包括通过美国盟友和受援国如以色列等继续进行。[81]

罗纳德·里根一直在推动重新向危地马拉提供援助，他对里奥斯·蒙特于1982年发动的政变表示热烈欢迎。当年底，里根访问了危地马拉，并宣称里奥斯·蒙特"全身心致力于危地马拉的民主"，却受到了"不公正的指责"。[82]1983年，里根解除了对危地马拉的武器禁运。美国和联合国都为模范村提供了援助，根据桑福德的描述，这些村庄"更像纳粹集中营，而不是所谓的'发展'项目"。包括福音派和其他非政府组织在内的美国私人组织也紧随其后。[83]

种族灭绝结束了吗？

1985年，基督教民主党人比尼西奥·塞雷索（Vinicio Cerezo）赢得危地马拉总统大选，成为自1966年以来首位当选的平民总统。然而，十分明显的是，军方仍然是国家真正的权力来源。塞雷索选取的继任者于1993年发动了一场"自我政变"，解散了国会和最高法院，最终，前人权监察员拉米罗·德莱昂·卡皮奥（Ramiro de León Carpio）取而代之成为新的总统。德莱昂·卡皮奥主持了与危地马拉全国革命联盟游击队的谈判，双方最终于1996年签署了危地马拉和平协定，使危地马拉成为最后一个结束战争的中美洲国家。

对危地马拉城里人来说，"暴力时代"通常是指1978年至1982年的这段时期。对危地马拉农村人来说，"暴力时代"并没有在1982年结束，而是持续了更长的时间，一直到20世纪90年代对伊西尔山区的抵抗社区和难民的最后轰炸，或者直到1996年最终终结了民防巡逻队的和平协定。在这场"长达十年的种族灭绝运动"中，大屠杀只是一个开始。种族灭绝仍在继续：焦土战术摧毁了村庄和庄稼，对逃往山区的平民进行轰炸，将幸存者集中至模范村，以及在军队撤离后，"民防巡逻队"持续实施长期军事占领和胁迫。即使在和平协议签署、民防巡逻队正式解散之后，桑福德所说的"鲜活的恐怖记忆"仍然萦绕在那些曾经历过这一切的人们的生活里。[84]

尼加拉瓜:"我们同人类的敌人——美国佬战斗"

革命的起源

索摩查家族的独裁统治在尼加拉瓜的压倒性影响,塑造了这个国家整个 20 世纪的历史。索摩查家族通过庇护、拉拢、漠视(特别是北部内陆和大西洋沿岸)和镇压等相结合的方式进行统治。在独裁统治的最后几年,镇压盛行,抵抗运动则获得了越来越多的道义上的合法性。桑地诺民族解放阵线以他们年轻、理想主义的领导层,和他们对社会正义、群众动员和参与式民主的革命承诺,以及他们与美国之间宛若大卫同歌利亚式①的斗争激励了许多人。在 1979 年革命胜利的欢欣鼓舞中,尼加拉瓜社会的一些复杂性和利益冲突被淹没了。这些利益冲突从内部削弱了革命,甚至为里根政府未来邪恶的反革命活动埋下了伏笔。

---

① 通常指一个小人物以令人惊讶的方式,不寻常地击败强大敌人的情形,即以弱胜强。

桑地诺民族解放阵线

桑地诺民族解放阵线成立于 20 世纪 60 年代初，它吸收并团结了民众组织、群众教会、民族主义、反帝国主义和马克思主义分析的不同流派。它的目标重申了奥古斯托·桑地诺的话——"自由的家园或死亡"：一个从索摩查独裁统治、国民警卫队和美帝国主义中解放出来的新尼加拉瓜。卡洛斯·丰塞卡（Carlos Fonseca）在古巴期间详细阐述了桑解阵早期的意识形态，他在那里研究了桑地诺的人生经历以及他反抗美国占领的斗争。马克思主义、古巴革命和解放神学都对桑地诺思想有所贡献。但桑解阵对国家处境的批评是自成一体的：它源于他们自己的历史和日常的现实。其中一些现实是与中美洲其他地区共有的，例如农村的无地和贫困、棉花业和畜牛业的扩张，以及美国国际开发署和天主教激进派等改革派团体的涌入；有些则是尼加拉瓜特有的，例如美国的长期军事占领、索摩查家族统治下的个人化腐败统治形式，以及对 20 世纪 20 和 30 年代民众游击斗争的深刻记忆。

虽然桑解阵起源于城市，但在 20 世纪 70 年代，尼加拉瓜一半以上的人口都居住在农村。在面向太平洋的尼加拉瓜西部地区，农村地区首先被咖啡业占据，之后又被棉花业和养牛业占领。许多农村人口在 20 世纪中叶迁移到城市，成为新兴的农产品出口产业的工人；或者迁移到北部和东部的边境地区，在那里建立起新的定居点。一位历史学家将他们描述为"生活在农业资本主义漩涡中而非他们世代居住的村庄里的农民"[1]。与此同时，在大西洋沿岸的土地上，面向加勒比海的土著和非洲裔农民仍然几乎完全与国民经济隔绝。

与危地马拉不同的是，在尼加拉瓜，美国在塑造国家方面发挥了压倒性的作用。尼加拉瓜的国家和军队并不代表寡头政治的利益，而是代表索摩查家族的利益。尼加拉瓜的精英对自己被边缘化感到不满，而可能对反帝国主义的民族主义和反对派持更开放的态度。

在20世纪60和70年代的发展时期，路易斯·索摩查和随后的阿纳斯塔西奥·索摩查·德拜尔两位总统延续了索摩查家族的传统，成为美国在国际舞台上的可靠的盟友（或傀儡）。能否获得援助支持农产品出口发展，取决于对政权的忠诚。1972年的地震摧毁了马那瓜市中心和数以万计的房屋，造成1万人死亡，而当援助大量涌入尼加拉瓜时，这些救援资金却流入了政权及其盟友的个人腰包和公司账户。灾难时期明显的腐败进一步加深了民众的愤怒情绪，也让反对势力团结起来，其中包括不属于索摩查核心圈子的社会上层阶级。桑解阵游击队以乌托邦、道德、民族主义和基督教等话语呼吁革命，以团结广大民众反对索摩查家族和国民警卫队。这种团结为革命带来了力量，但也成为革命的弱点。

解放神学

与危地马拉一样，群众教会和解放神学在尼加拉瓜的革命运动中发挥了重要作用。一句革命口号曾高声宣称："基督教和革命并不矛盾！"事实上，桑地诺思想明确地将基督教伦理和社会学说与马克思主义和爱国主义融合在一起。

解放神学致力于为这个世界带来社会变革和社会正义，这吸引了天主教活动家与尼加拉瓜的农村贫困人口共同合作，学习他们争取土地和劳工权利的斗争经验。埃内斯托·卡德纳尔神父（Ernesto Cardenal）于20世纪60年代在尼加拉瓜湖的索伦蒂纳梅岛上建立了一个冥想社区，他写道："与上帝的结合首先引导我们与乡村人民结合，他们都是穷人……福音对我们产生了最激进的政治影响。"执行上帝的意志意味着"在地球上建立一个公正的社会，没有被剥削者或剥削者，所有财产被共享，就像第一批基督徒生活的社会一样"。卡德纳尔的《索伦蒂纳梅福音》成为通过圣经学习提高斗争意识的经典作品。[2]

学生激进主义在耶稣会中美洲大学（Jesuit Central American University）蓬勃发展。[3]1969年，耶稣会创建了农业进步教育中心。他们广为流传的小册子《基督、农民》，挑战了尼加拉瓜不平等的土地所有权，并敦促农民组织起来捍卫自己的权利。就如同在危地马拉一样，教会赞助了将来自不同社区的农民聚集在一起的短期课程。广播学校则深入遥远的农民家庭。基督教社区为教育、反思和组织提供了持续的空间。数千名平信徒圣言代表将这些思想带到了偏远社区，许多人加入了桑解阵。桑地诺农村工人协会"吸收了当地工会传统、激进基督教的吸引力，自国民警卫队开始镇压和平形式的民众抗议以来，人们日益认识到桑地诺民族解放阵线是唯一的出路"[4]。

1976年，卡洛斯·梅希亚·戈多伊（Carlos Mejía Godoy）的《农民弥撒》（*Misa Campesina*）呼吁耶稣"与我们这些被压迫者团结一致"。同年，他的《帕拉卡圭纳基督》（*Cristo de*

Palacagüina）将基督诞生的故事放在了尼加拉瓜农村。婴儿的母亲玛丽亚希望他能追随父亲的脚步，成为一名木匠，但基督对地主的财富与父母的挣扎之间的反差心感愤怒，"这个小孩心想，明天，我要成为一名游击队员"。

就连宗教中的高层人士也表达过对索摩查政权的反对。例如尼加拉瓜的米格尔·奥万多—布拉沃，他在1970年被任命为马那瓜大主教，又于1985年被任命为红衣主教，虽然他对群众教会持批评态度，但他最终也公开反对索摩查。革命成功后，他逐步右倾，拒绝谴责"康特拉"的暴行，并于1986年呼吁美国增加对"康特拉"的援助。其他知名教会人物仍然是坚定的解放神学家和桑地诺主义者。索伦蒂纳梅的埃内斯托·卡德纳尔则担任了桑解阵政府的文化部长。他的兄弟、耶稣会牧师费尔南多·卡德纳尔则领导了革命扫盲运动。玛利诺会神父米格尔·德埃斯科托（Miguel D'Escoto）担任外交部长。尼加拉瓜为世界提供了一种与俄国革命（1917）、古巴革命（1959）截然不同的革命，这场革命深深地受到了民间天主教的影响。

桑地诺民族解放阵线和武装叛乱

经过十年的地下和农村组织活动，桑解阵在20世纪70年代通过几次戏剧性的行动出现在了国家舞台上。1974年12月，一个小组袭击了索摩查的部长们在马那瓜举行的圣诞派对。一名客人在混战中被杀，这一小组将其他人扣为人质，并以释放桑地诺政治犯、发布桑解阵的公报和100万美元现金作为释放人质的条件。

这次袭击使索摩查政府和美国从自满中惊醒。索摩查宣布进入为期3年的戒严状态。美国开始紧锣密鼓地投入资源对国民警卫队进行现代化和改革。尼加拉瓜的革命威胁到了美国的全球冷战秩序，突然间国民警卫队需要扮演新的角色，亟须现代化的武器和技术。

与危地马拉军队一样，国民警卫队中的步兵大多是贫穷的农村青年，他们所接受的羞辱性训练向他们灌输了一种残酷的文化。他们的行动规模小，而且是地方性的："以恶习、日常暴力和有罪不罚为中心"。20世纪70年代，国民警卫队中长期存在的"男性暴力文化"被动员起来，以粉碎日益壮大的桑解阵运动。几年之内，它的使命"发生了转向……政治暴力和严重侵犯人权行为将成为其主要的日常职能"。但国家恐怖活动的升级不但没有粉碎革命运动，反而疏远了越来越多的尼加拉瓜人，使他们对此感到厌恶，并增加了革命的吸引力。[5]

1975年后，桑解阵分裂为三个派别。长期人民战争派主张继续组织农村活动，而具有更传统的马克思主义倾向的无产阶级则希望集中精力组织城市工人。第三派认为，大规模城市起义的时机已经到来，呼吁建立包括反索摩查或"爱国"资产阶级在内的广泛的全国阵线。1978年1月，著名保守党反对派记者佩德罗·华金·查莫罗（Pedro Joaquín Chamorro）被谋杀，这一惨案显然是出自索摩查之手。查莫罗的被杀刺激了桑地诺民族解放阵线，也标志着主流反对派对政权态度的转变。传统政党，甚至是商会都开始呼吁索摩查下台。桑解阵招募了商界和政治领袖，组成了"十二人集团"（Los Doce）来支持起义。

1978年8月22日，一群桑解阵成员冲进了国家文化宫。如同1974年圣诞节发生的事件一样，他们将1500多名索摩查政府官员扣为人质，直到索摩查政权同意释放桑地诺政治犯、允许他们自由出境、向罢工的卫生工人做出让步，并在国家媒体上发表桑地诺主义宣言。9月9日，桑解阵号召全国各城市发动大规模起义。游击队在平民的支持下筑起街垒并焚烧了政府办公室。国民警卫队以大规模轰炸和入侵起义军根据地作为回应。埃斯特利革命根据地坚守的时间最久。

桑解阵撤退之后，随之而来的是"清洗行动"——"对手无寸铁的男人、女人和孩童进行了全面屠杀"，目的是"排干游击队所游弋的海洋。"[6] 但镇压只导致更多的人，特别是年轻人，逃到山里去加入游击队。1979年3月，桑解阵线内的三个派别联合起来。4月，他们从洪都拉斯入侵塞哥维亚山脉北部地区和埃斯特利市，在那里引发了大规模起义以支持桑解阵的行动，但再一次被血腥镇压。卡洛斯·梅希亚·戈多伊（Carlos Mejía Godoy）在向这座城市致敬时，捕捉到了起义中的乌托邦情绪："埃斯特利市，你是一名不屈不挠的游击队员，是不屈不挠、甜蜜而凶猛的爱情斗士。"

6月，桑解阵在包括首都马那瓜在内的全国各地城市发起了最后攻势。索摩查家族名下一家工厂生产的石砖（用以铺在马那瓜和其他城市的街道上）成为这次起义的象征：随着战斗愈演愈烈，桑解阵战士们将这些地砖从街道上挖出，用来搭建街垒。革命胜利后，新的桑解阵报纸采用了一个饱含革命色彩的名字——《街垒》（*Barricada*）。1979 年 7 月 17 日，索摩查逃离尼加拉瓜，7 月 19 日，桑地诺民族解放阵线以胜利者的姿态进入马那瓜，而国民警卫队的残部则全体投降。

掌权的桑地诺主义者

新的革命政府以乌托邦式的理想主义、志愿精神和激情来面对国家近乎无法克服的贫困与混乱。尼加拉瓜本就非常贫穷，索摩查政权的腐败及其对援助的挪用使情况变得更加糟糕。在革命战争期间，约 250 万人口中，约有 5 万人死亡、10 万人受伤。

1972 年地震后，首都马那瓜几乎没有重建，基础设施因政府轰炸和战争期间的疏忽而被破坏得更为严重。地震发生 10 年后，马那瓜"仍然是一片废墟……只有少数建筑物在地震中幸存下来……马那瓜的其余部分是互不相连的社区，分散在曾经是草原和农田的广阔区域上"[7]。

桑解阵掌权后，立刻明确表示这将会是一个新的革命社会的开始。他们邀请商界和精英阶层的代表加入国家重建政府。对索摩查政权的普遍愤怒使得爱国主义的团结情绪超越了对尼加拉瓜未来愿景的分歧，至少暂时如此。

马那瓜的中央广场被重新命名为革命广场。索摩查家族逃亡海外，国民警卫队和国会被解散，1939 年的索摩查宪法也被废弃。索摩查家族未能带走的财产被没收充公，他们的名字和象征被取缔。不同于肆意侵犯人权的索摩查治下的尼加拉瓜，新的尼加拉瓜将是一个人道的尼加拉瓜：死刑被废除，前国民警卫队成员及其合作者将交由特别法庭进行审判。那些被判有罪的人将仅面临监禁，而许多只犯下轻微罪行的人则被赦免。一支全新的桑地诺主义人民军队和警察部队也相继建立起来。

社会项目和教育成为新政府的最优先事项，新政府首先效仿古巴革命开展扫盲运动。索摩查时代罪恶和腐败的象征（包括妓院和小酒馆）都被关闭。大规模重新分配充公的索摩查家族财产、人力资源调动和国际援助，使得公共事业的覆盖率明显提高，并减少了不平等。

革命初期的的成果几乎是惊人的。土地改革改变了农业结构，提高了玉米、豆类和大米等基础粮食产品，以及糖和咖啡等出口产品的生产力。人民的膳食摄入明显增加，粮食产品的进口量下降到接近于零。公共卫生运动减少或根除了疟疾、脊髓灰质炎、麻疹和破伤风，婴儿死亡率下降了三分之一。数百所新学校建成，扫盲运动将文盲率从50%以上降至不到15%。[8]

革命的非凡动员性、自愿性、灵活性和乐观主义弥补了国家物质匮乏的缺陷。桑解阵政府将致力于为了占人口多数的贫困群体的利益而进行的激进动员和重组，与同资本主义和社会主义世界以及尼加拉瓜私营部门保持友好关系的多元化愿望进行了结合。

土地改革

革命计划的核心是土地改革。农村贫困、不平等的土地分配、种植园的剥削性工作条件以及无地是尼加拉瓜农村的特点。农民围绕土地的斗争是农村革命运动的基础,而被发展为农村工人协会成员的农业工人则是起义的支柱。尽管农民的激进改革愿景与桑解阵对爱国资产阶级结盟的承诺存在冲突,但农村工人协会在推动和实施土地改革方面还是发挥了主导作用。

革命胜利后,索摩查家族及其盟友的土地立即被没收,这约占尼加拉瓜农田面积的 20%。这些几乎都是面积广阔、专注于生产如咖啡、糖、棉花和畜牛等出口导向农产品的土地。桑解阵认为,拆分这些土地将减少他们所急需的出口收入。因此,桑解阵并没有将土地直接分配给农民,而是把它们改造成了国营农场。

无地农民继续抗争,要求获得自己的土地。1981 年革命两周年之际,政府颁布了一项土地改革法,这引发了一场更深刻的变革。土地改革法规定,大片土地必须用于生产性用途。被遗弃、闲置和去资本化的大量财产将会被没收并重新分配。这项法律旨在满足农民对土地日益紧迫的需求,同时通过向大地主保证,只要他们有效使用土地,他们的土地就不会被没收,从而来鼓励生产。大约 400 万英亩(全国农业用地的 30%)受到这一新法律的影响。[9] 1986 年的第三次改革涵盖了所有的非生产性土地,甚至是小块土地所有者的土地。到 1988 年,大型私人土地面积已从 210 万公顷缩减至 35 万公顷。[10]

土地改革是一种"平衡之举",它试图通过满足农民对食物、土地和权利的要求来维护国家统一,同时试图保持出口生产的流动和大地主对新国家项目的忠诚。桑地诺民族解放阵线需要出口收入来资助革命所承诺的再分配和社会计划,也需要大地主的专业知识和资本来维持出口生产。[11]

但农村贫困人口的诉求——更好的工作条件,更高的工资,获得信贷、土地和农机——似乎与地主精英的愿望直接冲突。一项研究写道:"政府最头疼的问题之一是试图抵制农民的要求,以免这些要求威胁到富裕地主的利益。"[12]地主希望向农民和佃农收取高额租金并使用他们的劳动力,农民和佃农则想要获得属于自己的土地;种植园劳工希望获得更好的工资和工作条件,但地主不想支付更多的费用。新的国营农场将桑地诺主义者们变成了雇主,他们有时会在纪律、生产力和工资等问题上与工人发生冲突。而当农民获得自己的土地后,他们往往不愿再为出口经济而劳作。

桑地诺农村工人协会代表了农业工人。那些拥有或想要拥有自己土地的农民很快就成立了全国农民和牧场主联盟,以推动各种改革。除了土地之外,他们还提出对国家援助的要求,形式包括信贷、市场准入和农业投入等,他们还希望能够高价出售自己的产品。但政府由于资源有限,更希望能为城市工人和穷人保持较低的食品价格。这种平衡就变得非常困难。

在桑解阵政府中,"发展主义者"主张最终将农民纳入更大的国营工业化单位,而"农民主义者"则支持小规模的自给农业。土地改革的最初几年向发展主义者一方倾斜。20世纪80年代,农民的抵制和诉求导致了将小块土地分配给个体农民的转变,但仍然优先支持那些组织合作社的人获得信贷、技术援助和机械。

在尼加拉瓜北部，许多中小型咖啡种植主和畜牛业农民曾支持革命，但当土地改革和国营农场的建立威胁到他们的土地或独立时，他们犹豫了。一些神父、福音派教会和美国在洪都拉斯组织的"康特拉"向他们大肆宣扬，声称"共产主义"革命想要夺取他们的土地。一些人组建了反政府民兵并加入了"康特拉"。[13]

"康特拉"以国营农场为目标，他们摧毁基础设施，杀害和恐吓工人。随着工人因担心自身安全而离开国营农场，劳动力的短缺就成了长期问题。其他人则利用通过改革获得的土地完全退出了种植园劳作。而桑解阵政府为应对"康特拉"袭击而实施的征兵，也使得更多的农民从农业劳动中离开。[14]

与大多数国家的经历不同，土地改革的头五年，尼加拉瓜的农业产量增加了。战争、国际贷款和援助因美国而受阻以及1985年美国的贸易禁运，共同导致了20世纪80年代末的经济崩溃。尽管1986年后土地分配加速，但农业的产量却下降了。

混合经济

与此前在拉丁美洲所发生的各种革命一样，尼加拉瓜也面临着深刻的经济困境。在一个土地和企业所有者可以轻松转移他们财产的世界中，政府要如何重新分配国家资源？如何才能说服投资者支持再分配——允许将他们的利润用于造福多数人——而不是采用纯粹的市场逻辑，在他们可以获得最大利润的地方进行投资？一场以反帝国主义和再分配为基础的革命又如何才能避免激怒美国呢？

桑解阵政府所计划建立的是一种混合经济——扩大公共部门，同时将大部分经济活动留在私营部门中。通过对私营部门进行足够的监管和征税，以扩大政府项目和服务，但又不至于导致企业停止生产。对财富进行监管和征税，但不至于让富人决定将资金转移到国外。银行、保险、出口、采矿和林业等关键行业被国有化，但大部分经济仍掌握在私人手中。

桑解阵政府希望他们所称的"民族资产阶级"能够被他们对国家的承诺所激励，愿意为整个社会做出更多贡献。一位研究人员写道："在与许多（经商的）人交谈后，我确信他们对未来的恐惧导致他们坚决反对新政府。他们知道乡村里正充斥着数十万世世代代被无情剥削的人们的诉求，正是革命威胁着他们。也许在革命开始时，富人的恐惧就不可避免地影响了他们的行为，从而使他们的恐惧自我应验。"[15]

谨慎的尼加拉瓜商界领袖利用他们的私营企业常设委员会来维护他们的利益。这个委员会成为一个主要的反对平台，在对桑解阵政府忠诚的反对派角色和与外国（美国）结盟以激烈反对尼加拉瓜两种选择之间摇摆不定。里根当选后，私营企业常设委员会更加坚定地与那些试图破坏和推翻政府的人结成联盟。

许多土地所有者和企业主没有选择投资以维持生产，而是开始了去资本化的进程。他们卖掉了机器设备，解雇工人，然后把财产汇到国外以免被征税或征用。当桑解阵政府试图激励他们留下来并继续进行生产和投资时，他们有时也会接受政府贷款和信贷，但最终仍会离开。"自我实现的预言形成了恶性循环，且正在发挥作用。越多的土地所有者选择去资本化，他们受到的来自工人和政府的谴责就越严厉，所有的土地所有者就感到（和过去相比）越不安全。循环就此开始，但这一次受到影响的人更多。"[16]

社会化的政府部门中也存在矛盾。生产出口农作物的新国营农场必须在资本主义世界市场上参与竞争，而竞争对象正是销售同类型产品的其他贫穷国家。如果尼加拉瓜提高工资并改善工作条件，其产品如何在世界市场上竞争？如果以低廉的价格出售产品，它又如何获得足够的收入，以满足向工人支付体面工资和提供基本服务之所需？

政府和绝大多数（尽管不是全部）尼加拉瓜人都希望国家生产更多、出口更多、分配更好。但事实证明，同时达成所有的这些要求极为困难。由于需要竭尽全力在不疏远大生产者的前提下推动混合经济发展，政府能够向穷人重新分配的资源甚至更少了。

无论政府如何努力安抚私营部门，它都无法保证种植园主和企业主能够继续像革命前那样赚取利润——或者他们可以在其他领域赚得同样的利润。政府也不能保证专业人士能够继续获得相同的薪水并享受相同的特权。这些利润、工资和特权是建立在剥削穷人为富人谋福利的制度基础上的，而革命的核心目标就是改变这种制度，为穷人提供更多的东西。一些精英成员愿意为了建设一个更加公正和平等的社会而牺牲自己的特权，但并非所有人都是如此。

当美国开始采取果断行动以推翻革命时，更多在土地和金钱上富足的阶层也决定投身于反革命活动。尼加拉瓜失去了其经济所依赖的美国援助和世界银行贷款。农机无法修理，肥料无处可购。更糟糕的是，当美国开始组织和资助"康特拉"发动战争时，越来越多的国家资源不得不转移到国防领域，这意味着政府用来兑现革命承诺，让人民生活更美好的资源更少了。

喂饱人民

混合经济中平衡之举的另一个方面，是 ENABAS，即国家基本食品公司（Empresa Nicaragüense de Alimantos Básicos）的创建，该公司在建立之初是作为一种与自由市场并行的提供粮食供应的公共领域的选择。国家基本食品公司将通过保证农民以公平价格购买供应品并以补贴后的价格进行出售或分配，来刺激农民生产粮食。一项研究总结道："三年的经验让人对于自由市场能否为大多数贫困人口服务深感怀疑，至少在资源匮乏时期是这样。""这也表明，新政府建立一个高效、低成本的替代系统是多么困难。"[17]事实上，许多农民对他们眼中国家基本食品公司强制收购的做法感到不满。[18]

另有观察者解释道："尼加拉瓜的经济在很大程度上依赖于发展专家们口中的'微型企业'，即机械师、磨刀匠、面包师、裁缝师以及其他每天在家里或小商店里工作谋生的人。""桑解阵政府的领导人认为，尼加拉瓜现有的粮食生产体系是混乱无序的，事实也确实如此。但是试图如此彻底、如此突然地改变它……那么结果也是可以预见的。在全国各地，许多农民认为种地不再是件好差事，于是他们完全放弃了土地。在马那瓜和其他城市，他们中的大多数人找到了中间商或市场摊贩的工作，变成了投机者和囤积者，这些人不断推高价格，让每个人的生活都变得越来越困难。"[19]

大西洋沿岸

尼加拉瓜大西洋沿岸部分的历史与这个国家其他地区是不同的。在这里，西班牙的殖民存在影响很小，经济潜力也十分有限，这意味着这里的人民并没有真正被殖民，而是与英属加勒比地区发展了贸易关系，并在19世纪的大部分时间里作为英国的保护国被统治。20世纪，美国公司涌入这一地区从事硬木、海鲜和香蕉的出口，这带来了一定程度的繁荣和美国消费品的涌入。北部海岸地区的土著米斯基图人和规模较小的苏莫人（或称玛扬纳人）和拉玛人加入了加勒比移民的行列，其中包括加里富纳人（被英国驱逐到中美洲的非洲和加勒比土著后裔）和克里奥尔人（来自英属加勒比地区的非洲人后裔）。德国人和后来的美国摩拉维亚兄弟会传教士构成了当地教会中最重要的存在。

即使美国海军陆战队于20世纪30年代从尼加拉瓜撤军，美国仍然在米斯基蒂亚（Miskitia）地区保持着强大的影响力。

> 摩拉维亚教会传教士迅速采取行动，将米斯基图信徒纳入美国的影响下。传教士们——除了摩拉维亚教会之外的其他新教教会以及美国天主教会——涌入该地区，随他

们一同到来的还有来自美国的消费品。到1961年,美国对自己在这一地区的地位信心十足,以至于将米斯基蒂亚为出发点,发动了那次失败的入侵古巴的猪湾行动。在那次失败的任务之后,美国派遣了和平队,并建立了一个当地广播电台,向当地人宣传共产主义的邪恶、古巴的恐怖,当然还有美国这个"天堂"的价值观。甚至在桑解阵上台之前,米斯基蒂亚就开始了针对桑解阵的反叛乱行动。[20]

沿海人民很少参与桑地诺主义者的起义。桑解阵领导人普遍认为沿海地区落后且需要被开发。桑解阵是坚定的民族主义者和反帝国主义者。对于米斯基图人来说,种族激进主义和"亲英情结"——将英美两国的影响力与繁荣和脱离中央政府进行自治联系在一起的正向记忆——使他们与革命两大要素疏离。[21]同样的因素也使桑解阵对居住在沿海地区的人们心怀疑虑。

桑解阵在沿海地区的扩张一方面提高了人们的期望,另一方面也"激起了刚刚在那里兴起的土著和非裔尼加拉瓜人争取权利的运动"[22]。在太平洋沿岸的大部分地区,政府的扫盲、卫生和土地改革举措与当地的群众运动有机地联系在一起。而在大西洋沿岸,政府的社会项目、干部和士兵则被视为不受欢迎的"西班牙"入侵者。

当地组织"米斯基图的苏姆、拉玛和桑地诺主义者合作组织"(简称米斯基图-桑地诺合作组织)在试图参与革命和争取当地利益和认同方面扮演着令人不安的角色。这一合作组织致力于提升识字率,但是他们希望人们掌握米斯基图语和英语，而非西班牙语，甚至寻求自决和自治。在桑解阵监禁了一名该合作组织的领导人后，这位领导人越过边境逃往洪都拉斯，加入了中央情报局在那里资助组建的"康特拉"。其他人很快追随他而去。

美国有效利用了尼加拉瓜各地的裂痕和矛盾，特别是在历史上更受英国和美国影响的沿海地区。这一地区成为"康特拉"反政府战争的主要前线。"康特拉"以洪都拉斯为基地，进行反桑解阵的广播宣传，并对尼加拉瓜进行军事袭击，鼓励其他人加入"康特拉"的行列。

当里根政府武装并训练洪都拉斯的米斯基图人攻击尼加拉瓜时，里根却将美国描绘成土著人的捍卫者，这显然与实际不符。人类学家马丁·迪斯金（Martin Diskin）称：与里根的说法相反，"美国资助的大部分行动旨在破坏经济基础设施，并阻止人们恢复正常生活"[23]。

桑地诺政府对此的反应更是起到了火上浇油的作用。政府发起了一场大规模的强制性迁移，将大约1万名米斯基图人从洪都拉斯边境沿线的科科河（Río Coco）沿岸迁移到了更南边的一个新定居点，这个定居点被"不祥地"命名为塔斯巴·普里（Tasba Pri，意为"自由之地"）。政府声称这是将平民撤离战区，以保护主权和革命。然而，在公众眼中和媒体上，这看起来更像是将人转移到集中营。有2万名米斯基图人成为难民，逃往洪都拉斯；其他人虽服从了搬迁的指令，但变得更加坚定地反对革命。[24] 1981—1984年，反革命运动在沿海人口中得到了"几乎一致的支持"。[25]

活动人士罗克珊·邓巴-奥尔蒂斯（Roxanne Dunbar-Ortiz）在 1983 年初访问当地后表示，虽然塔斯巴普里营地的物质条件往往比原籍村庄要好，但难民们"渴望回到世代居住的村庄，他们想念他们的邻居和亲戚，而这些人在战争开始时就已渡河逃往洪都拉斯……作为沿河而居的居民，他们中的许多人来自靠加勒比海的地区，他们怀念捕鱼和由此而来的行动自由"[26]。

1984 年，桑解阵政府开始与沿海地区的各派别和民众进行谈判，并于 1987 年通过了一项新法律，以授予该地区自治权。这一变化"一部分是［政府］在黑人和原住民权利领域上的自我批评和有远见的进步，但也有一部分是对遏制多元文化主义的预先实验"[27]。

与 20 世纪 80 年代中期土地改革政策的转变一样，桑解阵对大西洋沿岸地区政策的变化也是对民众的压力和与"康特拉"的战争所做出的回应。对于革命的支持者来说，这些变化展现了桑解阵的实用主义、反应能力和灵活性。但对于美国而言，战争正在将尼加拉瓜推向绝境，而美国应当将局势升级。

性别与革命

尼加拉瓜的革命与中美洲的其他革命一样，主要由男性领导，尽管它也动员了许多妇女，并为她们带来了机会。一些革命者认为：革命必须先行，待将来再考虑妇女权利的问题。贫困、无地、剥削和帝国主义问题超越了性别议题，男人和女人必须团结起来，对抗共同的敌人：索摩查家族和美帝国主义，并为实现共同的目标——土地改革、医疗和教育而斗争。将妇女权利置于社会变革之上的"资产阶级"或第一世界女权主义只会分裂和削弱革命。只有通过社会革命，才能真正实现妇女的权利。

但在 20 世纪 70 和 80 年代，拉丁美洲妇女也在革命左翼内部开展了反对父权制和争取妇女权利的斗争，将穷人、工人阶级和土著妇女受到的压迫解析为一场女权主义斗争。[28] 她们认为，个人的问题，很大程度上是政治问题。

家庭中的父权制和虐待体现了更大范围内社会和世界的文化与弊病。贫穷的尼加拉瓜男性几乎没有能力成为能够养家糊口的理想男性角色。酗酒、家庭暴力和弃养现象，都反映了男性主导的父权制观念与男性经济和社会稳定的结构性障碍之间的矛盾。尼加拉瓜是世界上暴力问题最严重的国家之一，还是中美洲暴力和酗酒率最高的国家。[29]

索摩查政权及其麾下的国民警卫队通过对酗酒、赌博、卖淫等恶习的性别控制，将自己融入尼加拉瓜各处城镇的结构当中。这对政权来说是有利可图的，同时也是一种对社会加以控制的形式。国民警卫队通过其"内部文化——夸大对索摩查家族的个人忠诚和社会流动性的承诺；以酗酒、恶习、人际暴力为标志的一种侵略性的男性社会角色；以及一种发自内心的反共意识形态"，从而"巧妙地将来自尼加拉瓜最贫困的社会群体中的男性转变为忠诚的暴力执行者"。[30]

桑解阵同样用以性别为框架的道德呼吁挑战了这种文化。

他们以切·格瓦拉的"新人"概念为基础，提出了一种拒绝酗酒、拒绝赌博、拒绝家庭暴力和拒绝抛弃家庭的男性形象。桑解阵提倡"团结、平等主义和牺牲"，而不是这种"功能失调的男性社会角色"。桑地诺主义者对性别权利的态度，就像他们的其他意识形态一样，超越了"左翼起义的经典刻板印象"，而将受天主教解放神学、手工业者劳工运动和农民妇女影响的草根活动人士纳入其中。[31]

女性还彻底改变了母亲等传统女性角色。与阿根廷和其他地方的母亲们一样，尼加拉瓜的母亲们认为，作为妇女和母亲，她们正遭受独裁政权大规模的镇压、酷刑、失踪和子女被谋杀的摧残。[32]妇女们利用她们被认为神圣不可侵犯的文化地位，进行秘密或公开的政治行动，以免引发她们的男性同行采取类似行为可能带来的镇压。

桑解阵于 1977 年起义期间创建了一个妇女群众组织——"直面国家问题妇女协会"，这个组织直接隶属于桑解阵，后来更名为"路易莎·阿曼达·埃斯皮诺萨妇女协会"，以纪念第一位在战斗中牺牲的女性桑解阵战士。与其他群众组织一样，这一协会在于桑解阵中代表妇女和于妇女中代表桑解阵的两种角色之间保持着微妙的平衡。

卫生、教育、土地分配和劳工权利方面的变革极大地改变了贫困妇女的生活。通过参与基督教社区，以及革命意识的更大转变，妇女的意识发生了革命性的变化。在许多领域，桑地诺主义运动与解放神学和群众教会的联系使其在革命性上超越了其他革命。就生育权，特别是堕胎权而言，这种关系阻止了桑地诺政府实施大幅扩展生殖权利的改革，就像在革命后的古巴那样。

"康特拉"战争

美国旨在摧毁尼加拉瓜革命实验的决定，削弱了桑解阵的成功，并放大了他们的弱点。反对美国侵略的愤怒情绪也激发了国内外对尼加拉瓜革命的支持。

美国中央情报局对桑解阵的战争是多线并行的。"康特拉"的起源，可追溯至中央情报局在迈阿密和洪都拉斯组织、训练和武装的精英阶层与前国民警卫队成员所组成的尼加拉瓜民主力量（Fuerza Democratica Nicaraguense，FDN）。在哥斯达黎加南部，"康特拉"与前桑解阵成员埃登·帕斯托拉（Edén Pastora）关系紧张，后者只接受援助而不接受命令。在东北部，中央情报局在洪都拉斯的边境地区建立了一支由米斯基图人组成的部队。而在美国国内，中央情报局发起了一场宣传攻势。

到1982年初，美国已在洪都拉斯建立起了军事营地，并在那里和佛罗里达州武装和训练突击队，准备对尼加拉瓜发起攻势。正如记者斯蒂芬·金泽（Stephen Kinzer）所写：虽然美国政府公开声称其目的是阻止尼加拉瓜向萨尔瓦多叛乱分子运送武器，但这是"任何有理智的观察者都无法真正相信的论点……通过对［中央情报局局长威廉·］凯西的古怪理由睁一只眼闭一只眼，国会默许了反政府计划"[33]。农民和咖啡工人从肥沃的北部山区逃离，这使当地的收成遭到严重打击。

1985年的一项调查报告称："尽管'康特拉'无法占领或控制任何相当大的城镇或人口稠密地区，但他们却造成了大量人员伤亡，并对尼加拉瓜经济造成了严重破坏。"这项报告经过详尽的审查和事实核查，采访了28起'康特拉'袭击事件中的100多名幸存者。报告总结道，"'康特拉'的袭击目标是平民，例如北部省份试图收获咖啡作物的工人"，"这些袭击导致了针对平民的暗杀、酷刑、强奸、绑架和故意伤害"。[34]

报告描述了"康特拉"专门针对"平民目标，导致手无寸铁的男人、女人、儿童和老人被杀害"的"独特模式"。袭击包括"有预谋的暴行，包括强奸、殴打、肢解和酷刑"、对个人的和集体的绑架行为，特别是在米斯基图地区，"目的是强行招募成员……以及在洪都拉斯制造一批可以用作人质的难民"；此外还包括针对"农场、合作社、食品储存设施和医疗中心等经济与社会目标的袭击，破坏咖啡收成的特别行动"，以及对宗教领袖的袭击。[35]

1983年初，当教皇约翰·保罗二世（John Paul II）访问尼加拉瓜时，桑解阵希望他承认并谴责针对尼加拉瓜发动的战争。但教皇明确表示拒绝。然后，他还进一步宣布在尼加拉瓜的主教与群众教会的冲突中支持前者，并公开批评桑解阵政府中的宗教人士。人群中的抗议者开始高喊口号并发出嘘声。保罗二世的访问非但没有实现和解，反而加深了分歧。

战争迫使桑解阵于1983年末实施了他们迄今为止最不受欢迎的措施——征兵。美国刚刚入侵邻国格林纳达，来自洪都拉斯的"康特拉"的袭击正在摧毁尼加拉瓜北部的农业和社会。尼加拉瓜主教们公开反对征兵,声称桑地诺民族解放将军队变成了"强制性政治灌输的工具"[36]。

到1983年,"康特拉"因美国援助而信心十足,他们"往往比桑解阵的军队拥有更好的装备和补给"。他们"袭击了尼加拉瓜内陆超过3.4万平方千米的地区,扰乱了该地区的农业生产、道路交通和公共服务。他们还在许多山区社区里建立了广泛的农民合作者网络,这些网络为他们提供了食物、住所和信息"。对于许多年轻人来说,摆在面前的选择不是是否拿起武器,而是选择为哪支军队拿起武器。[37]

为何农民选择加入"康特拉"?

尽管美国负责了组织、训练和资助针对尼加拉瓜的"康特拉"战争,但许多人都有他们各自加入这场战争的理由。除了大西洋沿岸地区之外,"康特拉"武装还成功地在北部高地招募了农民。在某些地区,"多达五分之一的年轻[军队]新兵成为逃兵,躲藏起来或加入'康特拉'"[38]。"在战争期间,我遇到了许多'康特拉'战士,"一位记者写道,"并且总是震惊于他们与桑解阵战士是多么的相似。两支军队都由年轻男孩组成,几乎全部来自最贫穷的社会阶层。"[39] 为什么一些农民反对革命,并决定加入由外国支持的、入侵他们祖国的军队呢?

桑解阵的动员和起义主要集中在尼加拉瓜的城市、中部和太平洋沿岸地区。小农、无地农民、城市青年和工人构成了革命的核心,以及经济发展、卫生、教育和土地改革计划的核心。他们中的许多人都有在工会和基督教基础社区组织群众的经验。

在北部高地和东部大西洋沿岸地区，更多自治的人民和文化有着截然不同的历史。种族的、地区性的和庇护的关系主导了阶级和社区组织，这些组织曾在人口更为稠密的太平洋地区滋养了对桑地诺民族解放阵线的忠诚。新上任的桑解阵政府对当地情况知之甚少。1990年复员的约2万名"康特拉"分子中，有97%来自这两个地区，尽管尼加拉瓜三分之二的人口居住在太平洋沿岸地区。[40]

高度支持"康特拉"的地区之一，是塞哥维亚东部人口稀少且偏远的基拉利（Quilali）地区，这里曾是20世纪20年代桑解阵起义的根据地之一。20世纪50和60年代，基拉利吸引了牧场主和自给自足的农民前来定居，并在几乎没有国家影响、援助或控制的情况下发展出了一种边疆文化。[41] 到20世纪70年代中期，这一地区的人口激增。

基拉利地区与尼加拉瓜的太平洋沿岸地区的不同之处在于，富农和中产阶级农民的比例较高，穷人和他们为之工作的庄园之间的庇护关系也更牢固。在山区，"农民仍然将他们所居住的地方视为和谐的农业富饶区，无论贫富，那里有足够的空间容纳所有人。成功的地主……不一定是威胁，而是潜在的接济和就业来源，以及值得效仿的榜样"[42]。

正如一位农民解释的那样："这里的农民对罢工一无所知。他来到［基拉利］是为了尽其所能地工作。这里没有什么组织或工会，那些东西根本不存在。农民没有地方可以寻求支持，也不会抗议。他很顺从。他们不像太平洋沿岸的农民那样。基拉利没有发生过土地征收。"[43]

当桑解阵于 20 世纪 70 年代中期首次在基拉利出现时，它吸引了保守主义者和其他对既封闭又独断的索摩查体系感到不满的土地所有者。就贫农的参与程度而言，他们更多是与这些乡绅结盟，而非与地主精英对抗。[44] 由于缺乏激进的农民组织，基拉利和其他偏远的农村地区也免于日益严重的压制和破坏，正是这些压制和破坏在 20 世纪 70 年代末的太平洋沿岸地区塑造了对桑地诺主义的认同和支持。

与米斯基蒂亚一样，革命政府的项目在基拉利并不总是受到欢迎。它们是由外来者带来的，扰乱了当地的结构和系统。地主、地主的雇农和从地主那里租用土地的人都对征用几处大庄园并创建国营农场的土地改革感到不满。一些人很快就拿起武器反对政府，最初，这些反对运动独立于来自洪都拉斯的由美国资助的前国民警卫队成员，但最终，双方走向了联合。

用来自首都的桑解阵的一名成员的话来说："这里北部的人有不同的心态。士兵们说这个北方农民是印第安人（indio）。他们是真正的农民，他们甚至从未上过学。他们甚至从未去过马那瓜！"[45]

尽管如此，与这里的大地主相比，基拉利的贫农与革命的关系显得"更加复杂和具有矛盾性"。一项研究总结道："贫农既被土地改革等桑解阵计划的某些纲领所吸引，又因经济和意识形态上对精英的依赖、对桑解阵模式可行性的怀疑，以及对革命的期望落空而与桑地诺主义疏远。"[46]

"康特拉"对学校和诊所等在其他地方受欢迎的政府项目的攻击，导致这些设施无法在该地区有效运作，这进一步削弱了对革命的潜在支持。即使桑解阵在1982年之后不再推行国营农场模式，转而在合作社中分配土地，但这些"合作社就像是反革命的汪洋中支持桑解阵的脆弱孤岛"。因此，"从1983年起，桑解阵在山区的唯一实际存在就是军事存在"[47]。1985年，军队更进一步，强行将大部分平民迁移并疏散到更容易到达的河谷地区，使这一地区变成了一个"自由开火区"。

20世纪80年代中期：一个转折点？

20世纪80年代中期，陷入困境的革命发生了一系列重大转向：更加依赖苏联，土地改革从国营农场转向直接向小农提供土地，与米斯基图—桑地诺合作组织和其他处于大西洋沿岸的米斯基图人团体进行谈判，以及在国际监督下举行尼加拉瓜政治领导人选举。

随着"康特拉"战争和相关的"心理战"（旨在渗透和影响当地组织）进一步升级，加之美国对尼加拉瓜的贸易封锁和国际援助与贷款的切断，桑解阵别无选择，只能更多地依赖社会主义阵营。他们也变得对异见者更满腹狐疑，更加执着于团结。美国的宣传声称尼加拉瓜是苏联的傀儡，桑解阵的再分配政策将摧毁尼加拉瓜的经济，而且它正在动员一支强大的军队并镇压独立组织、私营部门和言论自由。随后，美国的政策开始迫使桑解阵不得不真的"履行"了上述指控。

尽管如此，1984年初，桑解阵仍宣布将于11月举行选举。虽然政府同意实施多项改革，包括放松新闻审查和保障反对派候选人的权利，但最重要的候选人在选举前选择退出。国际观察员认为这次选举非常公平和公开。大约75%的选民参加了投票，桑解阵领导人丹尼尔·奥尔特加（Daniel Ortega）以超过60%的选票获胜。

在大西洋沿岸地区，政府大幅度地调整了政策，开始与米斯基图—桑地诺合作组织进行谈判。到1985年，桑地诺民族解放阵线领导层承认强制迁移对米斯基图人造成了严重的影响，并开始将尼加拉瓜称为"多民族国家"，承认"沿海地区的正当诉求"，还在那里开启了区域自治的进程。[48]被重新安置的米斯基图社区被允许返回他们在河流沿岸的故土。

北部的"康特拉"战争则愈演愈烈。在那里，桑解阵也承认自己的政策进一步加剧了农村地区的失望情绪。到1984年底，国营农场占有了土地改革中征用的50%的土地，合作社则占有28%。小农可用的土地面积几乎没有发生变化。[49]战争导致土地改革发生了重大调整，使改革转向向小农授予土地和土地所有权的合法化。[50]

通货膨胀和紧缩

战争迫使桑解阵将越来越多的国家预算用于国防。军队消耗了大量经济资源，而这些资源原本是卫生、教育和农业生产所迫切需要的，与此同时，"康特拉"则针对性地攻击桑解阵的这些项目。"康特拉"战争中被杀害的 3 万名尼加拉瓜人,加上在与索摩查政权的斗争中被杀害的 5 万人,意味着在十多年的战争中,每 38 名尼加拉瓜人中就有 1 人惨死。几乎每个尼加拉瓜人都有家人、朋友或熟人在暴力事件中丧生。[51]家庭中不断有儿女不得不去服兵役这一现实成了一种难以下咽的苦果。

战争、公共开支和补贴,以及生产萎缩的综合影响导致了 20 世纪 80 年代末通货膨胀的猖獗。在"一切为了战士"的口号下,社会转型计划已坍塌为一个纯粹的生存计划。[52]

尼加拉瓜货币科多巴(córdoba)的价值几乎跌至零。1988 年,政府在经济上做出了极大的转向,发行了货币贬值千倍的新科多瓦,并实施了严厉的紧缩措施。

这一举措意味着革命所代表的工作、信贷、学校、诊所和社会服务都被削减了。1988 年初,一位尼加拉瓜朋友悲伤地告诉我:"革命本应让普通民众过上更好的生活,但情况却变得更糟了。"

在战场上,"康特拉"在 20 世纪 80 年代末被击败。但美国人更宏大的目标已经在某些方面取得了成功——阻止尼加拉瓜成为"一个好榜样的威胁",从而鼓励其他贫困的拉丁美洲人组织起来发动深刻的社会变革。"自 1985 年以来,尼加拉瓜最显著的发展是经济的加速崩溃,"乐施会(Oxfam)① 在 1989 年以冷酷的笔调地写道,"在经历了多年的磨难之后,'康特拉'不再是一支可信赖的战斗力量。一旦残存的'康特拉'无

---

① 创建于英国牛津的国际发展及救援的非政府组织。

法再得到美国政府的资助,这场战争似乎就会逐渐平息。但损害已然造成。战争造成的间接成本不断上升,这不仅摧毁了尼加拉瓜的经济,也摧毁了大多数穷人对提高生活水平的期许。"[53]

和平?

我们已经看到了美国如何破坏孔塔多拉和平进程,并敦促哥斯达黎加总统奥斯卡·阿里亚斯(Óscar Arias)提出更容易被接受的替代方案。1987年8月,包括尼加拉瓜在内的各中美洲国家签署了《第二次埃斯基普拉斯会议协议》,呼吁中美洲各国政府通过谈判实现和平,禁止非正规部队使用其领土,并停止向这些部队提供外部援助。

尽管里根政府表面上支持这一计划,但它也立即宣布了打算破坏该计划的意图。里根宣布他"完全致力于民主抵抗和自由斗士"。一个月后,他向国会提出了一项新提案——为"康特拉"提供2.7亿美元的资金。[54]然而几个月后,桑解阵政府与萨波阿(Sapoá)的"康特拉"领导人进行了谈判,双方于1988年3月签署了一项结束敌对行动的协议,达成了最终的停火协议。

1990年大选

在1990年2月举行的下一次全国选举中,桑解阵因仅获得了41％的选票而落败，而反对派则获得了55％的选票。反对派以总统候选人维奥莱塔·巴里奥斯·德·查莫罗（Violeta Barrios de Chamorro）为核心，成立了全国反对派联盟（Unión Nacional Opositora，UNO）。这是尼加拉瓜历史上第一次出现一位民选总统被另一位取代的情况。尽管桑解阵的选举失败可以被视为对与该党密切相关的革命的否定，但这一过程也在某种程度上体现了革命在创建超越政党的民主制度方面的成功。

　　查莫罗以代表和平的候选人的身份亮相，承诺结束战争和征兵。她的家庭就是这一点的象征。她是《新闻报》（La Prensa）编辑佩德罗·华金·查莫罗的遗孀，佩德罗于1978年遇刺，他的遇刺是推动革命最后阶段成功的导火索之一。她还是革命初期执政委员会的成员。查莫罗的家庭在政治上是多元化的：她的两个儿子担任了尼加拉瓜两家独立报纸的编辑——分别是反桑解阵的《新闻报》和亲桑解阵的《新日报》（El Nuevo Diario）。

　　一项对选举结果的分析表明，相当多的选民要么强烈支持桑解阵，要么强烈反对它，而且他们的忠诚度从1984年到1990年始终坚定不移。不过，中间派或摇摆派却因战争和紧缩政策而筋疲力尽、大失所望。丹尼尔·奥尔特加的竞选口号"一切都会更好"对许多人来说并没有说服力。虽然这一口号承认了现状已经变得多么糟糕，但人们对奥尔特加承诺的前景缺乏信心。事实上，美国宣称，只有桑解阵倒台才能结束对尼加拉瓜的禁运，此外，"康特拉"战争也无疑影响到了一些选民的立场。

对于许多选民来说，这场选举感觉就像是在两者之间做选择，一方是桑解阵的紧缩政策与战争，另一方是查莫罗的紧缩政策与和平。

选举后的第二天，全国大部分地区都陷入了沉默和震惊，因为选举前的民意调查显示桑解阵遥遥领先。一些人认为，可能是支持查莫罗的选民羞于向民意调查机构承认他们打算投票给她。[55]

桑解阵败选之后，出现了后来被称为"皮纳塔"（piñata）① 的现象：即将离任的政府官员趁着还手握权力，攫取任何他们所能及的利益和财富。一位作者称其为"国家历史上最快的财富转移：农场、房屋、建筑物、工厂、车辆、拖拉机、小型岛屿和数百万美元的现金从国家手中被拿走，进入了桑解阵精英的口袋"。这个"新的桑解阵资产阶级"演变成了一个强大的利益集团。[56]但其他人强调，"皮纳塔法"（piñata laws）还向数以万计贫困的尼加拉瓜人授予了合法所有权，使得他们能合法地持有在农业革命和城市改革时期所获得的土地和房屋。[57]

查莫罗承诺和解。在联合国和美洲国家组织的帮助下，约2.2万名"康特拉"武装分子解除武装并上缴武器。她还结束了征兵制，将军队规模从1989年的6万人缩减到1993年的1.55万人。[58]

在一个饱受战争蹂躏、被贫困和资源匮乏所困扰的国家，重新整合社会是一项具有挑战性的工作。不到一年，一些放下武器

---

① 一种内装糖果的动物形状容器，通常出现在聚会上，孩子们可以用杆子将"皮纳塔"打破以取出其中的糖果。

的"康特拉"武装分子再次以"重返反政府武装（recontras）"的身份出现。20世纪90年代初期，约有2.4万人重新拿起武器。[59]与此同时，一些复员的桑解阵成员也重新武装为"老同志"（re-compas）。双方的一些人都对他们的前领导人感到失望，在他们眼中，这些领导人在战争结束后"得过且过"，全然不顾紧缩政策不断深化、桑解阵的社会计划被纷纷废除的现实。在某些情况下，双方发现彼此的共同利益甚至超越了政治分歧。于是，他们以"再联合"（rejuntos）或"再调整"（revueltos）的形式联合起来，要求获得土地。一位桑地诺领导人评论说，这些再次举起叛旗的反政府武装实际上已经采纳了桑解阵的政治纲领："反叛分子就在那里，他们正要求着他们作为农民的权利。"[60]其他人则拿起武器化身为独立帮派或土匪。20世纪90年代，北部山区的暴力依然十分严重。

查莫罗政府回应了他们的部分诉求。20世纪90年代，"在中美洲，重新分配土地——即使规模难称巨大但仍十分可观——是一项特殊政策"。帮助许多复员人员获得土地使得尼加拉瓜避免了十年间困扰着其他中美洲国家的有组织犯罪和暴力激增。尽管如此，许多农民和前战斗人员还是失去了土地，被大投资者所收购。[61]

当世界上最强大的国家美国仍然致力于防止对其政治和经济霸权的任何威胁时，一个贫穷的第三世界小国是否可能为了其贫穷的大多数人的利益而推行革命？20世纪50年代的危地马拉和20世纪80年代的尼加拉瓜的例子表明，革命成功的可能性微乎其微。[62]

萨尔瓦多：如果尼加拉瓜获胜，萨尔瓦多也将获胜！

危地马拉的革命在1954年后的几十年间被恐怖镇压。尼加拉瓜的革命则在1979年取得了胜利。萨尔瓦多的许多革命支持者相信："如果尼加拉瓜获胜，萨尔瓦多也将获胜！"萨尔瓦多强大的组织文化和群众运动维系了法拉本多·马蒂民族解放阵线（Frente Farabundo Martí para la Liberación Nacional，FMLN，以下有时简称马蒂阵线）游击组织，但胜利并未如期而至。相反，国家仍然陷入激烈的内战之中。美国采取了改革和镇压并行的双重反叛乱战略，与由极右传统农业精英和温和右翼现代化部门组成的寡头政治结盟。镇压和改革都未能成功镇压或削弱民众和游击运动，这迫使政府在20世纪80年代末走向谈判桌。

萨尔瓦多是中美洲最小的国家，也是人口最稠密的国家。与其他横跨大西洋和太平洋地峡，东部地区至今人口稀少的中美洲国家不同，萨尔瓦多紧邻太平洋沿岸，这意味着萨尔瓦多没有美国的香蕉公司，且这个国家的寡头集团在第二次世界大战前走的是一条由地方主导的依赖型发展道路。这个紧密联系的集团后来被称为"十四大家族",尽管实际上它更像是250个家族或部族。

20世纪初的咖啡革命将许多土著农民变成了佃农和工人。当萨尔瓦多于1965年首次颁布农村最低工资标准时,咖啡种植园主干脆将农民赶出了种植园。二战后的棉花、糖和牛肉革命使更多肥沃的土地集中到了寡头手中,这进一步挤压了萨尔瓦多农民的生存空间,人口增长也加剧了这一问题。无地农民的人数从1961年的3万人激增至1971年的10万人以上。[1]

咖啡种植主要集中在萨尔瓦多西部,蔗糖种植集中在中部的低山丘陵,棉花种植则集中在南部沿海地区。在这些肥沃的地区,流离失所的农民在种植园的边缘勉强维持生计。一些人则前往北部和东部与洪都拉斯接壤的贫瘠山区。许多在那里定居的人季节性地前往种植园工作。

其他萨尔瓦多人则越过边境前往洪都拉斯工作,或获得一小块可以耕作的土地,或移居城市,这使得萨尔瓦多比邻国更加城市化。然而,在20世纪60年代,萨尔瓦多仍有约60%的人生活在农村地区。经济和政治权力高度集中在全国以及地方层面由村庄地主与精英们统治的地带。

反叛乱的两面性

古巴革命后的十年里,萨尔瓦多经历了一段政治开放和改革的时期。年轻的军官、现代化的精英、美国和天主教会希望打破寡头政权对政治和农村的铁腕控制,缓解那些曾在危地马拉和古巴引发革命起义的不平等现象。

在危地马拉和尼加拉瓜的政治改革步履蹒跚之时,萨尔瓦多却成为改革的典范。"争取进步联盟"和天主教会支持建立基督教民主党,以替代寡头统治的温和改革派。1964年,基督教民主党的创始人和领导人何塞·纳波莱昂·杜阿尔特(José Napoleón Duarte)当选圣萨尔瓦多市长,1968年,基督教民主党在全国数百个市镇的地方选举中获胜。杜阿尔特也因在担任市长期间关注贫困社区和棚户区的基础设施与服务而获得广泛支持。

1960年成立的中美洲共同市场为萨尔瓦多的出口导向型产业带来了新的机遇。如媚登峰(Maidenform)和德州仪器(Texas Instruments)这样的美国公司利用低廉的劳动力成本和其他激励措施,在萨尔瓦多建立了第一批出口加工产业。[2] 牛肉和棉花出口蓬勃发展,无税收或无工会的新自由贸易区则促进了保税工厂的发展。

这些变化为寡头集团的现代化派系创造了更多机会,这些寡头集团与新兴工业和蓬勃发展的金融部门紧密相连。随着其利益更加多元化和国际化,他们开始接受农村改革的必要,并接受一定程度的民主化。而那些与旧的农业出口经济挂钩的人则依靠极右翼和军方来维持对农村劳动力的铁腕控制,并将所有改革视为威胁。这种分裂反映了来自美国冷战政策的两种反叛乱战略:镇压还是改革最能避免革命?改革者未能预料到的是,改革本身会催生新的革命潮流。

改革与民众动员

在历史上,萨尔瓦多的农村贫困人口被描述为"对贫困和苦难无可奈何……崇敬政府和军事当局,几乎没有潜在的阶级意识"。二战后,出口农业的扩张带来土地流失、雇佣劳动和迁移,削弱了传统的主从关系和村庄联系。[3]

一位分析人士将这个国家的农民描述为"既不是完全无地的,也不是纯粹的雇佣劳动者,也不全是佃农,而是三者的某种结合体。他们的共同点是极端贫困,这种经历与土地所有者作为雇主、地主、没收者或闲置土地持有者的行为明显相关。也就是说,半无产阶级的贫困经验明显地与地主阶级代理人的行为明显相关,因此在政治上很容易从剥削的角度来理解"。[4]

这些变化使得农民成为20世纪60和70年代进入农村的改革者的沃土,这些改革者包括来自美国自由劳工发展研究所、基督教民主党和天主教会的成员。他们提倡提升意识、合作社和工会运动"最终由农民自己领导,他们将思想家的政治范畴进行了调整,以适应当地的情况"。[5]

1932年的"大屠杀"给萨尔瓦多西部咖啡种植区任何形式的组织活动都蒙上了一层阴影。在其他地区,一些新的外部力量在20世纪60年代渗入农村,促成了农民联盟和萨尔瓦多基督徒农民联合会(Salvadoran Christian Peasants Federation, FECCAS)的创建,这些组织隶属于新的基督教民主党,以及更激进但仍受天主教启发的农村工人联盟(Union of Rural Workers, UTC)。萨尔瓦多新兴产业工会,以及激进的教师工会(ANDES)和新的联合会一起,开始对更好的工资和工作条件提出更强烈的要求。

反叛乱的阴暗面

迅速兴起的民众运动引发了一位作者所描述的阴暗面——"没有起义的反叛镇压……在国家尚未出现任何武装起义的时候"。即使在推动改革的同时，美国也支持极右翼建立"庞大的反叛镇压机构"，这个机构"系统地迫害活动人士、公共知识分子和独立政党的成员，以及与天主教会进步派相关联的神职人员和信徒。就这样，当激进的活动家和知识分子加入或支持了武装叛乱团体时，反叛乱机构就制造了'一个内部敌人'"[6]。在这场反叛乱行动中，美国的主要盟友是萨尔瓦多军队，长期以来，不论是个人还是制度，军队都对寡头统治保持忠诚，并在农村维持其统治地位。

"如果不仔细审视美国的冷战反共产主义和反叛乱行动在这个国家发生冲突前三十年间的反响，就几乎无法理解萨尔瓦多内战的根源。"华金·查韦斯（Joaquín Chávez）写道。美国的反共主义与"萨尔瓦多精英长期以来的反民主和种族灭绝轨迹"相融合，这些精英采用了美国的国家安全主义。"寡头军事政权将教师工会、农民组织和进步天主教神职人员视为'内部敌人'，试图为国家对新兴社会运动的镇压行动提供依据，这种反叛乱政策促使许多活动家加入或支持叛乱的活动。"[7]

紧张局势对外投射：足球战争

1969年，由于内部紧张局势的外溢，萨尔瓦多和洪都拉斯爆发了被广泛称为"足球战争"的冲突。当然，足球比赛引发的争端只是点燃战火的导火索。经济发展不平等以及农民获得土地和权利的斗争一度演变成仇外的民族主义才是真正的根源所在。

农业现代化使萨尔瓦多的农民背井离乡，约30万萨尔瓦多人越过边境进入到更易获取土地的洪都拉斯。在洪都拉斯，每8人中就有一个是来自萨尔瓦多的移民。[8]

造成萨尔瓦多土地短缺的不仅仅是人口密度，甚至不仅仅是人口增长，而是土地从自给自足的小农手中被生产咖啡的大地主夺走用于种植咖啡，后来又被生产棉花和蔗糖用于出口的大地主夺走。20世纪初，因咖啡种植园而失去土地的小农开始了第一次外迁，他们流向首都、北部边境和洪都拉斯边境。第二次外迁发生在第二次世界大战之后，当时新的出口农业将新一波农民推向无地的境地。

20世纪初，首批萨尔瓦多移民被美国的香蕉和矿业公司招募到洪都拉斯。1954年的一次香蕉工人大罢工后，洪都拉斯通过法律"国有化"了劳动力，并禁止引进外国移民工人。然而，直到20世纪60年代晚期，洪都拉斯仍有约30%的香蕉工人来自萨尔瓦多。[9]

随着洪都拉斯出口农业的扩张，那里的萨尔瓦多移民与当地农民联合起来捍卫他们的土地。与1954年的情况一样，洪都拉斯政府和地主们将萨尔瓦多"外国人"当作方便的替罪羊，以转移人们对控制经济的强权代理人的注意力，并开始驱逐萨尔瓦多农民。

但萨尔瓦多的地主精英们也认为激进农民的潜在涌入是一种威胁，萨尔瓦多因此以关闭边境并入侵洪都拉斯作为回应。仅四天后，这场战争因美洲国家组织谈判达成停火协议而结束。

边境地区是一种避难区，对新旧出口经济或种植园经济都没有什么吸引力，也没有什么国家力量的存在。虽然这片土地对农业来说可能并不肥沃，但对农民激进主义的孕育来说却是沃土。这些北部社区地处偏远，从而促进了农民们的集体认同和集体行动，也使他们更容易接受 20 世纪 60 年代末开始渗透进来的激进天主教和其他影响。对于北部的农民来说，萨尔瓦多政府入侵洪都拉斯更多的是因为政府希望将该地区军事化，以及镇压始于 60 年代的农民组织。[10]

短暂战争的后果又从两个方面加剧了萨尔瓦多的国内冲突。首先，洪都拉斯开始对全国来自萨尔瓦多的人口采取行动，将数十万人赶回了萨尔瓦多。这加剧了萨尔瓦多的土地斗争。其次，萨尔瓦多在工业方面从中美洲共同市场中获益最多，当洪都拉斯退出，中美洲共同市场在战后崩溃，萨尔瓦多的工业和经济随即萎缩，这给穷人带来了更大的压力。

解放神学与农民激进化

萨尔瓦多的天主教会热情拥抱解放神学。中美洲大学的耶稣会士成为南美大陆上最多产的解放神学运动作家和理论家。与危地马拉一样,大多数村庄很少见到牧师。受解放神学影响的教会领袖必须努力在他们工作的社区中培养农民的领导力。

萨尔瓦多耶稣会士鲁蒂利奥·格兰德(Rutilio Grande)及其团队在首都以北的蔗糖区阿吉拉斯开展工作,自1973年起在当地和全国掀起了一场农民组织活动的高潮。鲁蒂利奥的团队开始了一项普及教育计划,在偏远村庄举行小型会议,阅读和分析圣经经文,并选举出传道师——"圣言代表",以在神父缺席时继续举行会议。这些会议构成了由平信徒领导的基督教基层社区的核心。观察者将这些会议描述为"部分是宗教仪式,部分是市政厅、政治论坛和宗教节日"[11]。尽管他们的工作"有意识的、刻意的,专门是牧师职务类的,而绝非政治性的",但其影响"在政治和宗教意义上都极其激进"[12]。

阿吉拉斯小型的萨尔瓦多基督徒农民联合会组织在基督教基层社区新培养的领导层领导下蓬勃发展,并逐渐激进化。在耶稣会士开始工作的几个月后,基督徒农民联合会在卡巴尼亚糖厂发起了一次罢工,要求糖厂履行加薪的承诺。这次罢工鼓舞了全国各地的农民,他们纷纷涌向联合会,其中许多人是通过教会网络被动员起来的。来自阿吉拉斯的基督徒农民联合会积极分子将咖啡和棉花田的移民工人组织起来,后者更是将联合会的理念和策略带回了自己的家乡省份。地主们认为,鲁蒂利奥·格兰德"应对一切负责",并指责耶稣会士传播共产主义。军方—地主联盟为消灭进步天主教运动的决心因此而得到了加强。[13]

左翼武装：城市起源

1971年，一个新的左翼游击组织出现，绑架并谋杀了萨尔瓦多寡头集团的一名重要成员。此次暗杀通常被视为萨尔瓦多漫长内战的开端。实施绑架的学生后来创建了一个游击队组织，这个游击队组织后来又组成了马蒂阵线，这是在20世纪80年代与萨尔瓦多政府进行全面战争的几个武装游击组织的联盟。与尼加拉瓜的武装解放运动一样，萨尔瓦多的解放运动也以20世纪30年代革命者的名字命名。

1972年，就在备受欢迎的改革派基督教民主党人何塞·纳波莱昂·杜阿尔特即将赢得总统大选的时刻，军方进行了干预并在最后时机将胜利拱手让给了杜阿尔特的对手——右翼的阿图罗·莫利纳上校（Colonel Arturo Molina）。当下级军官们起来抗议时，军方寻求了国际社会的支持。在美国顾问的支持下，索摩查的国民警卫队和危地马拉军方逮捕并拷打了杜阿尔特，然后将他流放到危地马拉（他很快离开危地马拉前往委内瑞拉，在那里一直待到1979年）。军方接着袭击了国立大学和杜阿尔特领导的基督教民主党，镇压行动遍及全国，约200名平民被杀害。改革主义似乎已经土崩瓦解。

在随后的十年中，其他左翼游击组织纷纷成立，他们挑战了军政府和寡头统治下的社会经济结构。三个主要团体随之出现。法拉本多·马蒂人民解放军（Fuerzas Populares de Liberación Farabundo Martí，FPL）在牧师和修女播下了"解放神学"种子的农村地带找到了肥沃土壤。基督教民主党的一派分裂出去，形成了人民革命军（Ejército Revolutionario del Pueblo，ERP）。这一组织在暗杀了其最著名的领导人——诗人罗克·道尔顿（Roque Dalton）并指责他是间谍后也分裂了，分裂出来的反对派组成了全国抵抗武装力量（Fuerzas Armadas de la Resistencia Nacional，FARN）。所有这些组织都以过度政治化和派系化为特征，但也与非武装左翼组织建立了紧密联系，包括基督徒农民联合会、学生运动和激进教师工会。到了1975年，基督徒农民联合会已完全与其基督教民主党起源决裂，并开始呼吁"彻底摧毁资本主义和剥削，建立社会主义制度"[14]。

左翼的不同组织就实现变革的分析和策略在内部进行了辩论与斗争。他们应该参加选举还是专注于武装斗争？他们应该组织农民和工人，还是专注于小规模的军事行动？武装组织应该与工人和农民组织等日益壮大的群众运动建立何种关系？

值得注意的是，有一个组织并不赞成武装斗争，这就是萨尔瓦多共产党。直到20世纪70年代末，该党仍致力于通过包括参与选举在内的合法手段来实现变革。与尼加拉瓜和拉丁美洲其他国家一样，萨尔瓦多共产党在20世纪初就拥有深厚的历史根基，隶属于由苏联支持的共产国际，并且认为拉丁美洲的革命时机尚未成熟。20世纪60年代和70年代的武装游击运动受到不同形式的马克思主义的影响，但它们仍嘲笑本国与苏联有关联的共产党是保守且官僚主义的。反过来，共产党也认为年轻的游击队战士是天真和冒险的。不过，美国政策制定者并未注意到这些微妙之处，他们总是像踢足球一样随意地抛出"共产主义者"这个词，而对拉美左翼的争论和分歧毫不关心。

农村的组织和镇压

萨尔瓦多基督徒农民联合会在首都以北地区影响最大，但农民的组织活动也逐渐向东部扩散，于是，镇压随之而来。在东部的拉卡耶塔纳村，农民活动家在土地纠纷中与当地的庄园主对抗。1974 年 11 月，国家警察和国民警卫队来到这个社区，杀害了数人，并关押了 20 人。当地宗教领袖向他们国内和国际的同行发出了警报。"他们从此消失了。"全国教会理事会的威廉·维普夫勒牧师（Reverend William Wipfler）向美国国会报告，这一策略后来被中美洲团结运动广泛利用，引起了公众对当地人权侵犯的关注。[但]"所有的抗议都是徒劳的。"[15]

拉卡耶塔纳大屠杀促使东部的农民领袖组建了农村工人联盟（UTC）。与基督徒农民联合会一样，农村工人联盟沿用了宗教组织已建立起来的网络。"在大屠杀中幸存下来的"农村工人联盟成员成为随后十年在该地区"出现的叛军的中坚力量"。[16]

与危地马拉和尼加拉瓜一样，镇压升级的受害者很少是小规模的武装游击队，正如某个消息来源所描述的，"与萨尔瓦多军队相比，游击队不过是蟋蚁"[17]。相反，军队的镇压转向了平民，尤其是民众组织、宗教和政治活动家。

萨尔瓦多农村的农民组织打击了寡头权力的核心。一个世纪以来，军队及其相关的治安部队一直代表着这种权力。20 世纪 60 年代，这些力量还得到了一个新准军事组织——全国民主组织的强化，这一组织在与洪都拉斯的战争结束时作为北部农村军事化的一部分而得到了扩大。全国民主组织在一个又一个村庄招募农民，以作为"军队在农村的骨干力量"，到20世纪70年代中期，全国民主组织已拥有100名成员。[18]农民社区"在支持新兴的农民运动和加入全国民主组织的人之间陷入了更深刻的分裂。隶属于全国民主组织的农民与国民警卫队成员一起，参与了对新兴农民组织成员的恐怖袭击，而这些农民组织成员往往是他们的近亲和邻居"[19]。

就像所有在中美洲的战争一样，在政治分裂的两边，绝大多数都是贫穷的农民。[20]"萨尔瓦多很小，萨尔瓦多的家庭却很大，尤其是在农村，一个家庭既有士兵又有游击队员的情况并不少见。表兄弟，有时甚至是亲兄弟，会在战场上对峙。"[21]

组织起来进行抗议或占领土地的社区，特别是在农民活动最为强劲的北部和东北部地区，遭受了最严重的军事反击。"到1975年，许多来自北部查拉特南戈的人不再在自己的家里入眠；在黄昏之前，他们就会走进山林和树林，因为那里不太容易被军队和准军事力量抓住。"当政府军队袭击他们的社区时，农民开始组织逃亡或藏匿，"到20世纪70年代末，整个社区也开始前往山里进行短暂的避难"[22]。

然而，矛盾的是，镇压"不仅未能遏制叛乱，反而将20世纪60和70年代基础广泛的民主运动转变为拉美近代历史上最强大的叛乱之一"。[23]到了70年代末，萨尔瓦多的民众组织"在拉丁美洲激进运动中独树一帜，这既是因为解放神学的巨大影响，也是因为他们与游击组织结盟的程度"[24]。

20世纪70年代晚期：战事升级

1977年，卡洛斯·胡伯托·罗梅罗将军（General Carlos Humberto Romero）在一场由军方控制、公然舞弊的选举中当选总统。当成千上万抗议者在圣萨尔瓦多举行抗议活动时，国民警卫队和其他警察部队包围了他们，并向人群开火，死亡人数不详。政府宣布进入戒严状态。对教会的攻击进一步升级。其中一位受害者鲁蒂里奥·格兰德是阿吉拉雷斯的耶稣会组织者，他于1977年3月被谋杀。他是被杀害的众多宗教领袖中的第一人。

鲁蒂里奥·格兰德的遇刺深深影响了奥斯卡·罗梅罗（Óscar Romero，与罗梅罗将军无任何关系），罗梅罗是圣萨尔瓦多新任大主教，也是格兰德的密友。罗梅罗曾远离群众教会和政治，但这起谋杀改变了一切。他关闭了天主教学校，号召举行大规模抗议活动，并很快成为一名公开的人权倡导者。

格兰德被杀几个月后，萨尔瓦多军队袭击了阿吉拉雷斯，可能造成约50人死亡，300人被捕。一位目击者回忆说："他们在星期四花了一整天的时间挨家挨户地搜查全镇，殴打并带走了所有拥有鲁蒂里奥·格兰德照片的人。"[25]一张传单开始在首都流传，上面写着"做一个爱国者，杀死一个牧师"。耶稣会士收到威胁说，如果他们不在30天内全部离开这个国家，就将被系统性地处决。[26]

罗梅罗将军的政权禁止批评政府或散布有关侵犯人权的信息。全国民主组织壮大为一支5万—10万人的力量。正是在

1978年罗梅罗短暂的总统任内，卡罗琳·福尔切写下了她的诗《上校》，为美国读者捕捉了惬意而熟悉的寡头政治的日常与其背后的邪恶暴行之间的巨大矛盾。在熟稔地展示上校生活方式的同时，这首诗也不安地令读者质疑自己的无辜。

1979年政变：改革派的最后机会

1979年10月，即尼加拉瓜桑解阵胜利的3个月后，罗梅罗在一场不流血政变中被改革派军官们推翻。军政府最后一次试图寻求建立一条改革派的中间道路。左翼和右翼武装同意休战，全国民主组织被暂时解散，军队中的极右派遭到降职。工会和农民组织利用这一政治空间进行动员，并从罢工升级到占领和接管行动。教会广播电台发表评论称："随着农村镇压的减少，土地占领会自发发生……只有通过越来越残酷的镇压，才能使农民保持沉默、和平和宁静。当镇压停止时，农民的要求、斗争行动和革命精神就会随之而来。"[27]

杰弗里·古尔德（Jeffrey Gould）对这一时期的政治进行了深入研究，他写道，随着非武装组织中的基层民众利用政治开放的机会向前推进，动员浪潮"勾画出了对农村社会进行根本性重组的可能性。安全部队的撤出也使得激进的基督教和马克思主义意识形态产生了强烈共鸣——最明显的是当人们夺取种植园，并将其短暂地经营成合作社时"。然而，左翼武装仍然怀疑改革是旨在破坏革命运动的象征。古尔德认为，"如果激进左翼始终对务实对话持开放态度……他们可能会对有意要消灭所有民间阶层内一切形式的抵抗的凶残右派构成更有效的挑战。"[28]

到年底,军队中的右翼重新掌权,军政府中的改革派被迫辞职。镇压演变成了一场针对城市和农村大胆的群众运动的"恐怖行动",导致数百人死亡。新团结起来的民众组织宣布于1980年1月22日(1932年起义的周年纪念日)举行和平的群众动员。成千上万的人走上街头,游行到大教堂广场,迎接他们的是来自政府的枪声。50多人被杀,数百人受伤。

行刑队带着复仇之心卷土重来。"各安全部门和陆军旅的情报官员组织了行刑队,招募了国民警卫队、财政警察和有兴趣'兼职'挣点外快的正规士兵,并向他们提供了将要被抓捕和押送回来接受审讯与酷刑之人的名单……毫无疑问,'肮脏战争'基本上是由萨尔瓦多陆军军官组织和指挥的——同样毫无疑问的是,美国大使馆对此心知肚明。"记者马克·丹纳(Mark Danner)写道。[29]

军政府的土地改革

即便右翼掌权且镇压加剧,军政府在群众运动和美国的压力下,仍在努力改善自身形象。1980年3月,军政府将基督教民主党人何塞·纳波莱昂·杜阿尔特从流亡中召回,让他成为政府新的公众形象代言人,政府还提出土地改革计划,并与美国顾问密切合作。

土地改革的第一阶段(也是唯一实际实施的阶段)要求征用超过1235英亩的土地并给予补偿,然后在政府土地改革机构的监督下，将其移交给农民合作社。这是镇压行动中怀柔的一面。"重点是在农村地区建立足够强大的军事和民事对抗力量，以削弱有组织的左翼农民发动革命的能力。"一位研究改革的政治学家总结道。[30] 为了确保民众对右翼的支持，同期宣布实施的国家紧急状态允许军方占领农村并进行改革。

因此，伴随土地改革而来的是农村的恐怖浪潮：镇压行动的暴力的一面。军队袭击了农民组织，而土地则被分配给了包括准军事组织全国民主组织在内的亲政府组织。一名参与改革的官员辞职，他指责安全部队以改革为幌子，摧毁农民组织并杀害了他们的领导人。[31]

大多数地主都想方设法避免土地被征用。由于他们被允许保留一部分土地，所以他们保留了最好的土地，而超过一半被征用的土地实际上是牧场，而非可耕种土地。一些人将土地抵押，让政府偿还他们的债务。一些人则通过将土地分割给家庭成员，使拥有的土地少于1235英亩，从而避免被征用。[32]

在农民组织最为活跃的地区，改革主要体现为对这些运动的强烈镇压。[33] 在改革的第一年，数千名合作社成员和近百名领导人被杀害，还有数千人被强行逐出他们被分配的土地。[34]

1980年5月，军队入侵查拉特南戈北部地区，约6500名农民逃离家园，许多人逃往洪都拉斯边境。洪都拉斯集结了军队，以阻止难民过境。300—600名难民被两国联合部队杀害，其中许多人淹死在逊普尔河（Sumpul River）中。这是自"足球战争"以来，萨尔瓦多和洪都拉斯军队的首次合作，美国向洪都拉斯提供的大量援助为双方新建立的善意注入了润滑剂。

其他没有参加逃亡（Guinda）的人则在自己的村庄遭到屠杀。[35]

就连策划土地改革的官员们也无法幸免于恐怖浪潮。1981年1月，右翼刺客在首都喜来登酒店枪杀了两名前来休息的美国顾问和负责改革的萨尔瓦多官员。

改革进行到第三年时，《基督教科学箴言报》（*Christian Science Monitor*）称："大多数开始这一项目的人已经被杀害、流亡或加入了这里的反叛乱运动。在1979年制定项目计划的基督教民主军政府实际上已被一个由反对土地改革的政客所控制的民选议会所取代。［土地改革机构］……现在由极右翼的民族主义共和联盟控制。"[36]

罗梅罗遇刺案

梵蒂冈最初在1977年任命奥斯卡·阿尔努尔福·罗梅罗为圣萨尔瓦多大主教，目的是以中立甚至保守的姿态抗衡解放神学的发展，尤其是抗衡中美洲大学的激进耶稣会士。但与中美洲许多天主教神职人员一样，罗梅罗大主教在20世纪70年代日益加剧的镇压之下变得政治化，特别是在他的同僚鲁蒂里奥·格兰德遇害后。

罗梅罗大主教公开谴责军方虐待民众。他公开恳求卡特总统不要向萨尔瓦多提供军事援助，并呼吁基督教民主党拒绝与军方合作。在每周的电台广播中，他列举了死亡和失踪人员的名单。在最后一次布道中，他描述了这个国家每天发生的一些暴行，并再次呼吁美国停止军事援助。他将安全部队描述为"身着军装的农民"，恳求他们停止杀戮。"兄弟们，你们中的每一个人都是我们的一分子……你们杀死的农民是你们自己的兄弟姐妹。"他呼吁士兵如果接到实施虐待的命令时,应该听从自己的良心。"任何士兵都没有义务服从违反上帝之法的命令。"他说。[37]

几天后,1980 年 3 月 24 日,这位大主教在弥撒中被枪杀。成千上万人参加了他的葬礼,而葬礼遭到了来自政府的子弹和炸弹的袭击。有 26 人丧生,数百人受伤。葬礼的第二天,美国国会一个小组委员会批准向萨尔瓦多提供新一轮"非致命性"的安全援助。

随后的调查显示,极右翼政党民族主义共和联盟的创始人罗伯托·达布松少校下令实施了此次谋杀。达布松代表了寡头政治中最暴力、最反改革的一派。美国驻萨尔瓦多大使称他为"病态杀手"。然而,在 20 世纪 80 年代,甚至在他于 1992 年去世后,他和他的政党仍然是萨尔瓦多政坛的一支重要力量。[38]

迈向 "最后攻势"

正是右翼破坏了土地改革,而手无寸铁的农民和群众运动则成了受害者。游击组织看到,武装斗争进一步合法化了,因为土地改革的失败清楚地表明右翼甚至不允许最细微的改革。[39]桑地诺革命的成功、大主教的遇害、卡特总统任期的结束,以及里根有望在 11 月赢得选举并为摇摇欲坠的萨尔瓦多政府进一步提供美国的支持,这一切都激励了左翼组织团结起来。群众组织联合成立了革命民主阵线(Frente Democrático Revolutionario, FDR),作为革命的政治力量,而不同的武装游击运动则联合成立了法拉本多·马蒂民族解放阵线。他们的集体政治纲领与尼加拉瓜正在实施的纲领如出一辙，要求对社会进行彻底改造，包括土地改革、解散军队并由人民军接替、开展扫盲运动和全民医疗保健。

罗梅罗被杀之后，又发生了一系列骇人听闻的军事袭击，这引起了全世界的关注。1980年6月，政府军入侵了国立大学，这所大学和教堂一样，都曾是避难所。16名学生被杀，大学被占领。

1980年11月，6名革命民主阵线的领导人正在圣萨尔瓦多的耶稣会高中准备召开一次新闻发布会。其中一些人最近刚从欧洲和美洲巡回演讲归来，他们在会上提出了与执政的军政府开始谈判的问题。结果，大楼被安全部队包围，演讲者被全副武装的人抓走。第二天，人们发现了他们残缺不全的尸体。

仅仅几天之后，4名美国女教徒——一名乌尔苏拉修女、一名平信徒和两名玛利诺修女，在拉利伯塔德和查拉特南戈参与救济和社会工作项目时，在驶离萨尔瓦多机场途中遭到绑架。第二天，他们的汽车在机场路上被发现已被烧毁，他们的尸体也在不久后被发现。卡特总统再次宣布暂停援助，但几周后他又恢复了援助。罗梅罗大主教和4名美国女教徒的遇害只是冰山一角。到年底，约有8000人被杀害，其中四分之三发生在萨尔瓦多的农村地区。[40]

12月下旬，马蒂阵线准备在1981年1月发动"最后攻势"，它希望城市人口会像在尼加拉瓜那样加入起义。但这并没有发生，部分是因为前几个月城市反叛乱运动取得了致命的成效。这次攻势失败了。城市的人民运动被消灭殆尽,许多幸存者逃往农村参加起义。[41]

向农村转移

马蒂阵线进行了收缩,并将重点放在北部山区的农村据点,这里随即成为 20 世纪 80 年代的主要战区。1981—1983 年,游击队几乎控制了萨尔瓦多近四分之一的领土,特别是在查拉特南戈、莫拉桑、卡巴纳斯和圣维森特等北部省份。尽管军队多次入侵和轰炸,马蒂阵线还是在那里建立起了治理机构,包括学校和卫生诊所。通过大众议会和社区委员会,当地的自治不断发展。[42] 基督教基层社区蓬勃发展,外国牧师和医生支持着这些革命社区,尽管有时政府的袭击迫使许多居民长期或短期逃往山区,穿越边境前往洪都拉斯的难民营,甚至北上去到美国。

美国医生查尔斯·克莱门茨(Charles Clements)曾于 1982 年至 1983 年间在游击队控制区提供医疗服务,他写道,那里的局势让他想起了在越南的日子,在那里,美国支持的政府可以轰炸、入侵、杀戮和摧毁村庄,却无法赢得民心。[43] 在焦土政策中,"成千上万的军队在乡村四处扫荡……烧毁庄稼、杀害动物、摧毁村庄、折磨和杀害平民"[44]。

当军队发动进攻时,人们就会逃到山上躲避,而游击队则试图提供掩护。一旦军队离开,农民们就会回到被摧毁的家园和农田进行重建。逃亡最令人恐惧的方面,是需要保持绝对的安静，这让父母陷入绝境，他们不得不采取一切必要手段使婴儿安静下来，有时这甚至导致了婴儿的死亡。[45]

与此同时，大量美国援助涌入萨尔瓦多，以为军事行动提供支持，包括资助和培训5个新的精锐营。最臭名昭著的阿特拉卡特尔营就是其中之一，这个精锐营在战争期间制造了一些最为严重的屠杀和侵犯人权事件。虽然新部队未能与游击队交战，但却成功地恐吓和驱逐了北部游击队统治区的大部分农民。[46]

类似逊普尔河大屠杀的事件一再重演。1981年3月，在伦帕河（Rio Lempa），萨尔瓦多军队的直升机低空轰炸了数千名逃离军队进攻的卡巴尼亚斯村庄的村民。当这些平民抵达洪都拉斯边境时，至少有200人被杀，因为他们被困在奔腾的河水中，而洪都拉斯军队在对面，萨尔瓦多军队在后面，还有来自空中的军队攻击。几个月后的10月，拉克塞拉（La Quesera）发生了另一起大屠杀，地点也在伦帕河沿岸。

埃尔莫佐特大屠杀

在萨尔瓦多北部由法拉本多·马蒂民族解放阵线控制，也被称为"红色区域"的深处，有一个名叫埃尔莫佐特的小镇。"在1981年莫拉桑北部疯狂拼凑的地图上，村庄'属于'政府、游击队或既不属于政府也不属于游击队，将军们将镇子和村庄视为不同程度的粉红色与红色，而埃尔莫佐特并不是一个众所周知的游击小镇。"[47]这里约一半的人口是福音派信徒，解放神学在这里也并不兴盛。到1981年，那里支持马蒂阵线的人要么加入了游击队,要么离开了。

在埃尔莫佐特以南 4 英里处,有一个游击队基地,在那里,反叛者的"共克时艰"广播电台(Radio Venceremos)在地下洞穴进行广播。得知即将有军事入侵的消息后,一些农民加入了游击队的护送队,越过洪都拉斯边界逃往庇护所。但埃尔莫佐特的大多数人选择留下来,他们认为这个城镇是一个安全的避风港。然而事实并非如此。

在埃尔莫佐特和周围的一些村庄,在几天时间里,美国训练的阿特拉卡特尔营所率领的士兵们命令居民离开家园,将村民们分开,然后开始了一场恐怖的酷刑、强奸和可怕杀戮的狂欢,最终以整个镇子和许多尸体被焚毁而终结。当这场大屠杀结束时,有超过 800 名村民死亡。

士兵们撤退后,游击队返回了该地区,他们目睹了恐怖的场景,还遇到了一些幸存者。地上到处都是烧焦的尸体,秃鹫密密麻麻,以至于村庄"似乎被一张移动的黑色地毯所覆盖"[48]。马蒂阵线的"共克时艰"广播电台是最先报道这一暴行的媒体。一些当地人与大主教的人权办公室取得了联系,该办公室通知了美国国家教会理事会,后者进而与美国大使馆和美国媒体取得了联系。

对于里根政府来说,时机至关重要:它正准备提交首次由美国国会要求的认证,证明萨尔瓦多的人权状况正在改善,以便发放军事援助。这一背景强化了政府掩盖大屠杀的动机。

面对新闻报道的压力,大使馆人员联系了他们的军事盟友,这些盟友告诉他们,要通过埃尔莫佐特周围据称由游击队控制的城镇是不可能的。大使馆恪尽职守地报告,称他们没有发现任何支持游击队和媒体关于大屠杀报道的证据。从技术上来讲,这是事实。[49]

《纽约时报》记者雷蒙德·邦纳(Raymond Bonner)、《华盛顿邮报》的阿尔玛·吉列莫普列托(Alma Guillermoprieto)和摄影师苏珊·梅塞拉斯(Susan Meiselas)设法做到了美国大使馆官员所回避的任务:进入镇子,采访幸存者,并拍摄尸体,相关新闻以鲜明的头版故事在1月底刊登。

埃尔莫佐特事件的特殊性仅在于这次事件中被杀害的人数,以及所获得的国际关注。1981—1983年,军队每月杀害的人数多达1000人,总共近4万人。

里根与萨尔瓦多

如果说卡特总统对萨尔瓦多的处理方式是迟疑不决的,那么里根的方式则截然不同。对于里根来说,粉碎萨尔瓦多革命是重建美国冷战霸权的关键。对他来说,萨尔瓦多是"划定红线"和"向莫斯科发出信息"的地方。[50]

里根提供的大量军事援助助长了20世纪80年代初的血腥屠杀,也激起了公众和国会的强烈抵制。有关埃尔莫佐特的报道未能阻止里根政府发布国会要求出具的认证,以证明萨尔瓦多的人权状况正在改善,从而使军事援助得以继续。

"认证是他们玩的一场政治游戏,"一位大使馆官员后来解释说,"每个人都知道,国会也知道,[萨尔瓦多政府]在那里做了什么……所以他们捶胸顿足，抓发大吼，嚷嚷着人权，让我们跳过这个叫做认证的一环。如果哪位大使想要保住自己的工作，就必须跳过……我是说，'改进'——改进是什么意思呢？你杀了800个人，然后降到200个，这就是改进。整件事就是一场荒谬的演习。"[51]

与此同时，政府和大使馆向《纽约时报》施压，要求撤回前往埃尔莫佐特的记者。不到6个月，《纽约时报》就屈服了。"《时报》决定撤下一名记者，因为他曾是一场猛烈批评政府运动的焦点——毫无疑问，这对萨尔瓦多的报道产生了重大影响。"记者马克·丹纳后来严肃地指出。[52] 但这并没有阻止信息通过教会渠道、难民和不断壮大的团结运动传达给美国公众。

1983年后，部分是迫于美国的压力，这也是来自国会和公众的压力，萨尔瓦多的死亡率下降了。到1984年，国会和里根政府认为马蒂阵线已基本被消灭，而在基督教民主党人约瑟·纳波莱昂·杜阿尔特在期待已久的选举中击败了极右翼后，国会和政府又重新回到了反叛乱主义的改革派阵营。

在杜阿尔特的领导下，行刑队得到了控制，平民死亡人数显著下降，尤其是在城市中——部分原因是行刑队已经高效地完成了工作，而且活跃的左翼运动已被有效镇压。杜阿尔特的当选使美国国会陷入沉寂，美国继续向一个腐败的右翼军队投入资源，这支军队继续控制着城市。马蒂阵线则控制着北方大部分实质上的农村解放区。尽管军队不断轰炸和入侵，但新萨尔瓦多的种子还是在那里茁壮成长了十年。[53]

难民与重新定居

萨尔瓦多约四分之一的人口（约 65 万到 140 万人）在战争期间逃离了家园。数十万，甚至可能是数百万人成为国内难民（估计占人口的 10％到 35％不等）。[54]

萨尔瓦多的农民们逃离村庄，在城市的贫民窟——尤其是圣萨尔瓦多，以及洪都拉斯和美国，找到了避难所。成千上万人被安置在首都周围肮脏的难民营中。大约有 3.5 万人越过边境逃到洪都拉斯，其中约三分之二被安置在联合国的难民营中，另外三分之一则作为"非官方难民"定居在农村中。[55]

1980—1981 年，在洪都拉斯边界附近的科洛蒙卡瓜，有约 8400 名难民抵达这里，因为他们在莫拉桑、圣米格尔和拉乌尼翁的村庄遭到了袭击。科洛蒙卡瓜难民营与洪都拉斯的另外两个大型难民营（梅萨格兰德和拉维图德）一样，也由联合国难民署正式监管，但游击队也是那里强大的存在。这个营地成了一个自治的革命绿洲，一个政治教育的实验室，尽管与洪都拉斯当局时有冲突，但社会变革和农民组织蓬勃发展。大众教育项目帮助学生认识到，他们所处的"悲惨状况""并非自然状态；而是由富人和有权有势的人强加的"[56]。

20 世纪 80 年代后半期，许多难民重返家园，重新定居，这样的社区超过了 100 个，他们大多数居住在马蒂阵线控制的区域。对于马蒂阵线来说，这是确立事实真相并改善其在谈判中地位的一种方式，而谈判似乎越来越有可能通向和平；又或是在 1989 年末，巩固他们所希望的真正的"最后攻势"[57]。国际机构和组织、教会、希望建立新革命社会的农民活动家，以及仅仅是希望返回农耕的农民，在重新定居过程中通力合作，虽然时有冲突发生。

当联合国难民署试图在20世纪80年代后期开始一项遣返进程时，组织起来的农民坚持认为，遣返必须是集体进行的，并由他们自己控制。正如一位青年领袖解释的那样："我们在流亡中生活了十年……我们学到了很多……如果我们在［萨尔瓦多］住得更久，那么组织起来、考虑为社区服务就会更困难……我们［年轻人］已经回到了一个资本主义的体制中，这与我们的父母生活的体制相同，但我们已经有了在自治社区中生活的经验，可以决定自我的价值观。"[58] 对于在80年代后半叶在营地中动员起来的农民来说，被遣返至马蒂阵线控制区成了开展革命活动的新阶段。

1987年，来自一个难民营的4000名农民进行了一场基层遣返，重新定居在了马蒂阵线控制区域的5个村庄中。他们加入了其他从圣萨尔瓦多教会赞助的难民区和从逃亡中返回并重新定居的人的行列。马蒂阵线的稳固控制、新的国家级支持重新定居组织、萨尔瓦多教会和国际团结组织汇聚在一起，为遣返提供了物质和政治支持，并提供了一定程度的保护，以防止军事入侵再次发生。对于一些人来说，这是革命的下一阶段：返回家园建设新的萨尔瓦多。到1990年，约2万难民已经重新定居在了数十个村庄里。[59]

1989年，规模最大的一次遣返行动在莫拉桑建立了塞贡多·蒙特斯城（Ciudad Segundo Montes），该城以一位曾在难民营工作的中美洲大学的耶稣会教士和学者的名字命名，这位耶稣会教士在遣返开始的几天前被暗杀。1991年，俄亥俄州克利夫兰市——之前两名遇害的女教士的家乡，与塞贡多·蒙特斯城结为姊妹城市。加州伯克利市和马萨诸塞州剑桥市也与叛军控制区的城市建立了姊妹城市关系。但是，新的环境对于在难民营国际援助制度下所孕育的乌托邦梦想并不友好。事实证明，在萨尔瓦多北部严酷的山区，建立一个以满足人类需求而非营利为基础的自主、集体的经济，是非常困难的。

最后的最终攻势和耶稣会大屠杀

1989年11月，马蒂阵线最后一次发动了最终攻势。在攻击首都的过程中，游击队再次希望激起民众起义。政府的回应是对贫困街区展开了轰炸。行刑队还将矛头指向了由耶稣会运营的中美洲大学，这里被视为解放神学和支持民间组织及工会的温床。如大学校长伊格纳西奥·埃拉库里亚（Ignacio Ellacuría）、伊格纳西奥·马丁巴罗（Ignacio Martín-Baró）和塞贡多·蒙特斯（Segundo Montes）等耶稣会学者-神父因谴责政府暴力与侵犯人权的言论，以及对萨尔瓦多农民和民众运动的研究，在国际上享有盛誉。其中6名神父、他们的女管家和管家的女儿都被残忍地杀害。

虽然这次攻势在军事上遭到了失败，但它向萨尔瓦多军方及其不安的美国赞助人表明，马蒂阵线仍然在包括叛军控制区以外的地区拥有强大的力量和支持。政府针对平民尤其是教会的激烈反制也向世界表明，20 世纪 80 年代中期的改革大多是浮于表面的。

和平？

自 1981 年的"最终"攻势失败以来，马蒂阵线一直呼吁进行和平谈判。1987 年签署《埃斯基普拉斯协定》时，萨尔瓦多政府也正式承诺进行谈判。但只要军方——以及美国认为，马蒂阵线快要被击败，政府就没有太大的动力认真谈判。1989 年的攻势在很大程度上是试图迫使政府就范。在这方面，它取得了成功。

其他因素也推动了政府走向谈判桌。虽然新上任的布什政府并未因暴力洪流而动摇，但国会受到了影响，并于多年来首次重新审视了削减援助的问题。就连布什都敦促 1989 年新上任的萨尔瓦多民族主义共和联盟党总统——阿尔弗雷多·克里斯蒂亚尼（Alfredo Cristiani）迅速调查耶稣会神父大屠杀事件，并将凶手绳之以法。

克里斯蒂亚尼的当选也反映了萨尔瓦多军方和寡头政治的长期分裂进入了新阶段。克里斯蒂亚尼代表着现代化/温和派阵营，以新兴的金融、商业和工业部门为基础。这些新兴团体逐渐在极右翼的农村和农业派别中获得了影响力，并与克里斯蒂亚尼一道，开始主导民族主义共和联盟。20 世纪 80 年代移民人数的激增加剧了这一趋势，萨尔瓦多近四分之一的人口逃往美国，他们的汇款促使经济向服务业和商业的转型。[60]

各种因素的交织,把萨尔瓦多政府推到了谈判桌前,联合国主持的和平谈判取得了成果,1992年1月,最终在墨西哥签署了《查普尔特佩克协议》(Chapultepec Accord)。

洪都拉斯：战争和"里根经济政策"的集结地

20世纪70和80年代，洪都拉斯躲过了席卷其邻国的全面战争，却成了美国介入这些战争的集结地，以及美国资助的结构性改革和新自由主义经济的试验场。当民选总统曼努埃尔·塞拉亚（Manuel Zelaya）在21世纪头十年中叶转向左翼时，美国支持了中美洲的另一场军事政变。2009年的政变使洪都拉斯成为全面开展毒品战争资本主义的舞台，也导致了在随后的十年中，逃离该国的难民数量大幅增加。

香蕉共和国

有人说，洪都拉斯是中美洲唯一真正可以被称为"香蕉共和国"的国家。它是中美洲地区最贫穷的国家，拥有最贫瘠的土地。殖民时代的蓝靛出口经济和19世纪的咖啡繁荣都与洪都拉斯无缘。与尼加拉瓜一样，西班牙人很早就将大量当地土著驱逐到秘鲁的奴隶市场，以弥补土地稀缺的窘境。

直到第二次世界大战后棉花、糖和牛等农产品开始大量普及，洪都拉斯的土地稀缺问题才变得没有像中美洲其他地区那样严重。洪都拉斯的人口密度本来就较低，土地也不肥沃，并不适合种植咖啡。至少在20世纪50年代之前，它没有像其他国家那样发展出同样程度的政府－军方－寡头联盟统治。香蕉和美国公司在这里扮演了超乎寻常的角色。

147　　19世纪末，洪都拉斯广阔的热带北部（大西洋）沿海吸引了香蕉产业。几家不同的美国公司相继进驻，起初它们还彼此竞争（甚至在该国挑起内战），但到1929年，这些公司合并到了联合果品公司之下。它们占据了数十万公顷洪都拉斯最肥沃的土地。

　　香蕉产业从土著高地、英属加勒比地区和邻国萨尔瓦多引进了移民工人。香蕉通过后来成为北部海岸繁荣城市的圣佩德罗苏拉（San Pedro Sula）出口，当19世纪末赛缪尔·泽穆瑞（Samuel Zemurray）的库亚梅尔果品公司（Cuyamel Fruit Company）修建了连接圣佩德罗苏拉市与科尔特斯港口的铁路时，这座城市也随着产业的发展而壮大。

　　二战后，国际机构与美国一道在洪都拉斯发挥了重要作用。1950年，国际货币基金组织介入这里以重建税收制度，并创设了中央银行和国家发展银行。1951年，美国创建并协助成立了农业推广服务部门，随后成立了农业部。随着美国赞助修建穿越洪都拉斯南部的泛美高速公路以及通往首都和北部海岸的新公路，新的出口农业的基础得以奠定。[1]

　　1954年，就在同年危地马拉政变策划者以洪都拉斯为基地之际，约5万名香蕉工人及其盟友举行了长达69天的大罢工。

这场罢工为香蕉工人带来了巨大的利益,并催生了这个国家其他地区农民组织和农民工会的成立,尤其是当出口农业开始在南部扩张之时。1954年,美国也开始在洪都拉斯长期驻军。

农民和土地问题

与北海岸的香蕉种植园不同,战后的棉花和养牛业集中在洪都拉斯人口更密集的南部地区。在南部,如果将1公顷土地用于出口农业的话,就意味着这1公顷土地将无法再用于维持生计的生产。种植玉米并供养人口的小农场,遂被用于生产出口产品、能使少数精英致富的大型种植园所取代。

洪都拉斯的贫苦农民可能比萨尔瓦多的农民拥有更多的土地,但由于土地质量普遍较差,他们的生活并没有好到哪里去。随着人口增长、土地集中和日益增加的来自萨尔瓦多移民的压力,一些洪都拉斯农民迁移到了快速发展的城市中心——德古西加巴和圣佩德罗苏拉。另一些农民则像中美洲其他地方的农民一样,组织起来保卫自己的土地。

香蕉工人工会的力量为20世纪70和80年代洪都拉斯的相对和平做出了贡献。香蕉工人构成了农业劳动力的重要组成部分,有着体面的薪酬和工作条件。随着20世纪60和70年代出口农业的扩张,工会帮助加强了农民组织,并限制了国家的镇压。

美国希望保持洪都拉斯的稳定,于是敦促联合果品公司和洪都拉斯政府实施"争取进步联盟"的改革,这种改革在洪都拉斯比在尼加拉瓜和萨尔瓦多更为成功。耶稣会教士詹姆斯·瓜达卢佩·卡尼（James Guadalupe Carney）认为，"洪都拉斯是中美洲最忠实地遵循美国政策的国家，该政策旨在通过进行小规模的社会改革来平息农民的革命热情"[2]。在战后棉花和养牛业扩张期间，几次土地改革都将大量土地分配给了农民。

陆军上校奥斯瓦尔多·洛佩斯·阿雷利亚诺（Oswaldo López Arellano）典型地展示了反共产主义的"争取进步联盟"改革和镇压的混合政策。奥斯瓦尔多先是在1963年发动政变夺取政权，在短暂的中断（1969—1971）后，又于1972—1975年通过另一次政变重返总统职位。政府最初先是镇压了激进的洪都拉斯全国农民联合会，随后又在洪都拉斯全国农民协会中创立了一个更为温顺的反共联盟。在足球战争之后，洛佩斯·阿雷利亚诺继续推动包括土地改革在内的改革议程。

萨尔瓦多移民与足球战争

正如出口农业的扩张使得洪都拉斯农民的土地变得更加昂贵和稀缺一样，萨尔瓦多的类似进程将成千上万的萨尔瓦多人逼入了南部的洪都拉斯边境。一些人继续北上前往香蕉种植园。但30万移民中的大多数则聚集在靠近南部边境附近的小块土地上，成为那里大庄园的租户和佃农。

洪都拉斯的小农、租户和佃农与萨尔瓦多移民之间基本上没什么冲突。相反，大庄园主们对萨尔瓦多移民充满了敌意。随着新的公路和新的牲畜屠宰加工厂为养牛户创造了机会，许多庄园主驱逐了他们的租户以扩大养牛规模。当租户组织抗议时,庄园主却将责任归咎于萨尔瓦多人。[3] 当洪都拉斯开始驱逐萨尔瓦多人,而萨尔瓦多人侵洪都拉斯时,这场战争激起了洪都拉斯的民族主义情绪。至少暂时而言,许多人将民族团结和反萨尔瓦多的种族主义置于阶级或革命团结之上。

洪都拉斯的土地改革之路

1962—1980年,尽管受到官方和私人的打压,洪都拉斯的农民们仍然时不时地占领并要求获得土地,由于土地改革机构中一些同情农民的官员经常偏向他们,农民们的诉求在不同程度上得到了满足。驱逐萨尔瓦多人并没有阻止洪都拉斯的农民组织起来。

1974年,飓风"菲菲"摧毁了洪都拉斯约60%的农业生产,绝望的情绪进一步加剧。次年,政府实施了一项重大的土地改革,即第170号法律。到1980年,在支持农民的裁决和土地改革之下,约有3.6万农民——占全国无地和土地贫困家庭的近四分之一——获得了土地。[4]

事实证明,洪都拉斯政府及其军方比邻国政府更愿意接受农民的不满。较弱的寡头政治、反萨尔瓦多的民族主义,以及香蕉公司的特殊作用,都促成了这种立场的形成。军队在执行土地改革方面的角色"为洪都拉斯士兵树立了一个比邻国士兵更进步的形象,并清楚地表明了武装部队不受洪都拉斯寡头的控制"[5]。

土地改革的推进得益于大量的公共土地和果品公司自愿捐赠的土地，以及"足球战争"后对萨尔瓦多人的驱逐。改革的中心是北海岸的下阿瓜恩（Bajo Aguán）河谷。阿瓜恩曾是香蕉种植区的一部分，但在 1935 年香蕉植株受到病害影响，致使大部分土地被废弃。飓风"菲菲"又进一步摧毁了这里。香蕉公司将这些闲置土地捐献给改革工作，几乎没有什么损失。

因此，下阿瓜恩河谷成了"土地改革之都"，这里超过 30% 的土地被分配。[6] 农民涌入这里，组建了由政府支持的合作社，主要生产供出口的非洲棕榈，但也种植基本谷物。[7]

改革中分配的其他土地是之前未开垦的公共土地。沿海的加里富纳社区的土地也有被征用，这些社区对他们居住和耕种的土地并没有所有权。[8]

在洪都拉斯其他地方，改革受到了新兴的养牛场主和棉花种植业主组成的地主精英的阻挠，他们于 1966 年组建了"洪都拉斯全国农民和养牛场主联合会"，以保护自身日益增长的利益。

在动荡的 20 世纪 80 年代，美国国际开发署将目光投向了相对和平的洪都拉斯，向这个国家投入了农业研究和出口促进资金。这些资金大部分流向了新兴的农业和工业精英。即使是提供给小农和通过土地改革获得土地的农民的援助，也帮助推动了由精英控制的农业出口模式。国际开发署鼓励土地改革受益者生产香蕉、非洲棕榈和蔗糖，销售给跨国公司并出口。这样，出口商就可以"从在自己的土地上直接生产，转向与国内生产商签订购买合同"，从而摆脱劳动力和农民需求的风险。

因此,"改革方案为商品化农业提供了有保障的供应来源,得到了洪都拉斯政府的支持,并部分由国际捐助机构资助"[9]。

尽管进行了改革,但人口的增长意味着在20世纪70和80年代,无土地者的人数实际上是在增加的。分配的土地大多位于偏远地区,质量不佳。尽管1974年美国国际开发署为这一进程提供了1200万美元的贷款,但几乎没有提供信贷或技术支持。到1982年,约40%的受益者已放弃了他们的土地。尽管如此,政府仍然愿意回应农民的诉求,这使得洪都拉斯的改革方案得以存活,而这种改革在危地马拉和萨尔瓦多却正在消失。[10]

洪都拉斯成为"美国海军洪都拉斯号"

尽管洪都拉斯在20世纪80年代没有像邻国一样陷入内战,但它在危地马拉、尼加拉瓜和萨尔瓦多的战争中扮演了核心角色。随着这三个国家的革命形势在70年代末日益壮大,洪都拉斯对美国在中美洲地区的目标变得愈发重要,尤其是在支持推翻尼加拉瓜革命的"康特拉"战争,以及镇压萨尔瓦多左翼的目标上。美军可以从洪都拉斯出发,沿两国边界开展行动,训练萨尔瓦多军队和"康特拉"武装。"尽管洪都拉斯本身并没有爆发战争,"《洛杉矶时报》在1989年解释说,但"自20世纪80年代初以来,这个国家一直容纳着'康特拉'武装、桑地诺间谍、美国军队、萨尔瓦多难民、中情局特工和可卡因走私者等各色人等"[11]。到了20世纪80年代中期,洪都拉斯境内有四支不同的军队：美国军队、洪都拉斯军队、萨尔瓦多军队和"康特拉"。

美国的军事援助大量涌入洪都拉斯，并于1985年达到顶峰。超过1亿美元被用于修建数百英里长的公路和众多机场。无休止的联合演习和训练使美军不断涌入该国。例如，1983年的"大松树二号行动"向洪都拉斯派遣了5500名美国地面部队成员，另有1.6万人提供海上和空中支援。[12]位于帕尔梅罗拉的索托卡诺空军基地成为美军行动的中心，自1954年以来美军一直驻扎在此，基地由美国与洪都拉斯政府共同管理。

里根总统任命约翰·内格罗蓬特担任驻洪都拉斯大使（1981—1985），负责将洪都拉斯打造成一个组织"康特拉"武装推翻尼加拉瓜桑地诺革命的行动基地。1982年底，《新闻周刊》的一篇爆料称，中央情报局驻洪都拉斯站的人员增加了一倍，达到50人，并"正在对洪都拉斯情报和安全部队进行情报搜集和审讯方面的培训，为突袭尼加拉瓜提供后勤支持，援助洪都拉斯海岸警卫队，帮助阿根廷人和其他非尼加拉瓜人训练反桑解阵的尼加拉瓜人使用美国提供的轻型武器进行破坏活动"。

内格罗蓬特的一个重要盟友是在本宁堡接受过训练的古斯塔沃·阿尔瓦雷斯·马丁内斯（Gustavo Álvarez Martínez），他曾领导洪都拉斯国家警察一直到1982年，然后转而指挥军队，直到1984年被赶下台。洪都拉斯的一位军方消息人士告诉《新闻周刊》，阿尔瓦雷斯"听命于内格罗蓬特"，"阿尔瓦雷斯的G-2军事情报人员充当'康特拉'的联络员，而阿尔瓦雷斯本人则向内格罗蓬特报告"。而且，"阿尔瓦雷斯的军队是向尼加拉瓜流亡者运送小型武器的主要渠道,也是洪都拉斯境内与阿根廷军事顾问联系的主要纽带"[13]。

尼加拉瓜并不是唯一的目标:迅速扩张的洪都拉斯军队还与萨尔瓦多军队在边境地区合作,对萨尔瓦多北部的农民开展战争。对于洪都拉斯的寡头和军队来说,美国对萨尔瓦多动员起来的农民发动战争,与他们的反萨尔瓦多民族主义以及他们维护洪都拉斯农村现状的阶级利益结合在了一起。

随着美军不断轮换进出洪都拉斯,美国"在中美洲的中心地带建立了永久性的军事力量"。到20世纪80年代中期,学者们开始将洪都拉斯称为"美国海军洪都拉斯号"。用于支持秘密和公开行动的美军基地激增,洪都拉斯也成为美国"一种类似于陆地航空母舰"的存在。[14]

"美国海军洪都拉斯号"与国内的反叛乱行动

随着洪都拉斯军队被卷入美国在尼加拉瓜和萨尔瓦多的战争,它也越来越多地在国内开展反叛乱运动。洪都拉斯的暴力水平从未达到其邻国的程度,但在20世纪80年代国家军事化的过程中,数百名不同政见者被杀害,至少有180人失踪。[15]反叛乱和军事化完美地支持了美国消灭教会、学生、农民和其他运动的需求,这些运动挑战了美国企图把洪都拉斯打造成外国投资天堂的经济目标。

除了服从美国的外交政策目标外,古斯塔沃·阿尔瓦雷斯还与美国一样致力于镇压洪都拉斯国内的任何群众组织。随着美国的军事援助源源不断地涌入，军队成为权力的中心，并越来越多地支持狂热的反共主义和国家恐怖主义，这也是美国在该地区的政策特点。在里根的支持下，阿尔瓦雷斯领导了一场新的反叛乱"肮脏战争"，包括行刑队、绑架和酷刑，"肮脏战争"持续的时间远远超过了他短暂的总统任期。改革主义变得更加边缘化和危险，自动被贴上了"共产主义"或"颠覆分子"的标签。

中情局帮助阿尔瓦雷斯创建了洪都拉斯臭名昭著的316军事情报营，该营在20世纪80年代暗杀了数百名天主教和左翼活动家，其中包括美国耶稣会教士詹姆斯·瓜达卢佩·卡尼。1995年，《巴尔的摩太阳报》采访了4名流亡的316军事情报营成员。报纸直言不讳地将316军事情报营描述为"一支受中情局训练的军事部队，在20世纪80年代恐吓了洪都拉斯这个国家"，并"追踪、绑架、折磨和谋杀了数百名涉嫌颠覆的洪都拉斯人"。这些前成员详细描述了他们在洪都拉斯与美国军事基地从阿尔瓦雷斯和美国训练人员那里接受的指令，以及他们被教导并使用的各种残忍酷刑。[16]

《巴尔的摩太阳报》得出结论，内格罗蓬特"系统地压制了向华盛顿提交关于政治异议者被绑架和谋杀的报告……相反，他向华盛顿提交了虚假的报告，将洪都拉斯政权描述为致力于民主和法治"[17]。洪都拉斯的公开报道中那些已经众所周知的，且由内格罗蓬特自己的使馆工作人员所报告的内容，都被从提交给国会的报告中小心翼翼地删去了。如果侵犯人权的情况被报道，国会就会要求削减对洪都拉斯的援助，从而削弱

"康特拉"行动和美国在中美洲的所有反叛乱努力。[18]

从发展主义到自由市场：保税工厂模式

在20世纪60和70年代，美国在中美洲的发展项目推动了外国资本对农产品出口的投资，并辅之以温和的改革。而在80年代，不论是国内还是国外的经济项目，里根强调的都是废除社会福利国家，支持私有化和自由市场至上，当地媒体称之为"洪都拉斯的里根经济学"[19]。尼加拉瓜的桑地诺革命以及危地马拉和萨尔瓦多的革命运动，都阻碍了里根在这些国家实现经济目标。相反，洪都拉斯被选为里根在中美洲经济发展模式的主要试验场。[20]

里根经济试验的其中一个方面是保税工厂自由贸易模式，这种模式鼓励中美洲国家成为美国劳动密集型产业低工资、低监管的避风港，以避免在美国国内因受到法规的限制而利润受限。1976年，洪都拉斯在科尔特斯港开设了第一个工业自由贸易区，并很快扩展到其他北部沿海城市。美国纳税人为这些工作岗位南流提供了资金。"美国国际开发署资助了道路建设、排水系统、建筑、交通运输和制造业的基础设施。然后，美国公司被招揽过来，他们要么直接投资建厂，要么通过承包商为他们经营工厂。"圣佩德罗苏拉"成了洪都拉斯的工业心脏"[21]。

"保税工厂和香蕉工厂的实质重叠非常明显，"阿德里安·佩恩（Adrienne Pine）写道。在北部沿海，"从早期联合果品公司时代起，港口和基础设施的使用就得到了改善和扩展，而这些都由纳税人来买单。"[22]

美国驻洪都拉斯大使内格罗蓬特不仅负责监督洪都拉斯在国外和国内的反叛乱行动，还着手推动那里的新自由主义经济议程。"内格罗蓬特在洪都拉斯的 12 个月任期里，行事颇为专横，"《新闻周刊》在 1982 年写道。

> 在罗伯托·苏阿索·科尔多瓦（Roberto Suazo Córdova）总统的就职典礼上……一名信使递给新领导人一封来自美国使馆、由［内格罗蓬特］起草的 4 页信函。信中鼓励尽快"振兴"经济，并以西班牙语的命令式，指示洪都拉斯政府采取 11 项具体行动，例如减少对采矿公司的税收并取消一些价格管控。政府忠实地执行了许多这些要求。内格罗蓬特的影响力稳步上升……"我不是说在这里发号施令的人，甚至是秘密行动的命令，都是由内格罗蓬特下达的，"一位西方知情人士说，"但那个人穿着内格罗蓬特的西装，吃着他的早餐。你明白我的意思吗？"[23]

从土地改革到反叛乱和毒品贩运：下阿瓜恩

20 世纪 70 年代的土地改革将下阿瓜恩的大量土地分配给了农民合作社。下阿瓜恩也是洪都拉斯陆军第 15 营的里奥克拉罗（Río Claro）军事基地所在地，是反叛乱行动的中心。1983 年春，美国绕过洪都拉斯的民选政府，直接与军方合作，在与里奥克拉罗基地接壤的地区建立了地区军事培训中心，用于训练数千名萨尔瓦多士兵和尼加拉瓜"康特拉"战士。本应分配给农民的 5000 多公顷土地被军方接管。军队的存在成为任何新兴的农民组织或抗议活动头上的一层阴霾。[24]

美国修建的小型机场和由美国资助的私人航空公司也产生了意想不到的影响：它们成为从哥伦比亚向美国运输可卡因和大麻的关键节点，而洪都拉斯的秘密基地则成了一个不可抗拒的中转点。美国缉毒局于 1981 年在洪都拉斯短暂开设了一个办事处。当这个办事处开始记录洪都拉斯军方广泛参与毒品贸易的情况时，它于 1983 年被突然关闭。[25]

"很显然，"美国参议院的一项调查后来总结道，"为'康特拉'提供支持的人参与了毒品交易，'康特拉'的供应网络被贩毒组织利用，一些成员也在知情的情况下接受了毒贩的资金和物质援助。在每个案例中，美国政府的某一机构都在事发之前或之后立即了解到了这一涉及贩毒的相关信息。"[26] 这些见不得光的行动有许多共同之处，而美国希望掩盖一个问题，也导致了它需要掩盖另一个问题。

20 世纪 90 年代的和平与暴力

20 世纪 90 年代，随着苏联的解体和中美洲和平条约的签订，洪都拉斯与其邻国一样，在美国眼中失去了作为反共棋子的价值，而其作为一个投资场所的重要性增加了。美国对洪都拉斯的军事援助从 20 世纪 80 年代中期数亿美元的高点下降到 1994 年的 53.2 万美元。洪都拉斯成立了自己的真相委员会，即国家人权保护委员会，并于 1993 年发布了题为《事实不言自明》（The Facts Speak for Themselves）的报告。随后不久，《巴尔的摩太阳报》对 316 营进行了调查。一些军事官员受到了起诉，尽管阿尔瓦雷斯仍享受着他的退休生活，还在迈阿密担任五角大楼的顾问。[27]洪都拉斯成立了一个新的警察部队，废除了义务兵役制。

但是，美国拒绝公布中央情报局在洪都拉斯的活动情况，且对被指控的军事官员实行大赦，这破坏了和平的回归。"那些实施人权侵犯、酷刑和处决而对社会构成威胁的人逍遥法外，这继续发出了一个明确的信息，即这些罪行在今天是可以被接受的。"阿德里安·佩恩指出。[28]约翰·内格罗蓬特在乔治·W. 布什总统任期内被授予多个高级外交政策职位，他的复出证实了这种大范围赦免的现象。

到 1998 年，洪都拉斯人权保护委员会报告称，行刑队的活动不仅仍在持续，而且自上世纪 80 年代以来显著增加。人权保护委员会报告说，"军方正在利用 80 年代仍然存在的行刑队结构进行社会清洗，主要目标不再是所谓的左翼分子，而是所谓的犯罪分子。"被结构性暴力边缘化的年轻人成了"街头清洗"的目标，"这是由来自同一社会阶层的人实施的，无论他们是使用军用子弹的帮派成员、士兵、私人保安还是警察。"[29]

2002 年，洪都拉斯开始了由鲁迪·朱利安尼（Rudy Giuliani）指导的零容忍打击犯罪战争。自 20 世纪 60 年代末以来，中美洲的反叛乱行动和多次打击犯罪战争之间存在着错综复杂的相互影响。在美国和中美洲，左翼的失败以及导致整个人口经济边缘化的结构性变化，都助长了暴力犯罪的激增。美国的反叛乱行动刺激了毒品交易，而毒品战争则在美国城市和中美洲爆发。美国在中美洲磨炼的军事和警务战术被带回了美国城市。[30] 在所有情况下，穷人和有色人种都被直接招募，或者在结构性力量的推动下，成为自己所在社区的暴力执行者。"虽然错不在他们，"佩恩总结道，"但如果没有穷人的积极共谋，国家就不可能像现在这样对他们造成如此严重的伤害。"[31]

20 世纪 90 年代的反改革运动

20 世纪 80 年代，洪都拉斯已经成为新自由主义议程的试验场，至 90 年代，这一由国际借贷机构推动的议程已在整个美洲大陆强制实施。洪都拉斯的北海岸成为这个国家新自由主义反改革的主要阵地，从而"引发了国家资源向洪都拉斯私营部门的大规模转移，北海岸的精英们获得了前所未有的进入全球市场、投资资本和政治权力的机会"。这两个"繁荣部门"分别是新的出口加工区和棕榈油产业，均位于洪都拉斯北部。[32]

20 世纪 70 年代的改革主义与 90 年代的新自由主义发生冲突的一个棘手领域是土地改革。世界银行彼时正在敦促进行一项反改革，要求打破集体土地所有权，将土地私有化。1992 年，洪都拉斯政府迫于压力，颁布了《农业现代化法》。政府还撤回了对合作社的信贷、培训和其他支持。

在下阿瓜恩地区，农民在 20 世纪 70 和 80 年代费力地开垦了被废弃的香蕉地。当附近的地区军事培训中心在 80 年代末关闭时，这里的土地非但没有归还给当地农民，反而被驻扎在那里的第 15 营的军官夺走了。渴望土地的精英阶层在这一地区看到了新的获利机会，在私人安全部队的支持下，他们展开了一场扩张运动以及针对农民活动家的恐怖运动。[33] 1992—1997 年，73 个合作社在那里出售或失去了数万公顷的土地，这使下阿瓜恩获得了"农业反改革之都"的称号。[34]

大部分土地都被米格尔·法库塞（Miguel Facussé）收购，用于他不断发展的棕榈油业务，法库塞在洪都拉斯精英阶层中地位稳固，与军方也保持了密切的关系。棕榈油被宣传为一种健康的选择（某种程度上并不真实），可以替代加工食品中的氢化反式脂肪，是一种对气候友好的生物燃料，棕榈油的全球市场因此蓬勃发展。20 世纪 90 年代，国际机构向法库塞和他的公司迪南提供贷款，以扩大棕榈油行业。随着农民被驱逐，已经在这一地区建立路线的关系网广泛的毒贩也扩大了他们的业务。[35]

土地反改革只是 20 世纪 90 年代一系列新自由主义结构调整措施中的一部分，这些措施被称为"一揽子立法方案"（el paquetazo），其中包括货币贬值和针对民众的紧缩措施，以及对外国投资、自由贸易区和保税加工厂的激励措施。

保税加工厂模式从 20 世纪 80 年代的首次实验到 90 年代迅速发展，主要集中在北部城市圣佩德罗苏拉及周边地区。到 1992 年，已有 50 家工厂雇佣了超过 2 万名工人。美国国际开发署的一家咨询公司预测，很快就会有近 300 家工厂，需要超过 10 万名工人，并建议吸引更多年轻妇女加入劳动力市场。美国国际开发署欣然指出，在农村地区，年仅 10 岁的女孩参加工作是很普遍的现象。国际开发署在几家工厂设立了家庭计划生育诊所，以帮助妇女避孕。[36] 在提供正式工作之前，雇主要求妇女进行为期两个月的试用期，然后进行妊娠测试。这一切都是为了避免支付洪都拉斯法律所规定的产假。[37]

到了 21 世纪，洪都拉斯已经成为美国第五大服装进口国，也是美国最大的棉袜和内衣进口国。2006 年，圣佩德罗苏拉的居民人口已经增长到 50 万，仅这一个城市就拥有 200 家工厂。但是，与洪都拉斯历史上的出口导向型增长政策一样，这种模式也容易受到经济衰退期间市场流失的影响，2008 年就发生了这种情况。即便没有经济衰退，这种模式也造成了洪都拉斯与其他低工资国家争夺以灵活性为前提的工厂的竞争。保税加工厂的就业人数在 2000 年达到顶峰后便开始下降，这一年，工人人数有 12.5 万。[38] 2011 年，圣佩德罗苏拉市创造了洪都拉斯三分之二的国内生产总值，但这更多地反映了 1998 年飓风"米奇"对洪都拉斯香蕉产业的破坏以及咖啡市场的崩溃，而不是保税加工业自身的繁荣。[39]

与大多数自然灾害一样，"米奇"对穷人的影响远大于富人。有 1.1 万人死亡，200 万人失去了家园。"米奇"对香蕉业的影响典型地表明了灾难如何加剧了不平等：公司能够利用这个机会转向非洲棕榈油生产，还能借机解雇许多加入工会的工人。[40]

"米奇"飓风之后，来自美国机构和非政府组织的发展援助纷至沓来。对"米奇"的响应加速了新自由主义议程的另一个方面：从国家主导的发展转向了私人和非政府组织主导的发展项目。

正如我们所见，国家主导的发展往往被强权者劫持，无法满足占人口大多数的穷人的需求。但至少，国家是众所周知的、看得见的机构，它在某种程度上对公众负责，且易受到民众压力或革命的影响。而非政府组织是私营机构，只对捐助者负责。它们将发展分割成单个项目，并把争取社会或结构性变革的运动，转化为国家应为所有人提供的服务的竞争。一项研究总结道："他们新获得的权力象征着洪都拉斯农村地区的去政治化进程。"20世纪70和80年代推动中美洲左翼运动的社会转型项目演变成了"去政治化的社会运动"，其重点是"特定族裔群体的文化权利和环境保护"，而不是更系统性的经济不平等或依赖性问题。[41]

洪都拉斯向左转：2006年

当曼努埃尔·塞拉亚在2006年当选总统时，他似乎完全融入了洪都拉斯精英主导的两党制度的主流。

在任期间，塞亚拉向左翼靠拢，与被称为拉美"粉红浪潮"的许多趋势相呼应，并直接挑战了上文所描述的新自由主义转向。在他的领导下，洪都拉斯与乌戈·查韦斯（Hugo Chávez）的委内瑞拉靠拢，加入了委内瑞拉支持的另一种拉丁美洲贸易集团和石油联盟。在国内，他提高了最低工资标准，支持小农的权利，反对国家港口、学校和公共事业的私有化。

一位作者称塞拉亚的最低工资立法"在洪都拉斯人中广受欢迎",是"几十年来首次真正系统的社会立法"。正因为如此,它"引发了一系列事件,导致了 2009 年 6 月 28 日的政变"[42]。对于美国及其在洪都拉斯军队和商业精英中的盟友来说,塞拉亚对他们支持并从中获利的经济模式构成了明显的威胁。

2009 年初,塞拉亚宣布,6 月的全民公决将决定是否在 11 月的选举中列入要求召开制宪会议的问题。从保守的哥伦比亚到革命的委内瑞拉,数个拉美国家在过去 20 年里都在民众的积极参与下制定了新宪法。"占这个国家人口多数的贫困群体认为……改写宪法是一种能使洪都拉斯变得更加公平所必要的系统性变革的开端。"[43] 右翼和军方声称,塞拉亚的目标是推翻宪法对连任的禁令,以便他可以连任第二个任期,他们誓言要阻止他。

2009 年政变

6 月全民公投前夕,军方拒绝分发选票。随着紧张局势的升级,洪都拉斯最高法院和国会站在了军方一边,6 月 28 日,士兵们冲进了塞拉亚的住所,将其逮捕,并把他送上了去往哥斯达黎加的飞机。国会主席罗伯托·米切莱蒂(Roberto Micheletti)宣布自己就任总统。

当洪都拉斯人走上街头抗议时,军方接管了国家。除美国之外,世界各国都在谴责这场政变,并呼吁恢复民选总统的职位。一周后,塞拉亚试图在联合国大会主席、尼加拉瓜人米格尔·德斯科托（Miguel D'Escoto）的陪同下飞回洪都拉斯。然而，军用车辆堵塞了机场的跑道，以阻止他的飞机降落，而数十万塞拉亚的支持者则挤满了周围的街道。

联合国和欧盟都谴责了这场政变，美洲国家组织也采取了同样的立场，并暂停了洪都拉斯的成员国资格。

相比之下，美国却竭力使政变合法化，并将塞拉亚排除出政治局势。时任美国国务卿的希拉里·克林顿后来写道："在塞拉亚离开后的几天里，我与西半球的同行进行了交流……我们制定了一项计划，以恢复洪都拉斯的秩序，并确保可以迅速且合法地举行自由公正的选举，这将使塞拉亚的问题变得不再重要。"[44]克林顿拒绝承认塞拉亚确实是被军方推翻的，这一做法确保了美国援助的继续流入。

达纳·弗兰克（Dana Frank）总结了一些证据，表明美国除了做出支持性反应这一事实外，很有可能事先就批准了此次政变：

> 将塞拉亚送往国外的飞机在索托卡诺空军基地停留加油，这是美国和洪都拉斯的联合空军基地……主持政变的6名高级将领中有4名曾在美洲学校①/西半球安全合作学院接受美国的训练……政变前一晚，洪都拉斯的高级军官参加了美国大使馆防务专员举办的聚会……驻洪都拉斯美军司令离开聚会，与罗密欧·巴格斯·贝拉斯克斯

---

① 全称为美国陆军美洲学校，是专门培训拉丁美洲军人的美国军事学校。其主要课程有：美国陆军理论、作战战术及各种反叛乱的技术等。而西半球安全合作学院的前身便是美国陆军美洲学校。

（Romeo Vásquez Velásquez）将军会面……第二天早上，贝拉斯克斯领导了政变。[45]

9月，塞拉亚终于秘密进入洪都拉斯，并于21日在巴西大使馆公开露面。由于新政府切断了大使馆的联系，并宣布再次进入紧急状态，塞拉亚在那里又待了几个月。10月30日，在美国发起的谈判下达成了一项协议，根据该协议，在洪都拉斯国会批准后，塞拉亚将复职并完成任期。由于国会没有批准，这一协议从未实现。

与此同时，奥巴马政府宣布，无论塞拉亚是否复职，美国都将尊重新选举的结果。仍在大使馆内的塞拉亚呼吁抵制选举。大多数国家都否认了军方控制下的11月选举的合法性，在此次选举中，洪都拉斯保守派国民党人——波菲里奥·洛沃（Porfirio "Pepe" Lobo）赢得了胜利。美国是唯一庆祝这一结果的国家。2010年1月底，塞拉亚最终离开大使馆，前往多米尼加共和国避难。

2010年2月，拉丁美洲国家拒绝承认洪都拉斯新政府并禁止其重新加入美洲国家组织，美国不顾反对的声音，推动三大国际金融机构——世界银行、美洲开发银行和国际货币基金组织，恢复对洪都拉斯的贷款。克林顿还宣布，自政变以来一直被搁置的3100万美元的美国援助也将恢复。[46]对于世界大国来说，这场政变及其承诺恢复的经济模式已经被合法化。

政变后的洪都拉斯

政变后,一系列狂热的新自由主义改革如火如荼地展开,试图撤销塞拉亚执政时期实施的保护措施,并将洪都拉斯打造成一个真正的投资者天堂。2010年9月颁布的一项就业法案规定了新的兼职和临时就业类别,在这些类别中,工人将不再受到现行劳动法或保护措施的保护。2011年通过的一项外国投资法案以"洪都拉斯为商业敞开大门"的口号,保证了投资者免受税收增加及诉讼的影响,并加快了审批程序。另一项法律削弱了洪都拉斯的教师工会,并为教育系统的私有化打开了大门。

对外国投资者来说,最具吸引力的邀请或许是示范城市项目,该项目将洪都拉斯的一些地区指定为就业和经济发展区,私人利益集团可以在这些地区建设整座城市,而不受洪都拉斯法律制度的约束。洪都拉斯最高法院曾裁定这一项目违反宪法,但在2012年底法院重组后又推翻了这一裁决。当地的阻力、腐败和国际社会的怀疑,使得这些城市建设未能立即实现。

政变发生的三年后,贫困率已达到66%,46%的洪都拉斯人生活在极端贫困之中。失业率几乎翻了一番,达到了14%,几乎一半的就业者收入低于最低工资标准。[47]

抗议活动经常受到暴力对待。"洪都拉斯安全部队……掌握了将[催泪]瓦斯罐用作致命武器的技巧,他们不仅对抗议者施压,还对与反抗运动有关的记者进行打压……国家镇压示威活动……除此之外，准军事人员和其他法外人员每天都在对各阶层的反对派进行无休止的死亡威胁、骚扰和殴打。"[48]

一系列新法律和特许权冲击了乡村地区，尤其是北部海岸的加里富纳社区。2013年的矿业法推翻了塞拉亚政府对新采矿特许权的禁令。随后在2015年又通过了一项法律，允许大规模商业捕捞更靠近海岸，这破坏了小规模渔业社区的利益，另一项旅游法促进了邮轮和酒店的发展。随着国内外资本涌入，海岸成为爆发激烈冲突的地方，村庄土地被征用以进行开发，旨在将整个海岸打造成一个"大型度假胜地"。下阿瓜恩的棕榈种植园和毒品走私活动的扩张也日益侵占加里富纳社区的土地。政变"为国家开始移交自然资源和自然公共产品提供了机会"，洪都拉斯黑人兄弟会组织的一位领导人解释道。[49]

2013年，一场有争议的舞弊选举以许多人所称的"技术政变"而告终，胡安·奥兰多·埃尔南德斯（Juan Orlando Hernández, JOH）于2014年1月就任总统。在他准备上任时，国会又通过了一系列法律，将国家电力能源公司和国营电话公司私有化，并实施了新的"一揽子措施"：冻结政府工资，并对基本商品征收额外的销售税。

次年，埃尔南德斯改革后的最高法院废除了宪法禁止连任的规定。在2017年11月举行的一场舞弊行为更加猖獗的选举之后，埃尔南德斯宣布获胜。美国迅速承认了他的胜选。与此同时，洪都拉斯全国爆发了大规模抗议活动，美洲国家组织呼吁进行新的选举，但未能成功。

贩毒和毒品战争

"一些评论家将洪都拉斯称为'失败的国家',"历史学家达纳·弗兰克写道,"因为法治已经完全崩溃,司法、警察和检察官都腐败不堪。但它并不是一个失败的国家。对于那些控制洪都拉斯的人——地主、毒贩、寡头、跨国公司、美国资助和训练的军队,以及为他们服务的腐败官员来说,国家运行得十分顺畅。"[50]

20世纪80年代,军事化、毒品走私、反叛乱和出口农业都已经在洪都拉斯北部沿海地区建立了存在。90年代,当地区军事培训中心关闭,法库塞的企业进驻后,打击毒品贩运成为进一步军事化的借口,而军事化反过来又保护并促进了毒品交易,由此,暴力事件不断升级。各种公共和私人安全力量通常与毒贩(其中许多人还与精英阶层有联系)合作,他们的目标往往是试图捍卫自己土地的农民。洪都拉斯报纸《先驱报》总结道:"这些公务员将国家赋予他们的权力、制服和武器用于为毒品交易与有组织犯罪的黑暗势力服务,在许多情况下,他们还得到了高层领导的共谋和纵容。"[51]根据达纳·弗兰克的说法,"这些帮派和毒贩接管了洪都拉斯日常生活的广泛领域,部分原因是统治政府的精英的允许,有时他们甚至从中获利"[52]。

弗兰克所说的"统治政府的精英"得到了美国的全力支持。记者道恩·佩利(Dawn Paley)将美国在洪都拉斯和其他地方"武装国家以打击毒品种植和走私的战略"定义为"毒品战争资本主义。""资助毒品战争非但没有阻止毒品流通，反而支持了一种确保跨国公司通过剥夺和恐怖手段获取资源的战略。"毒品战争允许"资本主义体系向新的或以前无法接触的领土和社会空间扩张"[53]。这种扩张及伴随而来的土地流失，进一步动员了农民，使他们在经济上更加绝望，从而也将青年推向帮派和毒品。毒品战争为美国的援助和军事化提供了正当理由，而这些援助和军事化在很大程度上被用来捍卫和实施以资本利益为目的的剥夺。

到了 2010 年代初，洪都拉斯成为世界上暴力最严重的国家。尽管其仍然居高不下的凶杀率从 2011 年的 8.7‰ 下降到 2018 年的 4‰，然而感到不安全的洪都拉斯人的比例却在 2018 年上升到了 90%，三人或更多人被杀的事件数量也急剧上升。政府高官和帮派参与大规模毒品贩运和勒索，有罪不罚现象依然严峻，尤其是那些高层官员仍然逍遥法外，这都加剧了广泛的不信任和不安全感。[54]

贫困和暴力密切相关：暴力施加了一种经济发展模式，这种模式使大部分人口陷入贫困，而由于缺乏工作或教育的机会，帮派和毒品交易就吸引了许多年轻人。尽管综合数据显示过去十年经济有所增长，但仍有 60% 的洪都拉斯人生活在贫困之中。[55]

下阿瓜恩地区的镇压活动

下阿瓜恩地区的争议揭示了资本主义、剥夺、抗议、军事化和毒品之间的联系。20世纪70年代，农民合作社获得了那里的土地，但他们在80年代被军队包围，又在90年代失去了大部分土地。到了90年代末，农民重振了他们的斗争传统，组织了阿瓜恩农民运动和阿瓜恩农民联合运动，开始了一场自下而上的土地改革，对国家的或被非法占有的土地进行"恢复"。塞拉亚总统开始与农民组织就土地流失和欺诈销售问题展开谈判。但政变推翻了这一切，农民组织日益面临暴力和镇压。一项研究总结道："政变后的政权对阿瓜恩地区土地冲突的回应是将这个地区军事化，并让土地所有者自行决定如何保护自己的财产。"[56]在接下来的十年间，下阿瓜恩成为"中美洲和平进程开启以来最大规模的行刑队杀戮现场"[57]。

土地改革的其中一个恢复项目是瓜达卢佩卡尼社区，这个社区以美国出生的耶稣会神父的名字命名，这位神父曾在20世纪70年代与土地改革社区合作。2010年秋，约1200名农民组织起来，开始在法库塞宣称拥有的前地区军事培训中心的土地上进行耕种。一些瓜达卢佩卡尼的居民几十年前就随着土地改革来到了阿瓜恩，另一些则是最近从"米奇"飓风中逃出来的难民。2010年11月15日，当一群人接近有争议的种植园时，全副武装的保安和军队成员开枪射击，造成5人死亡。[58]

2010—2014年，至少有150名下阿瓜恩的农民被杀害，因为他们的社区在法庭上或通过恢复行动争取合法的耕地权。[59]有些人是在类似上文所述的大屠杀中被杀害的，有些人则是被定点暗杀。2011年8月，军队永久占领了这个地区。"据报道，军队、警察和私人安全部队根据不同情况交换制服，乘坐警察巡逻车和非洲棕榈种植者雇佣的私人保安公司的汽车共同行动。"一项详尽的研究总结道。[60]

2009—2010 年，随着安全部队的规模扩大了四倍，社区内部的紧张局势也随之加剧。正如 20 世纪 80 年代经常发生的那样，"警卫和农民运动成员是邻居，甚至经常是亲戚"[61]。自 2013 年以来，紧张局势因一个巨大的露天铁矿开采项目的推进而进一步加剧，该项目不仅造成了污染，也使这一地区的军事化程度进一步加深。[62]

与此同时，维基解密和当地报纸揭露了有关法库塞与哥伦比亚毒品交易联系的报道。阿瓜恩山谷与沿海地区加里富纳社区的斗争，只是美国与控制毒品交易的势力结盟，以粉碎农民组织的众多手段之一，尽管美国正是以毒品战争为由，不断向这一地区提供军事援助。[63]

阿瓜恩之后：兰卡土著人民，水电站大坝及贝尔塔·卡塞雷斯遇害案

贝尔塔·卡塞雷斯（Berta Cáceres）出生于洪都拉斯西南部拉埃斯佩兰萨一个兰卡印第安活动家家庭。她的父亲曾两度担任该镇镇长，她的母亲曾在 20 世纪 70 和 80 年代与萨尔瓦多难民一起工作。贝尔塔是洪都拉斯人民和土著组织理事会的创始人之一。委员会为争取土地权的斗争，导致它不仅与农业企业，还与采矿和水电项目发生了冲突，这些项目越来越多地迫使农民和土著社区流离失所，并污染了社区赖以生存的土地和

水源。到 2020 年，洪都拉斯约 30％ 的领土被划定为采矿特许区。[64]

2006 年，一项由洪都拉斯和外国公司共同承建、由世界银行资助的新水坝项目威胁到了兰卡村庄里奥布兰科（Río Blanco）。委员会先是通过法院，然后是在联合国，组织了抗议活动。2013 年，他们开始直接采取行动，封锁了通往建筑工地的道路。随后，针对反水坝活动人士的威胁和暗杀行动开始了。

阿瓜恩的一位工会领袖指出了土著土地斗争和阿瓜恩斗争的相似之处。"它始于对组织和人员的定罪，"她解释道，"贝尔塔·卡塞雷斯也［遭遇了］同样的情况。这是同样的模式：定罪，通过社交媒体发动攻击，伪造档案，捏造新闻。"[65] 所有这些都创造了一种气氛，使维护外国投资者和地方精英利益的军事行动与镇压行为合法化。

兰卡的斗争是 21 世纪将土著权利与环境权利、环境正义与反殖民主义联系在一起的众多斗争之一。在气候变化的时代，这些斗争可以吸引全世界的目光，而这场斗争确实引起了广泛的关注。2015 年，卡塞雷斯获得了戈德曼环境奖（Goldman Environmental Prize），并与从美国众议院议长南希·佩洛西（Nancy Pelosi）到教皇方济各等名人会面。但是在 2016 年 3 月 2 日，她在拉埃斯佩兰萨的家中被枪杀。

"现在，洪都拉斯的每个人都知道，他们真的会杀掉任何人，无论这个人多么有名，"弗兰克写道，"整个反对派都不寒而栗。从那时起，任何挑战政权的人都成了行尸走肉。"[66] 其他暗杀洪都拉斯人民和土著组织理事会成员的事件也接踵而至。

美国国会审议了《贝尔塔·卡塞雷斯洪都拉斯人权法案》（HR 5474），这一法案直接效仿了 20 世纪 80 年代的《博兰修正案》，旨在削减对洪都拉斯的军事援助，并要求美国对国际贷款投反对票。与《博兰修正案》不同的是，这项法案并未获得通过，在美国公众中的知名度也相对较低。直到洪都拉斯人开始大规模逃离新自由主义的暴力残骸时，美国人才开始注意到这一问题。

美国的中美洲团结

在美国，团结组织不断激增，他们反对美国的政策，尤其是在罗纳德·里根担任总统期间。声援革命运动、姊妹城市、物质援助、教育代表团、教会运动和庇护运动共同合作或单独行动，来支持中美洲的权利与革命进程，以及美国支持的战争中的难民的权利，或者反对美国干预。

1987年，我首次来到中美洲。表面上，我是为了撰写学位论文，研究哥斯达黎加和尼加拉瓜大西洋沿岸美国香蕉种植园工人的生活。但我有一个强烈的隐秘目的，那就是弄清楚尼加拉瓜和它的革命到底发生了什么。

我并不孤单。20世纪80年代，成千上万的美国人（以及欧洲人、拉丁美洲人和其他地区的人）踏上了同样的旅程。我们对美国的政策和美国媒体关于中美洲的报道持怀疑态度；我们对听到的剥削、不平等和暴力的故事感到震惊；当我们听说普通人、穷人正在组织起来推翻压迫性的政府和经济结构，试图建立一种不同类型的社会时，我们深受鼓舞。

历史学家范·高斯（Van Gosse）写道："北美游客的浪

潮，先是到尼加拉瓜，[后来]又到萨尔瓦多，改变和催化了中美洲运动，这是其他任何运动都无法比拟的。"[1] 到了 20 世纪 80 年代末，数百个组织赞助了前往中美洲的团结和教育旅行，成千上万的美国人参与其中。[2]

20 世纪 80 年代初，当我在旧金山湾区生活时，那里充满了中美洲团结精神。我观看了旧金山默剧团表演的《韦韦特南戈最后的探戈》[3]。我签署了"抵抗誓言"，承诺如果美国入侵尼加拉瓜，我将参加全国范围内的大罢工。我利用自己的西班牙语技能为尼加拉瓜巡回演出的学生提供口译服务，向美国观众讲述他们的革命，并为伯克利免费诊所的志愿医生提供口译服务，他们与街角的东湾避难所盟约合作，为中美洲难民提供医疗服务。我陪同难民到东奥克兰的高地医院，为他们进行宣传和口译。我参加了伯克利姐妹城市圣安东尼奥洛斯兰乔斯（San Antonio Los Ranchos）在萨尔瓦多马蒂阵线控制区的讲座，并观看了关于危地马拉抵抗人口社区的电影。

伯克利是历史上激进主义的温床，距离旧金山的使命区和东奥克兰都很近，这两个地方是墨西哥移民以及越来越多的中美洲移民的聚集地。但即使是在美国各地不太可能出现中美洲团结活动的城镇，这些团结活动也在不断地酝酿。来自美国各地的尼加拉瓜侨民和好奇的游客每周都会在美国驻马那瓜大使馆前举行守夜活动，抗议美国对"康特拉"的支持。

在尼加拉瓜逗留期间，我在大西洋沿岸研究和文献中心的档案馆里花费了不少时日，收集了一些对我的论文并不太有用的文件和资料碎片。相比之下，对我的未来职业和政治意识来说，更有用的是我在马那瓜的日常生活经历——这个国家经历着第三世界贫困、革命和来自邻国、世界上最强大的国家的围攻。在巴塞罗那和加州大学伯克利分校学习西班牙语时，我对一些不知怎么被教科书遗漏的短语变得非常熟悉："se fue la luz"（停电了）和"no hay agua"（没有水）。我目睹了人们对改变自己国家的希望和热情。

最令人感动的经历之一，是前往马塔加尔帕与英雄和烈士的母亲们会面。我们一群美国人聆听了这些妇女讲述她们对革命的承诺，以及她们的孩子在国民警卫队或美国资助的"康特拉"武装手中丧生的故事。在倾听完她们令人心碎的故事之后，团队的成员问了一个我此后时常面对的，特别是当我在拉丁美洲演讲或率领代表团前往时面对的问题："我们能做些什么来帮助你们？"

当然，这些母亲以前肯定也听过这个问题，并有足够的时间来准备她们的答复。但她们的回答似乎发自内心，也直接地触动了我的心。"我们不需要你们的帮助，"其中一位母亲坚定地解释道，"我们需要你们回家去，改变你们政府的政策，这样我们就可以在不受你们干涉的情况下，在这里开展我们自己的革命。"

这是关于谦逊的一课，也是关于权力的一课。即使是最有政治觉悟的美国人，也倾向于认同保罗·法默（Paul Farmer）所说的"个人效力的神话"[4]。我们认为，自己拥有解决世界问题所需的知识、资源、技术、能力和动力。这种傲慢经常给我们的帝国梦想带来毁灭性的结果。

但是，母亲们的回答也是对我们重新认识权力的挑战。事实上，我们美国人确实拥有令人难以置信的权力。如果我们愿意或能够真正认识到我们所拥有的权力，认识到我们国家对遥远的、无形的、和（被我们）遗忘的人民所产生的影响，那么我们就是唯一能够改变这一切的人。然而，大多数时候，我们每天都在不知不觉、不假思索地利用我们的权力，默许或延续美国的外交政策。

在尼加拉瓜期间，我还学到了关于谦逊的另一课。在逗留期间的一段时间里，我在马那瓜一条平凡且无编号的中产阶级街道上租了一个房间，房东是一位有两个女儿的单身母亲。我称呼她为杰西卡（尼加拉瓜人和其他中美洲人给孩子起不寻常的名字或英文名字是很常见的）。她拥有一份全职工作，同时还得做饭、打扫卫生、独自抚养两个女儿。每周有几天，她的一个"小印第安朋友"会来到后院的水槽里手洗衣服。

对我来说，这种安排并不具有革命性，我对让"朋友"洗我的脏衣服感到不舒服。我拒绝把衣服给她，但当我外出时，她总是会在我的房间里找到这些衣服，并把它们干干净净、整整齐齐地还给我。我试图把它们藏起来，但没有成功，最后，我开始在她来之前的清晨大张旗鼓地自己洗衣服。最后，杰西卡找到了我。"你在家里也用手洗衣服吗？"她问。"当然不是，"我回答道。

"在那里我有一台洗衣机。""是谁，"她继续问，"制造了你的洗衣机？"

我不知道杰西卡是否还记得自己提出了这个问题，但它给我留下了深刻的印象。多年来，我听到有人以各种形式在各种场合上重复这个问题，我自己也在重复这个问题。我的乐施会马克杯上用西班牙语写着："你为咖啡支付的钱去了哪里？"（¿Adónde va el dinero que pagas por tu café?）一部关于沃尔玛的纪录片名为《低价背后的高昂代价》(The High Cost of a Low Price)。我自己也编辑了一本名为《哥伦比亚煤炭背后的人民》的书。

我认为，杰西卡的观点是，我们美国人是全球体系的一部分，在这个体系中，我们的舒适和特权是建立在对人类和自然的剥削之上的。而我们特权的一部分就是我们甚至不需要知道这一点。我们以为可以利用自己的特权地位去"帮助"那些比我们"不幸"的人，但是，我们对于创造了这种财富和他们的不幸的系统的运作，以及这两者是如何相互依存的却视而不见。在某种程度上，这与马塔加尔帕的母亲们提出的论点如出一辙。

保罗·法默在向他的传记作者特蕾西·基德（Tracy Kidder）回忆起带他的海地妻子第一次到巴黎的反应时，提供了回应杰西卡观点的另一个视角。"巴黎难道不是世界上最美丽的城市吗？"他问妻子。但妻子对巴黎的乐趣的反应却有些不同。"这种辉煌来自我祖先的苦难，"她评论道，这永久地动摇了法默对这座城市的看法。[5] 通过妻子的话，法默也面对了自己遗忘的特权。

在我访问尼加拉瓜十年后，我与法默和他的团队合作开展了一项关于结构调整和贫困人口健康的研究项目。20 世纪 90

年代，世界银行发起了结构调整计划，这些计划要求在中美洲和世界上其他债务缠身的国家，实施紧缩政策和削减社会服务。我们想调查的是，这些政策是如何影响到这些国家大多数穷人群体的日常生活，特别是在他们的健康方面产生了什么影响。

与此同时，我在新英格兰的一所知名的小型文理学院的一个系里任教。在一次部门会议上，系主席建议我们轮流发言，让每位教师详细介绍自己目前的研究项目。轮到我时，我解释说自己正在研究拉丁美洲的结构调整和贫困人口的健康问题。我的发言之后是尴尬的沉默。最后，一位同事问道："你所说的'结构调整'是什么意思？"其他人点头表示同意，于是我开始解释：结构调整指的是美国和国际金融机构强加于贫困且负债累累的第三世界国家的经济紧缩和政府开支削减计划——包括在医疗保健方面的削减。

我向一位朋友讲述了这件事，她当时是人类学专业的研究生，正在土耳其的一个小村庄做田野调查。她翻了个白眼。"在我工作的那个村子里，没有人会识字写字，但每个人都知道什么是结构调整！美国的大学教授怎么会不知道！"这再次说明了隐世与遗忘是如何起作用的。在舒适的家中和象牙塔里，教授们不必了解他们国家的政策是如何阻止地球上的大多数贫困人口获得基本医疗保健的。

直到20世纪80年代，中美洲的现实情况才短暂地更接近美国普通民众的认知。中美洲人，无论是在自己的国家还是在美国，都在努力唤醒美国公众对他们的斗争、革命，以及对美国通过赞助右翼和军政府，在他们国家中支持暴力、镇压、行刑队、失踪和酷刑的关注。中美洲的革命者认为，在世界上一些最贫困和最不平等的国家实现渐进式社会变革的最大障碍，正是美国政府。只有通过动员美国公众，他们才有希望对抗美国对其运动的残酷镇压。在与贫困人口的工作中变得激进的天主教会也成为官方暴力的受害者，这部分源于教会在中美洲为穷人所做的工作，这进一步引发了对宗教社区内外的关注。

革命事业中的青年激进主义和理想主义为其目标赢得了广泛的国际支持。在欧洲和第三世界，中美洲的革命似乎是希望的灯塔，吸引了极大的同情，而美国在那里的干预则遭到了广泛的谴责。在美国，里根试图激起反共情绪和一种自动假定美国外交政策是善意的本能的爱国主义。不过，有相当一部分人并不买账。国内反对美国政策的声音不一而足，从非政治性的人道主义，到对美国在支持行刑队、酷刑、屠杀和镇压中所扮演角色的恐惧，再到对中美洲革命项目的直接支持。

成千上万躲避危地马拉和萨尔瓦多暴力的难民开始涌入美国边境，他们的存在、行动和证词滋养了反对美国政策的力量。成千上万的普通美国公民特意前往革命的尼加拉瓜，目睹了革命和美国支持的"康特拉"战争的影响。书籍、音乐和电影也将战事带到了美国公众的视野中。

天主教会

美国天主教会通过玛利诺会和其他宗教团体与中美洲建立

了联系。1979 年，中美洲的美国传教士人数达到了顶峰，超过了 2000 人；到 20 世纪 80 年代初，已有近 4000 名美国宗教人士在中美洲服务过。[6] 其中许多人生活在农村地区，了解甚至参与了穷人的斗争，发展并接受了解放神学。

1977 年，时任天主教（耶稣会）学校乔治城大学校长的蒂莫西·S. 希利（Timothy S. Healy）前往萨尔瓦多，他回来后描述道："在富饶的土地上耕种的农民却饿死在那里"，"遥远而不在场的地主生活在一个安全和受保护的距离之外，他们把土地榨干，却不给土地或人民任何回馈。"[7] 希利与圣母大学校长以及马萨诸塞州的国会议员、神父罗伯特·卓南（Robert Drinan），是 20 世纪 70 年代最早挑战美国对中美洲政策的知名人士。1980 年和 1981 年，在萨尔瓦多发生的大主教罗梅罗和四位美国修女的谋杀案，进一步激起了教会的愤怒。在芝加哥，为应对这些谋杀案而成立了对萨尔瓦多宗教事务的特别工作组，这一工作组于 1982 年扩大了其名称和范围，成为芝加哥中美洲宗教事务特别工作组（Chicago Religious Task Force on Central America）。这个组织和其他宗教联盟以及个别教会在协调全国性的基层运动中发挥了关键作用，如"庇护运动"和"抵抗誓言"。

跨宗教组织：庇护所、和平见证、追求和平、抵抗誓言与分享

在民权运动和反越战运动期间出现的宗教信仰政治化的基

础上，几个重要的全国性组织在跨宗教组织中出现，而教会和跨宗教组织为这些新组织及其项目提供了重要的资金支持。

"庇护运动"发轫于亚利桑那州图森市的贵格会教徒，并可直接追溯到19世纪的废奴斗争和"地下铁路"①。[8] 这是公民反抗行为的典范：以良知为名挑战国家法律。当移民归化局驱逐逃离家乡恐怖和暴力的萨尔瓦多难民之时，图森市的贵格会教徒吉姆·科贝特（Jim Corbett）与这个城市的南区长老会教堂的牧师约翰·费伏（John Fife）合作，为难民提供了庇护所。起初，这个项目侧重于筹集保释金和提供法律援助，但随着问题的规模和性质变得越来越明显，项目转变为在教堂或教徒家中提供实际的庇护。1982年1月，在移民归化局的起诉威胁下，教会通过投票决定公开进行非暴力反抗，并呼吁全国各地已经在悄悄地从事庇护活动的教会加入他们。

随着数百个教会加入其中，还主动提供他们的设施或教会成员的住所，"庇护运动"的规模和范围迅速扩大。同时，关于中美洲局势导致人们逃离的教育和意识也提升了，这增强了运动的政治性，而非纯粹的人道主义性质。难民们成为主角而非受害者，他们的证词和行动推动教会与当地社区正视美国政策、革命和政治经济等问题。逾一半的难民经由图森重新安置在了洛杉矶，那里的难民包括"学生、劳工领袖、宗教代表以及其他因参与各自国家的政治活动而受到迫害的人"，洛杉矶

---

① 地下铁路是19世纪美国秘密路线网络和避难所，旨在帮助非裔奴隶逃往自由州和加拿大，得到废奴主义者及同情者的支持。

成了难民组织的中心。[9] 庇护教会和类似东湾避难所盟约组织起来提供基本需求，如医疗保健以及庇护所。

另一个创造性地使用非暴力直接行动的宗教团体是"见证和平"（Witness for Peace）。通过带领美国公民前往尼加拉瓜，并将他们置身于"康特拉"袭击的地区，"见证和平"组织希望能够拯救生命——因为"康特拉"看到村民中间有美国人时就会撤退；同时他们还在行动中展示团结，教育美国公民了解自己国家的政策所造成的影响，以便他们回家后能够积极努力地改变这种政策。鉴于里根的"康特拉"战争依赖于秘密性，因此公众对"康特拉"的残暴行径和革命的受欢迎程度了解得越多，美国对政策的辩解就越难以为继。1983—1990年，"见证和平"在尼加拉瓜长期驻扎，并带领数千名志愿者前往战区。战争结束后，"见证和平"组织继续留在尼加拉瓜，并将工作重点扩大到陪同受到威胁的人权活动家，将美国代表团带到中美洲其他地区、墨西哥、哥伦比亚、委内瑞拉、古巴。它的工作重点也扩大到强调美国的经济政策，如结构性调整、外国投资和大型项目，但其目标仍然是相互关联的：利用美国的存在保护拉美活动家，让美国公众亲眼见证美国有害政策的影响，并在美国国内推动对这些政策的抗议。

1976年成立的"奎克索特中心"（Quixote Center），是一个基于宗教的"多议题社会正义组织"，该组织于1985年扩展成立了"追求和平"（Quest for Peace），以声援尼加拉瓜革命。"追求和平"组织与位于马那瓜的耶稣会大学的若望二十三世社会正义研究所合作，通过筹集等额资金，来支持"康特拉"

暴力的受害者，从而挑战了美国对"康特拉"的援助。与"见证和平"一样，"奎克索特中心"在战争结束后也在不断发展，并继续与尼加拉瓜组织合作，为小农提供廉价住房和灌溉系统。[10]

尼加拉瓜宗教领袖与美国的宗教同行合作，以应对美国1983年对格林纳达的入侵，以及尼加拉瓜人对本国可能成为下一个入侵目标的担忧。激进的新教杂志《旅居者》（Sojourners）召集了一些宗教领袖，他们提出了"抵抗誓言"的想法，并在1984年的8月刊上发表了这一呼吁。[11]这一组织呼吁美国公民签署一份誓言，承诺他们将在美国入侵尼加拉瓜之时，采取大规模的非暴力反抗行动。"见证和平"网络和从尼加拉瓜归来的人构成了这一联络网的关键组成部分。一位组织者回忆说："我从未见过有什么像'抵抗誓言'那样迅速蔓延。"到1984年底，已有超过4万人签署了誓言，其中许多人参加了公民反抗的培训和行动。[12]到1985年底，已有8万人签署了誓言。[13]

1985年，当里根宣布对尼加拉瓜实施贸易禁运时，一万多人走上街头，在美国80个城市的抗议活动中，有超过2000名誓言签署者被捕。[14]在随后的几年中，从静坐示威到街头流动剧场，再到创造性的非暴力反抗的持续抗议活动，"抵抗誓言"参与了各种活动，以反对国会批准对"康特拉"和萨尔瓦多军队提供援助。

1987年底，"抵抗誓言"活动人士、越战退伍军人布莱恩·威尔森（Brian Willson）与一群退伍军人一起，在加利福尼亚北部通往康科德海军武器站的铁轨上，举行了为期40天的绝食和人墙封锁，以阻止装满武器的火车驶往港口，继而前往萨尔瓦多。一列火车非但没有停下，反而加速从威尔森身上碾过，轧断了他的双腿。在接下来的几天里，我是涌向该地区的抗议者之一，目睹了数十人赤手空拳拆毁铁轨的场面。我客厅的壁炉架上至今还保留着那天留下的一根生锈的铁钉。

另一个跨宗教组织——萨尔瓦多人道主义援助、救济和教育基金会，不仅回应了美国境内的难民，还特别关注萨尔瓦多内部和洪都拉斯难民营中的难民。洪都拉斯境内的许多难民来自政治动员的社区，他们曾在基层社区和（或）民间组织中组织起来，其中一些还与游击队有联系。这个组织强调宗教和人道主义的目标，但当面对萨尔瓦多的镇压时，它不可避免地变得政治化。它支持难民组织，并积极参与人口重新安置，在20世纪80年代末陪同难民返回叛军控制区内的社区。[15]

尼加拉瓜外交部长（同时也是玛利诺神父）米格尔·德埃斯科托（Miguel D'Escoto）解释了这种基于信仰的组织活动在美国的重要性：

> 里根需要在美国国内创造条件来发动一场入侵……但他尚未成功说服美国人民……美国人民……是能够并且应该阻止里根的人。要做到这一点，最有效的行动就是那些正以勇敢、耐心和恒心开展的行动，即那些成千上万的男女已经对美国政府领导人的侵略性作出的"抵抗誓言"。他们正在用非暴力行动"抵制"暴力和恐怖主义政策……实现和平在很大程度上将取决于他们的非暴力行动，以及他们对这些行动至关重要的信念。[16]

声援萨尔瓦多人民委员会：声援萨尔瓦多革命

声援萨尔瓦多人民委员会（The Committee in Solidarity with the People of El Salvador，CISPES）与萨尔瓦多革命运动有着更紧密且独特的联系。与许多难民在1979年桑地诺民族解放阵线取得胜利后回国的尼加拉瓜情况不同，萨尔瓦多的流亡者留在了美国，他们的人数在20世纪80年代迅速增加。在萨尔瓦多，尽管组成游击队的不同党派与萨尔瓦多严格意义上的合法民众组织和工会有着密切联系，但武装组织——马蒂阵线，仍然是非法和秘密的。许多流亡者也与这些组织有联系。

与其他一些团结组织不同，声援萨尔瓦多人民委员会是一个明确的左翼组织。1980年初，当萨尔瓦多的民众组织联合成立革命民主阵线时，声援萨尔瓦多人民委员会立即联系了萨尔瓦多的流亡者和在美国的支持者。声援萨尔瓦多人民委员会将美国已建立的教会团体与更多的左翼和革命基层组织联合起来，共同支持萨尔瓦多的革命。[17]

对于声援萨尔瓦多人民委员会来说，与高度组织化和政治化的萨尔瓦多左翼合作，"声援被视为直接致力于对……革命过程的即时情况和长期动态的回应……声援组织本身最终被定义为战争中的另一个参与者，而美国或多或少是另一条战线。"[18]萨尔瓦多国内和美国的萨尔瓦多革命者都需要美国的支持者来推动美国政策的改变。经过运转良好的网络，关于埃尔莫佐特大屠杀等暴行的信息可以得到迅速传播，这一网络还可被动员起来，向国会、舆论和媒体施加压力，以反对美国的军事援助。[19]桑解阵也加入了类似的活动，以反对美国对"康特拉"的援助。

与桑解阵一样，马蒂阵线也欢迎来声援的美国旅行者一同见证和支持他们正在进行的革命，并在回国后动员起来反对美国的军事援助。20世纪80年代后半期，美国志愿者和游客前往马蒂阵线控制的社区以及革命中的尼加拉瓜。一些人，比如查尔斯·克莱门斯（在萨尔瓦多马蒂阵线控制区内工作的医生）和本杰明·林德（他在尼加拉瓜农村工作时被"康特拉"杀害），长期留在了当地。另一些人，比如诗人卡罗琳·福尔切（Carolyn Forché），则多次返回中美洲见证和记录当地的情况。

在埃尔莫佐特大屠杀之后，马蒂阵线利用教会网络联系上了美国记者。尽管这些记者并非出于对革命的政治支持，但他们能够记录美国政府有意掩盖的暴行，这使他们受到革命者的欢迎。声援萨尔瓦多人民委员会还邀请了萨尔瓦多的革命活动家到美国进行巡回演讲。

20世纪80年代后半期，美国－萨尔瓦多姊妹城市项目与萨尔瓦多的流离失所者基督教委员会合作，支持并陪同洪都拉斯难民营中的难民返回家园，重新安置他们的村庄，其中许多村庄位于曾多次遭受军队入侵和轰炸的马蒂阵线控制区。对许多萨尔瓦多人来说，重新安置是一个高度政治化的行动，旨在当地建立新的革命社会。在美国，姊妹城市运动长期以来一直是一种有意不涉及政治的民间外交形式。然而在20世纪80年代萨尔瓦多和尼加拉瓜的背景下，这种城市运动不仅变得政治化，还正面挑战了美国的反革命政策。

难民组织

在洛杉矶，难民活动家创建了具有强烈政治倾向的社会服务组织。"救援"（El Rescate）、中美洲难民中心（后来更名为中美洲资源中心，但保留其缩写CARECEN）、危地马拉信息中心、鲁提里奥之家（Casa Rutilio Grande）以及奥斯卡·罗梅罗诊所（Clínica Óscar Romero）——后两者以因激进主义而被暗杀的萨尔瓦多宗教人士命名——为移民者提供服务。后来，中美洲难民中心又在华盛顿特区、旧金山和其他城市建立了分支机构。在加利福尼亚的奥克兰，难民们组成了中美洲难民委员会。萨尔瓦多人构成了大多数这些组织的骨干，他们将革命观点融入社会服务中，主张中美洲人民有权决定自己在本国的命运，并谴责美国在中美洲的政策。

在美国国内，萨尔瓦多人和危地马拉人自称是难民，即使美国政府继续否认他们的难民身份。他们的主张和证词，甚至激励了那些不一定认同中美洲革命组织的人，让这些人也加入反对美国军事介入的更大规模的运动中来。这些难民提供了鲜活的证据，证明政府的战争主要是针对本国平民人口的镇压战争。

与尼加拉瓜革命团结一致

在索摩查政权的最后几年，流亡在美国多个城市的革命者们抗议美国对他们国家的镇压行为以及对索摩查独裁政权的支持。尼加拉瓜解放神学家埃内斯托·卡德纳尔（Ernesto Cardenal）是旧金山拉丁美洲艺术文化中心的创始人之一，该中心成为一个重要的组织枢纽。尼加拉瓜流亡者还出版了《桑地诺公报》（Gaceta Sandinista），以支持革命运动。

1979年革命胜利后，尼加拉瓜流亡者帮助成立了全国声援尼加拉瓜人民网络（National Network in Solidarity with the Nicaraguan People，NicaNet），以支持尼加拉瓜的扫盲运动，协调桑解阵官员的巡回演讲。许多流亡者在1979年革命胜利后返回家乡，帮助建设新尼加拉瓜。随着里根政府支持的"康特拉"战争不断升级，尼加拉瓜政府发出了寻求支援的呼吁，特别是呼吁美国公民来到尼加拉瓜见证革命。尼加拉瓜政府与在美国的支持者密切合作。

社会学家赫克托·佩拉（Héctor Perla）写道："桑地诺主义者相信，只有美国人才能阻止他们政府的侵略，如果让他们看到美国的政策对普通尼加拉瓜人的真实影响，他们就会这样做。"一位桑解阵官员解释说："团结运动是我们多方面抵抗策略的一个组成部分。"[20] 桑解阵把他们的日报《街垒》翻译成了一份英文国际周报，以在美国和其他地区发行。

在革命的尼加拉瓜生活和工作

除了"见证和平"之外，尼加拉瓜政府也欢迎团结旅游，成千上万的美国人、欧洲人和其他人前往尼加拉瓜工作与学习。[21]有数百人长期留了下来，以体验在革命社会中生活和做贡献。

在1983年进入1984年的冬季，第一支由600名美国人组成的工作队抵达尼加拉瓜，帮助采摘咖啡，许多人还自愿在因"康特拉"袭击而影响收成的地区工作。[22]除了咖啡队伍之外，个人和组织还提供特定的专业技能支持革命计划。成立于1983年的尼加拉瓜技术（TecNica），旨在招募技术熟练的志愿者，参与短期和长期的项目，为尼加拉瓜的基层组织提供专业知识。该组织"利用高技能的志愿者培训现在的和未来的农业工作者、教师、科学家、医生、医疗工作者、工程师、律师和管理人员"。[23]

本·林德就是这样一位志愿者。林德是一名来自俄勒冈州波特兰市的年轻机械工程师，当时他正在尼加拉瓜北部的埃尔库阿（El Cuá）和圣何塞德博凯（San José de Bocay）小镇上参与水力发电项目，这两个小镇都位于"康特拉"活动区域的腹地。1986年底，国会批准了向"康特拉"提供新的军事资金，"康特拉"从洪都拉斯基地发动的袭击也随之增加，彼时林德已经在埃尔库阿工作了近两年。1987年4月的一个早晨，林德和当地一个农业合作社的成员在前往圣何塞德博凯的途中遭到一群持有步枪与手榴弹的"康特拉"的袭击，林德当场死亡。

当时有大约 300 名美国志愿者在尼加拉瓜工作，其中 100 人在战区。林德遇袭事件只是进一步增强了他们对美国引发战争的厌恶和决心。"我们没有被吓倒，"一个团体在一份声明中写道，"相反，我们重申我们的决定，我们将与尼加拉瓜人民并肩作战，为和平与正义而奋斗。"《洛杉矶时报》写道："在战区的生活使他们将那里的普通尼加拉瓜人，甚至是那些憎恨桑地诺主义者的人，看作是在冲突中挣扎求生的英勇的人民，他们认为正是由于美国对'康特拉'的资金支持，这场冲突才不断持续。"[24]

在"科学为民"组织的支持下，波士顿地区的一批科学家于 1986 年前往尼加拉瓜，探讨与尼加拉瓜各大学建立"科学教育合作计划"的可能。"我们在第一次会议上感受到的活力和不拘一格，并不是［国家工程大学］所独有的，这在很大程度上说明了为什么世界各地有这么多人被吸引到尼加拉瓜工作，而且在很多情况下，甚至许多人选择长期定居。"一名与会者写道。在莱昂的医科大学，另一位与会者介绍了学生项目，研究课题涵盖了从流行病学到当地的毕业率等各种主题。他写道："给我留下的印象是，这是一个真正致力于为人民服务、由人民创造科学的研究方式。""科学为民"组织建立了"尼加拉瓜科学"项目，向尼加拉瓜的大学派遣教师，发放图书馆资料。随着美国培训和资助"酷刑者和强奸犯［以］摧毁尼加拉瓜自 1979 年以来所取得的宝贵成果"，"科学为民"组织解释道，"进步的美国人在促进与尼加拉瓜的和平合作中所起的作用从未如此重要。"[25]

危地马拉团结运动

与尼加拉瓜人或萨尔瓦多人相比,危地马拉人的革命基础较为落后,在美国支持下开展工作的组织能力也较弱。不过,危地马拉幅员辽阔,土著人口众多,因而吸引了更多学术界的关注。长期在危地马拉土著地区工作的人类学家拥有独特的地位,能够大声抗议他们所熟悉的社区所遭受的种族灭绝。同样,玛利诺修士们也出版、传播并抗议他们曾工作过的社区所遭受的暴力。玛利诺出版社奥比斯图书公司(Orbis Books)出版了关于解放神学,及其在中美洲的实践者和殉道者的重要著作。

在旧金山湾区,一群学者在1974年编辑了《危地马拉:即使在最艰难的时刻,胜利也在诞生》(Guatemala: And So Victory Is Born Even in the Bitterest Hours)一书,介绍了当地日益壮大的革命运动以及美国公司和美国政策带来的苦难。随后不久,危地马拉新闻与信息局(Guatemala News and Information Bureau, GNIB)成立。新闻与信息局会定期发布新闻简报,即《危地马拉报告》。1981年,新成立的团结委员会和危地马拉学者网络在华盛顿特区成立了"声援危地马拉团结网络"(Network in Solidarity with Guatemala, NISGUA),旨在向国会施压,终止美国对危地马拉军事政权和正在发生的种族灭绝的支持。[26]

在环形公路上组织起来：华盛顿拉丁美洲事务办公室与半球事务委员会

在智利，1974年，美国支持的政变推翻了萨尔瓦多·阿连德的民选社会主义政府，并开启了持续十多年的恐怖统治，同年，几个教会团体在此背景下建立了华盛顿拉丁美洲事务办公室（The Washington Office on Latin America，WOLA）。该组织写道："华盛顿拉丁美洲事务办公室的独特使命是将华盛顿的决策者与那些对数千起死亡、失踪、酷刑和不公正监禁情况有第一手了解的人联系起来，这些事件都发生在当时的独裁统治下。"[27]华盛顿拉丁美洲事务办公室的研究使其成为一个在华盛顿记录美国支持的危地马拉和萨尔瓦多政府以及尼加拉瓜"康特拉"人权侵犯的重要声音，它推动结束美国的军事援助和干预，并支持通过谈判解决中美洲问题。

于次年成立的半球事务委员会（The Council on Hemispheric Affairs，COHA）也得到了工会和宗教团体的支持，其主要关注的是新闻媒体。委员会的小团体定期发布"大量新闻稿"，试图提供另一种信息来源，以促进美国对拉丁美洲采取更"理性和建设性的政策"。[28]

劳工运动

冷战反共主义、对美国外交政策的忠诚以及清洗内部的左翼分子是美国二战后劳工运动的主要特点。越南战争期间，美国主要的劳工联合会——美国劳工联合会和产业工会联合会坚定支持战争，尽管个别工会，和许多工人反对战争。在中美洲，劳联－产联由美国自由劳工发展研究所代表，后者与美国国际开发署和其他政府机构密切合作，在维护现状的同时打压那里的左翼和革命运动。

20世纪80年代，美国自由劳工发展研究所通过罗纳德·里根新建立的国家民主基金会获得资金支持。虽然该基金会表面上是一个独立的非营利组织，但它完全是由联邦政府资助的，旨在通过资助对美国政治目标友好的组织来"促进民主"。[29] 在中美洲，民主基金会的主要目标是反叛乱：破坏革命政府和运动。因此，美国自由劳工发展研究所致力于推动反共产主义和反革命的工会。

劳联－产联的理论依据是，与工业界和政府结盟，促进资本主义经济增长最为符合美国工人的利益。如果企业和生产增长，就会有更多的利润可供分配，工人就会从中受益。任何威胁企业利润的行为最终都会损害工人的利益。有时，为保护系统而战，比在系统内为工人争取权利更为重要，更不用说去改变它了。

然而，在中美洲，与第三世界几乎所有地方一样，这一体系对贫困人口是如此的不公，以至于许多农村和城市工人以及他们的工会都希望从根本上改变这种体系。他们的工会呼吁进行土地改革，彻底重新分配国家的资源和政治权力。其中一些人是共产主义者，另一些人则是特立独行的社会主义者或激进的基督徒。但是，美国劳联－产联非但没有支持他们，反而与美国政府密切合作，给他们全部贴上"共产主义者"的标签，并支持那些决心镇压任何对其统治构成威胁的精英和政府。

虽然劳联－产联在1980年的竞选活动中反对里根和他的许多国内政策，但却全心全意地支持里根将中美洲革命归结为共产主义对美国安全的威胁的观点。劳联－产联主席莱恩·柯克兰（Lane Kirkland）于1983年参与了里根的两党基辛格委员会，联合会及其官员还普遍支持美国对尼加拉瓜的"康特拉"和萨尔瓦多的经济与军事援助。在中美洲，它支持反桑解阵革命工会，还支持萨尔瓦多政府的工会，反对这两个国家的左派和民族主义者。[30]

美国自由劳工发展研究所为拉美人开办的培训机构教导工会领导人如何远离政治，避免处理重大的社会问题，专注于生计问题或车间问题。这一组织为同意遵循其政治取向的工会提供资金和资源。它干预工会的内部政治，推动排斥激进主义的候选人和立场。它与美国大使馆、在拉丁美洲运营的美国跨国公司以及中央情报局密切合作，使美国自由劳工发展研究所在许多持批评态度的拉美人中，获得了"劳联里的中央情报局"的绰号。

一项研究将20世纪80年代的萨尔瓦多称为"也许是近期最臭名昭著的案例"，其中"美国自由劳工发展研究所的一批派系试图分裂激进劳工组织，从中剥离出更合作的成员，创建由美国控制的替代组织，然后将它们推广为萨尔瓦多劳工的真正代言人。结果，非美国自由劳工发展研究所的工会成员遭到暗杀、酷刑、任意逮捕和其他官方骚扰，这是一个悲剧性的例子，说明劳联一产联试图通过提拔'温和'工会成员，削弱那些它们认为易受到共产主义影响的人的策略所产生的影响"[31]。

在洪都拉斯，美国自由劳工发展研究所在20世纪60年代初帮助建立了温和的洪都拉斯全国农民协会，以对抗现有的激进的和隶属于共产主义者的农村工会。在尼加拉瓜，该协会支持了反桑地诺工会联盟联合会。美国自由劳工发展研究所将反桑地诺工会主义者带到美国和国际集会上，并出版了反革命报告。1983年，桑地诺政府将美国自由劳工发展研究所驱逐出境。[32]

劳联一产联领导层秘密制定了外交政策，而大多数成员并未参与其中，也并不知情。1981年，一群持不同政见的劳联一产联工会主席成立了"支持萨尔瓦多民主和人权全国劳工委员会"，以推动工会在外交政策方面发出不同的声音，更多地支持萨尔瓦多工人和农民的斗争。到1985年，全国劳工委员会成员的工会代表了半数以上的工会工人。委员会公开游说结束对萨尔瓦多和"康特拉"的军事援助，停止干预中美洲，同时在劳联一产联内部推动改变联合会的立场。委员会与更广泛的团结运动一致认为，中美洲的战争具有其国内原因，不应以冷战的视角来看待。

有两类工会对美国劳联一产联的冷战僵化批评最为激烈：一类是制造业工会，他们开始认识到，第三世界的反共劳工镇压为美国工厂迁往那里创造了成熟的条件；另一类是公共部门工会，他们看到了军费开支如何消减了那些雇用他们的国内项目。[33]随着20世纪90年代的和平条约和紧缩计划将更多的美国工厂吸引到拉丁美洲,以及私有化和紧缩政策进一步削弱了美国国内的工会,这些担忧也在日益增加。1995年,劳联－产联解散了美国自由劳工发展研究所,并部分否定了其目标。取而代之的新团结中心承诺采取更进步的立场,以支持拉美各政治派别的工会。

约在同一时间,劳联－产联放弃了长期以来的反移民立场,并发誓要把低工资的移民工人组织起来。然而,团结中心继续依赖美国政府的资助,劳联－产联也不愿公开美国自由劳工发展研究所过往活动的档案,这使得一些拉美人对变革的深度仍保持怀疑。

书籍、音乐和电影

各种媒体的大量报道有助于提高美国公众对中美洲穷人斗争的认识——他们鼓舞人心的组织和革命,以及那里的政府和行刑队的暴力与镇压的残酷。目击者的描述、证词、学术分析、照片、纪录片和长故事片,以及革命音乐,都将中美洲真实情况的方方面面带入了美国人民的日常生活。

《华盛顿邮报》和《纽约时报》的读者通过记者阿尔玛·吉列莫普列托和雷蒙德·邦纳勇敢的目击报道,得知了埃尔莫佐特大屠杀的情况。邦纳于1985年出版的《软弱与欺骗:美国政策与萨尔瓦多》(*Weakness and Deceit: U. S. Policy and El Salvador*)一书,与20世纪80年代的一系列图书一起,向美国公众展示了中美洲和美国政策的现实。其他值得注意的出版物包括里戈贝塔·门楚的《我，里戈贝塔·门楚》，沃尔特·拉费伯尔的《不可避免的革命》(*Inevitable Revolutions*)，马克·丹纳的《埃尔莫佐特大屠杀》(*Massacre at El Mozote*)，诺姆·乔姆斯基（Noam Chomsky）的《扭转局势》(*Turning the Tide*)，理查德·怀特（Richard White）的《沼泽》(*The Morass*)，罗伯特·阿姆斯特朗（Robert Armstrong）和珍妮特·申克（Janet Shenk）的《萨尔瓦多：革命的面貌》(*El Salvador: The Face of Revolution*)，霍利·斯克拉（Holly Sklar）的《华盛顿对尼加拉瓜的战争》(*Washington's War on Nicaragua*)，玛格丽特·兰德尔（Margaret Randall）和琳达·扬兹（Lynda Yanz）的《桑地诺的女儿们》(*Sandino's Daughters*)，罗伯特·帕斯特（Robert Pastor）的《注定重蹈覆辙》(*Condemned to Repetition*)和里德·布罗迪（Reed Brody）的《尼加拉瓜的"康特拉"恐怖》(*Contra Terror in Nicaragua*)。美国观察和国际特赦等组织发布的大量人权报告提供了进一步的文献资料。成立于1975年的小型出版社——街石出版社（Curbstone Press）旨在出版促进"人权、社会正义和跨文化理解"的文学作品——重点推荐了中美洲革命作家的作品。该出版社的书目包括萨尔瓦多诗人罗克·道尔顿的几卷诗集，以及他与革命领袖米格尔·马莫尔（Miguel Mármol）的合作撰写的证词。[34]

让-玛丽·西蒙（Jean-Marie Simon）在《危地马拉：永恒的春天，永恒的暴政》(*Guatemala: Eternal Spring, Eternal Tyranny*)一书中拍摄的照片令人震撼，从被军队占领的土著村庄到奄奄一息的儿童，再到勇敢的抗议活动，她捕捉到了危地马拉战争的惊人面貌。苏珊·梅塞拉斯则记录了1979年桑地诺革命胜利之前的最后一年里尼加拉瓜发生的激烈战斗。[35]

纪录片也让美国公众与中美洲的距离拉近。《萨尔瓦多：另一个越南》(*El Salvador: Another Vietnam*)（格伦·西尔伯和特特·瓦斯康塞洛斯，1981）详细描述了美国越来越多地介入萨尔瓦多的情况。1982年出版的《十二月的玫瑰》(*Roses in December*)记录了在萨尔瓦多遇害的四位美国女教士的生活和死亡，而《罗梅罗》(*Romero*)（约翰·杜根，1982）则记述了罗梅罗大主教的生死。《当群山颤抖》(*When the Mountains Tremble*)（纽顿·托马斯·西格尔和帕梅拉·耶茨，1983）将美国观众带入了危地马拉军队对危地马拉玛雅村庄采取焦土政策的漩涡。《房中满是烟》(*The Houses Are Full of Smoke*)（1987）聚焦危地马拉、萨尔瓦多和尼加拉瓜三个部分，放大了中美洲革命参与者的声音。《玛丽亚的故事：萨尔瓦多内战中爱与生存的纪录片》(*María's Story: A Documentary Portrait of Love and Survival in El Salvador's Civil War*)（莫诺纳·瓦利和帕梅拉·科恩，1991）让法拉本多·马蒂民族解放阵线领袖玛丽亚·塞拉诺（María Serrano）直接向美国观众发表讲话。故事片《北方》(*El Norte*)（格雷戈里·纳瓦，1983）吸引了大量的美国观众，该片讲述了两名年轻的危地马拉土著，在他们的父亲因组织工会而被行刑队暗杀后，逃离他们的高原村庄，作为无证难民在洛杉矶生存的斗争故事。

透视中美洲团结运动

中美洲团结运动在某种程度上是一个独特的历史现象。美国参与的每一场对外战争,甚至包括世界大战,都有一些人反对美国的介入。在中美洲战争之前,就有大批民众动员起来,试图结束美国在越南的战争。后来,又有相对少数的人反对伊拉克战争、阿富汗战争和其他战争。但在20世纪80年代,反战运动深植于与美国在中美洲所谓的"敌人"建立的团结和联系之中。赫克托·佩拉挑战了那些将团结运动仅视为美国现象的人,而将其描述为"美国和中美洲公民为共同目标而携手开展的跨国社会运动"。[36]这是一场反战运动,但更重要的是,这是一场声援中美洲人以及他们为正义而斗争的运动。

第三部分

扼杀希望

和平协定和新自由主义

　　20世纪90年代的和平协定为中美洲融入快速全球化的经济奠定了基础，与此同时，社会服务遭到大幅削减，而新形式的出口导向型农业、工业和大型采掘项目蓬勃发展。这种经济发展模式加强了国际联系，鼓励了移民，即使它同时造成了绝望和不稳定——这些消极的后果也导致了移民。尽管投资者对此欢呼雀跃，但帮派的崛起（部分原因是美国帮派成员被驱逐到中美洲）、贩毒和暴力活动加剧了这场危机。

　　20世纪80年代被称为拉丁美洲经济发展"失去的十年"。在20世纪60和70年代向银行与国际贷款机构欠下巨额债务后，拉丁美洲面临着利率飙升、汇率恶化（这意味着当地货币相对于偿还贷款所需的美元发生贬值）和出口价格下降的问题。1982年墨西哥债务违约后，国际机构接管了整个经济体，要求各国遵循国际货币基金组织的结构调整计划，该计划将债务偿还置于社会发展的目标之上。各国政府被迫削减社会支出和收缩社会保障网络，并优先考虑吸引外国投资者以促进经济增长。

20世纪90年代初中美洲战争的结束标志着激进动员和再分配计划的失败。游击队放下武器，进入了基于选举、妥协以及经常性腐败的有组织的政治领域。基于更狭隘身份和目标的"新社会运动"兴起了。[1] 社会主义和革命团结让位于与国际法院和机构、非政府和私人援助组织之间更加等级森严的关系。对此类关系的依赖促使当地组织以更能吸引关注和资金的方式来制定其目标。

20世纪80年代开始的一个相关转变是天主教会的衰落和福音派新教的兴起。天主教会与解放神学和革命的联系使其追随者在萨尔瓦多与危地马拉容易受到严厉的镇压。福音派教会因与奥利弗·诺斯（Oliver North）和埃夫拉因·里奥斯·蒙特（Efraín Ríos Montt）等极右翼人物存在联系，而成为一个可能更为安全的选择。福音派以与解放神学不同的方式挑战了当地的等级制度和权威。通过强调个人与上帝的关系，并至少体现一种表面上的平等主义，他们为农村社区的机构、等级制度和义务提供了另一种选择。他们的禁酒令也对饱受酗酒问题困扰的社区产生了强烈的吸引力。

1990年，美国支持的反桑解阵候选人维奥莱塔·查莫罗在尼加拉瓜当选，萨尔瓦多和危地马拉分别于1992年和1996年签署和平协议，这些都使得中美洲战争告一段落。桑地诺革命带来的一些结构性变化得以保留，这使得尼加拉瓜在20世纪90年代的新自由主义实验与危地马拉、萨尔瓦多和洪都拉斯随后发生的同类型实验截然不同。在除洪都拉斯外的所有国家，正式的民主机构，包括国际监督下的定期选举，都被证明是持

维奥莱塔·查莫罗（右四），又称查莫罗夫人，是拉美第一位在大选中击败男性候选人而当选的女性政治家。

久的。但贫困、土地斗争和暴力问题并没有随着正式和平协议的签署而得以解决。

第二部分的"洪都拉斯"一章追溯了本章所述的时间段内洪都拉斯发生的事件和问题。因此，本章没有关于洪都拉斯的单独部分，但我会在相关的地方标注联系。

中美洲的新自由主义

尼加拉瓜、萨尔瓦多和危地马拉带着社会和经济遭受战争破坏的伤痕进入了 20 世纪 90 年代。大部分破坏是由美国及其对破坏基础设施、公共服务和生计的武装势力的军事"援助"

190 所造成的。然而，这些国家没有得到重建所需的巨额赔款，而是走向了结构调整和新自由主义。

"新自由主义"一词，指的是一种直接与20世纪80年代的革命目标截然相反的政治、经济和社会哲学以及一系列政策。在经济领域，新自由主义呼吁私有化、放松管制、削减国家支出和公共服务、采取紧缩措施以及吸引外国资本。国家的目标是确保投资者能获得最佳条件，而不是提供社会福利或社会正义。被视为社会组织的基础是个人在市场上的竞争，而不是在社会中的团结。

非政府组织纷纷介入，通过大大小小的经济发展项目来填补国家留下的空白。非政府组织主导的发展成为那些贫困的、受国际经济力量和贷款机构强加的规则摆布，并致力于紧缩政策的政府的首选解决方案。但非政府组织项目可能非常不民主，它们只响应私人捐助者而非当地社区的目标和需求，并且在这个过程中助长了竞争和荫庇关系。

在政治领域，新自由主义推动了权力下放、地方自治和形式民主。政治激进主义将被引入正式选举中。权力下放举措赋予地方政府、地方文化和少数民族更大的认可和自主权。但这是一种"没有资源的自治"，无法解决导致这些社区被边缘化的更宏观的结构问题。[2]

新的投资被视为经济发展的关键。为了吸引这种投资，中美洲各国政府必须保持低工资和低税收。他们本应创造的"有利的投资环境"削弱了对外国公司在环境和其他方面的监管。国际贷款也是以此类政策改革为条件的。民众组织和反对这种经济模式的抗议活动经常遭遇暴力对待。

中美洲传统的农产品出口作物，尤其是咖啡，其重要性逐渐减弱。1962年的一份《国际咖啡协定》（International Coffee Agreement，ICA）创建了配额制度，使得咖啡生产商可以避免因商品大量涌入市场所导致的价格下跌。但《国际咖啡协定》与美国向拉丁美洲推行的自由市场原教旨主义相矛盾。1989年，当美国撤回对这份协议的支持时，该协议就崩溃了，不出所料，咖啡价格也随之跳水。

一些新兴经济部门在新自由主义体制下蓬勃发展：保税工厂、非传统农产品出口、旅游业、采矿业和大型项目。与之相对应的是国际毒品贸易、侨汇的增长，以及银行和金融部门的扩张。这些合法、非法和半合法的经济发展模式既是对中美洲社会深层结构性问题的应对，也加剧了这些问题。它们共同助长了不平等、腐败、暴力以及战争结束后的人口外流。

新自由主义时代盛行的自由贸易意识形态以提倡资本自由流动但限制劳动力流动而闻名。自由贸易协定超越了国界，但新的壁垒和法律使得人们无法享有与资本相同的权利。在某种意义上，这是符合逻辑的：整个资本主义的历史就是一部驱逐、奴役、运输和管理工人的历史。资本的"自由"要求以工人的不自由作为代价。

新自由主义自由贸易倡导者没有预料到，或者至少没有承认，移民将在他们的经济模式中发挥关键作用，尽管该模式将移民视为非法。

《中美洲自由贸易协定》和保税工厂行业

1994年北美自由贸易协定（North American Free Trade Agreement，NAFTA）生效后，克林顿政府（1992—2000）进一步推动一个美洲自由贸易区（Free Trade Area of the Americas，FTAA）的建立。"自由"这个词多少有点用词不当，因为这些协议虽然为企业投资者创造了"自由"，但对中美洲的工人和政府施加了类似于世界银行与国际货币基金组织所要求的限制。随着美洲自由贸易区在克林顿总统任期结束时脱轨，乔治·W.布什转而寻求一系列区域协定，包括2004年签署的《中美洲自由贸易协定》（Central America Free Trade Agreement，CAFTA，后来多米尼加共和国也加入该协定）。这一协议于2006—2009年得到各国批准（但遭到强烈的阻力，尤其是在哥斯达黎加）后生效。

近些年来，随着美国制造商利用和平、现有的福利和《中美洲自由贸易协定》的规定，将其劳动密集型生产转移到低工资、低监管的中美洲国家，保税工厂行业迅速发展。至2005—2006年，有44.2万名中美洲人在保税工厂行业工作，其中大部分在危地马拉和洪都拉斯，不过在萨尔瓦多和尼加拉瓜也分别有8万人和7.5万人。[3]

保税工厂的发展模式助长了"逐底竞争"，中美洲国家相互竞争，通过提供最低工资和最少监管来吸引企业。2005年之后，美国贸易配额制度的变化允许更多的亚洲进口产品进入市场，这进一步带来了工资下行的压力。当危地马拉在2006年提高最低工资时，保税工厂行业流失了3万个工作岗位。为了吸引工作岗位的回归,危地马拉通过了新的法律,允许公司雇用受到保护较少的兼职工人。一位美国贸易代表高兴地宣布:"这预计将为该行业带来重大利好。"[4]

在洪都拉斯,人们注意到"保税工厂业的增长与街头暴力、酒精和毒品消费水平的上升之间存在相关性",圣佩德罗苏拉(San Pedro Sula)的艾德丽安·派恩(Adrienne Pine)写道,这两种类型的社会病态在那里如雨后春笋般涌现。[5] 在萨尔瓦多,另一项研究总结道:《中美洲自由贸易协定》对移民具有重要的刺激作用。"尽管《中美洲自由贸易协定》的支持者承诺这项协定将创造就业,增加对中美洲的经济投资,并加强中美洲国家与美国之间的关系,但到目前为止,它只是加剧了不平等……通货膨胀加剧,就业机会减少,劳工权利恶化,社会福利项目投资减少。在这种情况下,人们到别处继续寻求生存也就不足为奇了。"[6]

和平进程、真相委员会和转型正义

因战争而四分五裂的国家必须找到某种方式来理解并接受所发生过的历史,特别是在危地马拉和萨尔瓦多,在这两个国家,大量人口被武装部队及其准军事盟友杀害。第二次世界大战后,纽伦堡审判旨在惩罚战争中的失败方,这些人被赶下台,他们的罪行得到广泛的认定和谴责。相比之下,真相,或真相与和解委员会往往是在没有明确的赢家或社会共识来谴责特定行为者或其组织或政府的情况下运作的。相反,犯罪者可能仍然继续掌权。

193　　真相委员会的目的不是惩罚,而是建立一种新的、对历史的共同理解。他们可能会对犯罪者给予轻刑或者豁免,以换取他们参与这一调查过程。他们的调查承认了战争罪、反人类罪和暴力受害者之前被压制的声音与经历。而调查的目标是治愈与和解。

国际转型正义中心解释说:

> 在毁灭性的冲突或镇压性政权之后,了解过去的真相不仅仅是迈向正义的重要一步,也是一项公认的人权,武装冲突和镇压的所有受害者与幸存者都有权享有这一权利……鉴于专制政权经常故意篡改历史并否认暴行,以便合法化自身,加剧不信任,甚至煽动新的暴力循环,维护这一权利便尤为重要。寻求真相有助于创造一种历史记录,从而防止这类操纵行为。[7]

因此,转型正义并不一定包括对有罪者的惩罚。

萨尔瓦多和危地马拉都设立了真相委员会,作为 1992 年(萨尔瓦多)和 1996 年(危地马拉)和平条约所承载的民族和解进程的一部分。当地武装同意对战时暴行进行全面、公正的调查。但他们也同意对犯下此类罪行的人进行大范围的特赦。在尼加拉瓜,查莫罗总统还批准对"康特拉"在战争期间犯下的罪行进行特赦,也没有成立真相委员会。

真相委员会的工作存在一些明显的缺失。因为他们关注的是战时罪行的直接肇事者,而忽视了各国寡头在建立和维持助长暴行的军事化体系中所发挥的作用。此外，美国在促进（和掩盖）战时权利侵犯行为方面的作用被完全排除在委员会的调查范围之外。这些委员会创建的历史纪录可以用来挑战美国在 20 世纪 80 年代"否认暴行"的企图。但新的纪录仍然允许美国"篡改历史"，以粉饰自己在犯罪中所扮演的角色，从而"甚至煽动新的暴力循环"。

尼加拉瓜

194

在尼加拉瓜，早在 1990 年桑解阵败选下台之前，革命的经济计划就已经开始崩溃。在反对派以及持续不断的经济压力和实际的战争压力下，桑解阵放弃了他们的革命经济目标，希望能够以此安抚美国，将资本留在国内，并吸引国际贷款。将更多资源分配到战场意味着学校和医院等社会项目根本无法获得多少资源。尽管"康特拉"在战场上失败了，但在某些方面，他们通过破坏革命的成果而赢得了这场战斗。

更引人注目的是，一些桑解阵领导人在离任前的几个月里公然滥用权力，尽可能地从公共部门掠夺财富，将其据为己有。维奥莱塔·查莫罗总统任期内，尼加拉瓜彻底投入了国际货币基金组织和世界银行的怀抱，不仅实施紧缩措施，削减公共服务，出售几乎整个公共部门，还推翻了先前的土地改革计划。查莫罗还撤回了尼加拉瓜向国际法院提起的针对美国的诉讼，以取悦美国支持者。查莫罗的继任者、前极右翼的马那瓜市长阿诺尔多·阿莱曼（Arnoldo Alemán）的社会和经济政策甚至更加严苛。

桑解阵在成为反对党后,内部出现了新的分歧。从桑解阵的军队到官方的《街垒》报纸,再到学校和公共卫生系统,这个政党与革命、国家及其机构紧密相连并交织在一起。在新的背景下,它又将如何运作?

正统派(Ortodoxos)围绕丹尼尔·奥尔特加和数十年战争期间形成的自上而下的政党结构与思维模式组织起来。革新派(Renovadores)则批评丹尼尔·奥尔特加,也批判党的集权化和自上而下的结构所带来的僵化,认为需要更多的内部民主来自我革新。在1994年召开的特别代表大会上,正统派占据了上风。一年后,革新派以桑地诺革新运动的名义从桑解阵中分裂出来。

对于构成桑解阵基础的许多农村和城市工人来说,对革命的忠诚就意味着对桑解阵的忠诚。一位分析人士指出,桑解阵内部中产阶级和知识分子支持者的逐步倒戈出人意料地实现了桑地诺本人在1930年的预言:"只有工人和农民会战斗到底。"另一种解释则称桑地诺革新运动"无法击破他们在20世纪70和80年代帮助建立的团结之墙:对桑解阵的任何攻击都是对革命以及对尼加拉瓜人民来说神圣的一切的攻击"[8]。

2006年,丹尼尔·奥尔特加再次竞选总统,他的政治纲领被称为"新桑地诺主义"。通过最高法院的操纵,他在2011年和2016年两次成功连任,在这两次选举中,他的得票数和百分比均有所增加。奥尔特加的小规模但仍有意义的扶贫计划取代了重大社会转型的构想,受到了广泛的欢迎。一些人批评这不过是复制了索摩查家族自上而下的庇护关系。独裁统治、腐败和经济不平等对尼加拉瓜人来说并不是什么新鲜事。1998年，奥尔特加的继女指控奥尔特加多年来对她进行性虐待，而奥尔特加的妻子罗萨里奥·穆里略（Rosario Murillo）在2016年作为他的竞选伙伴出现，更加剧了人们对他个人主义统治风格的批评。然而，奥尔特加在2016年仍以超过70%的选票胜选。

作为乌戈·查韦斯在拉丁美洲创建21世纪社会主义的努力的一部分，尼加拉瓜受益于查韦斯领导下石油资源丰富的委内瑞拉的大量援助。然而，由于尼加拉瓜的贫困和低工资、紧缩措施和经济激励措施，以及该国的安全性和与邻国相比较低的犯罪和暴力水平，私营部门和外国投资也蓬勃发展。十多年来，新桑地诺主义统治下的尼加拉瓜似乎是一个社会和经济的"成功故事"[9]。

委内瑞拉在21世纪10年代中期的崩溃削弱了新桑地诺主义经济稳定的一个来源。2018年4月，奥尔特加宣布了国际货币基金组织授权的新一轮紧缩措施，改革社会保障体系以削减福利并增加雇员和雇主缴款。当小规模抗议活动遭遇桑解阵警察的过度暴力时，抗议活动转而升级为大规模叛乱。政府军和桑解阵的武装支持者针对抗议者的暴力不断升级，造成数百人死亡。但抗议活动有增无减。一些活动针对历史性的革命纪念碑和象征；有些人则宣称"奥尔特加和索摩查，都是一回事"[10]。

一些人指出了尼加拉瓜革命失败的不同时刻：1990年桑解阵败选、桑解阵内部的分裂、丹尼尔·奥尔特加的新桑地诺主义，或是对2018年抗议活动的暴力回应。然而，尽管1990年后的努力拆解了革命的一些关键成就，尽管革命主义的壁画和艺术被抹去，尽管尼加拉瓜近几十年来张开双臂欢迎保税工厂和大型项目，但很明显，革命的遗产仍然深刻地塑造着尼加拉瓜的历史。最近的一些研究表明，也许这场革命最持久的遗产是"一种能动性""积极参与的承诺"以及"相信（公民）有能力影响那些塑造他们的生活和社会的力量"[11]。

萨尔瓦多

在萨尔瓦多，马蒂阵线以强势立场与政府展开和平谈判。游击队占领了这个国家很大一部分的领土，并建立了类似国家的机构，包括医疗保健和教育系统，甚至还有一个广播电台，该电台已成为萨尔瓦多最值得信赖的信息来源。马蒂阵线通过团结组织、志愿者、友好城市关系和物质援助获得了强大的国际政治与物质支持。

1992年签署的协议规定了马蒂阵线的去武装化，以及它作为一个政党的合法化。深入的民主化和选举改革将允许地方和国家层面的充分参与。军队被裁减并被置于文职政府的管辖之下，司法系统得到加强。从政治上来看，这些协议似乎承诺带来深远的变革。

真相委员会

这些协议呼吁成立一个由联合国资助的真相委员会，以调查战争罪和侵犯人权行为。真相委员会调查了2.2万起案件，其中1993年的报告得出结论,认为国家和国家支持的安全部队应对85%的违法行为负责,其中包括暗杀罗梅罗大主教和埃尔莫佐特大屠杀。[12]仅5天后,民族主义共和联盟主导的立法机构就通过了一项全面的特赦法,明确了转型正义的局限性,特赦法禁止对战争期间犯下的罪行进行任何起诉,也禁止对受害者的索赔进行任何司法调查。

马蒂阵线在对受害者的承诺、在微妙的谈判中进行妥协以及保护自己的成员免遭起诉的自身利益之间左右为难,最终,他们不再呼吁追究责任,转而支持特赦。特赦意味着酷刑、屠杀、失踪和其他罪行的幸存者得不到任何赔偿,也无法追究责任人。尽管一些民众组织和受害者呼吁正义和真相,但他们没能参与谈判。

真相委员会工作中另一个明显的缺失是,它抹去了美国在萨尔瓦多煽动、训练和武装肇事者中所发挥的作用。这也助长了有罪不罚的风气。一位曾参与萨尔瓦多战后司法改革的美国律师表示,立法上的有罪不罚现象和未能重塑萨尔瓦多司法系统,是自20世纪90年代以来一直困扰这个国家的街头犯罪和有组织犯罪激增的主要因素。[13]

土地与经济

萨尔瓦多的协议未能实现经济上的转型。事实上,拉丁美洲新自由主义时代初期到来的和平为加剧而非消除该国深刻的结构性不平等奠定了基础。1989年掌权的极右翼政党民族主义共和联盟赢得了2009年之前的每一次选举,因此能够监督新自由主义政策在萨尔瓦多 20 年的实施。

战后时期的特点是紧缩政策、出口导向型工业化投资、市场化改革、移民外流和对侨汇的依赖等快速的经济转型。萨尔瓦多的穷人因 20 世纪中叶的现代化项目而流离失所、被排斥和剥削,他们是支持革命变革的支柱之一,但最终却被世纪末基于市场的新现代化边缘化。

战争结束时,83%的农业人口没有足够的土地以维持生计,52%的农业人口甚至根本没有土地。[14] 和平协议制定了一项计划,将土地转让给复员的政府士兵和马蒂阵线游击队,以及一些居住在冲突地区的非战斗人员——总共 4 万个家庭。但大部分土地质量较差,得到土地的人也几乎无法获得基础设施或信贷。实际上,20 世纪 90 年代,土地所有权的集中度总体上是有所增加的。[15]

在某些重要方面,农村贫困人口的处境甚至比战前还要糟糕。村庄和农场被遗弃与摧毁。许多原本身体健全的年轻男子以及少量的妇女被杀害,或带着残疾回到家中。家庭支离破碎,饱受创伤。旧的庇护关系可能是不公正的或剥削性的,但它们也在土地、工作或贷款方面提供了一种安全网。但这些关系在战争期间和战后也纷纷崩溃了。

在城市地区,新自由主义体现在公共部门的大规模裁员和基本政府服务的削减。20 世纪 90 年代中期,随着国有部门下岗工人进入非正式经济,小型家庭商店激增。"到处都有人推着新冰箱出售巧克力香蕉(覆盖有一层冷冻巧克力的香蕉),或者在由车库里的新烤架改造成的配有野餐桌的快餐店煎普普沙（一种国菜，填满肉、豆类和/或奶酪的厚玉米饼）。他们或是从北美垃圾场进口二手汽车零件，或是设法在众多新的非政府组织中找到某些工作，这些非政府组织参差不齐地履行着重新调整后的国家的某些职能。"[16]

萨尔瓦多的经济与美国的联系越来越紧密。2001年，萨尔瓦多采用美元作为官方货币，这意味着政府放弃了对货币政策的控制。它无法印制货币或调整利率。但美联储制定的政策针对的是美国的情况，很少考虑对萨尔瓦多的影响。

到1992年战争结束时，已有约25%的萨尔瓦多人口逃往美国。尽管移民在20世纪90年代有所减少，但每年仍有数以万计的人继续长途跋涉北上，到2017年，在美国的萨尔瓦多人口达到230万。[17]他们每年汇出超过10亿美元的资金，占萨尔瓦多国民总收入的10%，是咖啡出口带来的收入的两倍。[18]侨汇的增长填补了政府服务萎靡留下的缺口，作为新自由主义硬币的两面，这也敦促个人承担起集体责任。[19]

萨尔瓦多也是西半球凶杀案和暴力犯罪最多的国家（直到21世纪10年代被洪都拉斯超过）。每年6000至7000起谋杀案所造成的死亡人数超过了大部分战争年代的死亡人数。[20]

整个社会的治安和司法资金不足、效率低下，加剧了从特赦开始的有罪不罚现象。新自由主义思想开始渗透到安全理念中。到1996年，接受调查的萨尔瓦多人中，有45%的人表示，他们相信人们有权将正义掌握在自己手中，因为国家无法提供安全保障，他们还支持武装义警和行刑队进行"社会净化"。一年后，认同这一观点的比例超过了50%。[21]

政治与法拉本多·马蒂民族解放阵线

在许多城市，复员的马蒂阵线在 20 世纪 90 年代赢得了地方选举。但由于中央政府掌握在民族主义共和联盟手中，并且实行了财政紧缩，地方政府几乎没有能力开展社会变革或改善穷人的状况。两位历史学家认为，马蒂阵线"接受社会经济现状是为了获得国家合法性和组织稳定，这直接导致了政治资本的浪费"[22]。研究员拉尔夫·斯普伦克尔（Ralph Sprenkels）指出，党内成员对许多在复员过程中获益的领导人以及革命所激发的希望和团结感到"后起义幻灭"，这些希望和团结在新秩序中似乎崩溃了。[23]他认为："革命武装斗争在参与者中产生了强烈的期望，而战后留存的革命运动很难满足这些期望。"[24]

随着马蒂阵线向正式政党转型，"激进革命的政治文化"本身创造了新形式的庇护主义。庇护主义深深植根于拉丁美洲的政治文化，并带有特殊的后革命时代转折。与尼加拉瓜的桑解阵一样，"继承了激进的实践和想象，包括宗派主义和阴谋论思维，实际上有助于塑造庇护主义网络……武装斗争政治手段的关键要素可能已经融入了当代左翼政治中。"[25]

许多马蒂阵线干部完全脱离了政党政治，转而加入了 20 世纪 90 年代和 21 世纪第一个十年激增的左翼非政府组织。在那里，他们也应对了资源斗争的挑战和庇护主义的诱惑。[26]

掌权的法拉本多·马蒂民族解放阵线

尽管面临重重障碍，2009 年，马蒂阵线还是赢得了萨尔瓦多的全国大选，此时距离他们从游击队复员已过去了 17 年。这也是拉丁美洲游击队组织首次通过选举上台。[27]

与尼加拉瓜的桑解阵一样，马蒂阵线利用其历史上的革命合法性和身份以及新的庇护网络来获得选举支持。但也正如在尼加拉瓜一样，"可供分配的国家资源稀缺……使得这些战后的庇护关系相对不稳定和脆弱。考虑到这些政治发展反映了革命武装斗争的愿景和牺牲，许多前萨尔瓦多叛乱分子对他们所看到的战后公共资源的争夺表示遗憾，但很少有人能够置身事外。"[28]

尽管如此，马蒂阵线政府还是成功地推动了一些重要的政策改革，并保持了足够的民众支持，从而在 2014 年第二次赢得总统职位。在马蒂阵线的领导下，萨尔瓦多削减了医疗保健和教育费用，并大幅扩大了其覆盖范围，促进了小规模农业的发展，通过了保障妇女和土著权利的立法，并成为拉丁美洲唯一禁止金属采矿的国家。不过马蒂阵线的项目还是因在立法机构中缺乏多数席位、来自美国的压力以及持续的高强度暴力而受到限制。2019 年，马蒂阵线输给了特立独行的候选人纳伊布·布克莱（Nayib Bukele），布克莱的竞选纲领被一位分析师称为"救世主式的后意识形态民粹主义"[29]。

人口复兴与新自由主义

20 世纪 80 年代和 90 年代发生的游击队控制区的人口回流创造了一个空间，在这个空间中，革命者试图实现新萨尔瓦多之梦，但遇到了多重障碍。无论是政府还是支持难民的国际非政府组织,对于帮助建设能够解决困扰萨尔瓦多北部数十年的贫困和孤立状态的基础设施都兴趣寥寥。美洲开发银行的一位官员解释说,他"不确定(银行)或任何其他机构是否应该投资鼓励人们留在莫拉桑的项目"[30]。

在莫拉桑省的塞贡多·蒙特斯城(Ciudad Segundo Montes)重新安置十年后,这个社区关于一个新社会的梦想仍在与新自由主义的现实和赤贫作斗争。许多居民认为,情况在变得更糟,而不是更好。一项研究发现,"超过三分之二的居民的收入不足以购买能满足最低限度的基本需求的商品。由于没有可以融入的区域经济,塞贡多·蒙特斯城工厂的长期就业已经崩溃……工厂闲置,捐赠的设备被售出,人们又回到了战前的状态,从事自给农业或就业于非正规部门。"几乎一半的人已经放弃了恢复当地人口的想法。莫拉桑省的移民率是全国最高的。[31]

几十年来,团结组织"边境之音"(Voices on the Border)一直在支持人口的恢复工作,它描绘了一幅15年后这个社区更加令人振奋的生活景象。"经过24年的努力,社区发展的进步有目共睹……他们拥有东部地区最好的图书馆、莫拉桑省最好的高中,20%的年轻人已经完成或正在完成大学学业。这个地区没有帮派,年轻人将空闲时间用于体育运动,或学习舞蹈、戏剧、绘画或音乐。这里有儿童保育设施以及社区中心,老年居民可以在那里获得膳食和其他服务。"[32]社区与国际声援组织的密切关系以及依赖关系可能会鼓励居民表现得对前景过于乐观,但这两种描述并不必然矛盾。塞贡多·蒙特斯城与尼加拉瓜很相似，它既可以比其邻居过得更好，也可能在难以克服的困难中挣扎求生。[33]

2012年的一项研究发现，在查拉特南戈另一个高度政治化的重新安置点（以耶稣会烈士伊格纳西奥·埃拉库里亚的名字命名），20世纪90年代大部分的激进集体实验都已一片狼藉，包括妇女中心、鞋厂和鸡蛋农场。学校仍然存在，但随着学校被纳入政府系统，大众教育教师已被替换。就业岗位的缺乏迫使许多人前往美国寻找机会。个人住房的改善与集体项目的衰落形成了显著的对比。一位当地青年解释说："这纯粹是靠侨汇。"[34]许多村民认为，马蒂阵线的领导人在从游击队组织向政党的转型过程中为自己谋得了好处，但农民却被抛弃，只能自谋生路。[35]另一位研究人员发现，战争年代的革命意识"对于许多在近十年的新自由主义、私有化和结构性调整政策中挣扎的居民来说已经失去了意义"[36]。

危地马拉

在危地马拉，和平似乎更加难以捉摸，达成协议来解决革命背后深刻的结构性不平等的所有希望都破灭了。危地马拉全国革命联盟的地位比马蒂阵线要弱得多，危地马拉的民众组织也更加分散和彷徨。危地马拉的和平协议在1996年敲定，是协议各方中最后一个敲定的。

这些协议规定了危地马拉全国革命联盟游击队、民防巡逻队和宪兵的复员与重返社会，战争罪行的大赦，受害者的赔偿，人权保障，结束有罪不罚现象，承认土著权利，保证难民和流离失所者返回家乡，建立民警部队以取代军队进行国内执法以及建立民主机构。联合国将在危地马拉驻扎，以监督实施情况。

土地改革再次被刻意回避。协议"重申了私有财产的绝对权利"，并拒绝了任何"社会使用"土地的概念。一项新的土地调查承诺"划定所有现有财产的所有权"。这意味着在协议签署之前失去土地的土著社区将无法利用法律重新获得土地：现有的财产制度将成为新的基准。[37]

真相委员会和转型正义

联合国历史澄清委员会负责调查战时罪行和侵犯人权行为，其前提是对涉案人员进行匿名和豁免，但包括种族灭绝在内的反人类罪案件除外。天主教会开展了自己的历史记忆恢复项目。与联合国的委员会不同，教会报告在质疑有罪不罚现象上直接进行点名。

来自历史澄清委员会和天主教会的两份报告记录了战争令人震惊的残酷及后续影响，并清楚地表明，这在很大程度上是危地马拉军队和其他机构针对玛雅民族的战争。93％的暴行是军队和准军事部队制造的，其中83％的遇难者是玛雅土著。至少20万人被杀，600多个村庄被毁。当联合国委员会得出结论，认为对土著社区的袭击已构成种族灭绝时，这为起诉打开了大门。

仿佛是为了破坏教会历史记忆恢复项目报告的标题《危地

马拉：绝不重演》一样，协调天主教会工作的主教胡安·杰拉尔迪在 1998 年报告发布两天后就被残忍杀害。"正如他的死悲哀地表明的那样，记忆在危地马拉是一种危险的政治工具；而此次残酷的杀戮也是一种象征性的手段，是一次试图抹杀追溯过往真相可能性的尝试。"[38]

早在真相委员会成立之前，1992 年，危地马拉法医人类学基金会就已成立，旨在发现和识别被屠杀的受害者的身份。2004 年，基金会扩大了工作范围，与相互支持团体和危地马拉被拘禁－失踪者亲属协会等组织一起寻找失踪者。他们合作挖掘了军事基地和村庄中隐秘的乱葬坑，慢慢拼凑出死者和失踪者的记录。

一位参与这一过程的人类学家解释说："这些秘密墓地被隐藏起来，但幸存者、目击者和大多数社区成员都知道这些坟墓的位置。因此，其秘密性只在于官方否认它们的存在并对社区强加沉默。"发掘的目的是创建"一个用于治愈当地的社区空间和一个用于重建更宏观社会关系的场所。一个对遗骸和人造物进行物理挖掘以及提取个人和集体记忆的空间"。发掘构成了"提取记忆和夺回公共空间的过程"[39]。但有罪不罚的问题仍然存在。

2007 年，联合国和危地马拉政府成立了反危地马拉有罪不罚国际委员会。特别是在克劳迪娅·帕兹·帕斯（Claudia Paz y Paz）被任命为总检察长之后，委员会的司法独立进一步加强，并使得对多名高级官员进行起诉成为现实。这些组织和机构的工作以及来自国际法律机构的压力，帮助实现了在危地马拉的首次定罪。2013 年，前总统里奥斯·蒙特（Ríos Montt）本人因针对伊西尔三角地区村庄的行动而被判犯有种族灭绝罪，尽管判决最终被推迟，且他在服刑之前就去世了。2016 年，14 名前军官因与一个在军事基地发现的乱葬坑存在关联而被捕。此案和其他案件仍在法院审理中。[40]

然而，2019 年底，这一委员会被解散，这给那些寻求正义的人造成了沉重打击。与此同时，一项新法案被提出，这项法案旨在扩大特赦范围，涵盖战争期间犯下的所有罪行，包括明确允许起诉的反人类罪。[41]

错综复杂

一些研究危地马拉的学者在赞扬那些参与真相委员会项目的人们的勇敢工作的同时，却发现它往往无法带来所承诺的治愈效果。一位研究人员解释说："揭示历史并恢复过去，是一个模棱两可的过程，往往会产生比凝聚力更令人不安的影响。"[42]

由于社会的大部分政治和社会结构仍然没有改变，而且大多数有罪者可以永远免受惩罚，因此仅仅记录暴行并不一定意味着真正的谴责。危地马拉政府拒绝了委员会的大部分建议，并在 1999 年的全民公投中进一步否决了这些建议。鉴于对种族灭绝负有责任的机构和个人仍然存在，"在许多高地地区，人们仍然十分害怕"，不敢公开站出来发声。[43]研究人员想知道，如果当初的肇事者仍然掌权，恐惧和压迫的结构是否仍然稳固，记忆又是否足够？

此外，真相委员会的预设立场可能促进了他们自己的抹除形式。人类学家帕特里夏·福克斯恩（Patricia Foxen）认为，委员会的"官方记忆项目"假定有罪者和无辜者可以被清楚地区分。[44]但这些分类可能会有悖于人们的实际经历以及个人或集体记忆。委员们的民族和国际视角有时让他们看不到当地的现实。

有罪和无罪在现实中并不总是黑白分明的。为了在战争的迷雾中挣扎求生，许多农民与军队或游击队合作或被迫合作。对于一些人来说，遭受的背叛和暴力的记忆继续折磨着他们。许多农民认为自己"既是暴力的参与者，也是暴力的棋子"。委员会的问题和分类"无法涵盖此类记忆的混乱，也无法涵盖想要忘记或否认自己的羞耻或内疚的可理解的愿望"[45]。

"这些记忆的混乱"正是危地马拉暴力的本质造成的后果。当军队试图分裂和瓦解社区时，其策略包括"强迫同谋（迫使人们目睹或执行针对自己人的残暴行为）和对受害者进行刑事定罪（这使任何了解或质疑军队残暴行为的人都成为'合法'的镇压目标）"。"在许多社区，被迫同谋和自愿同谋之间、实际参与暴力和不得不效忠凶手之间、谁是'对的'和谁是'错的'之间的界限仍然极其混乱和模糊……此外，更广泛的恐怖往往与先前就存在的当地权力态势、土地斗争以及人际或家庭恩怨紧密交织在一起。"[46]

基于地方性和个人间冲突的浅层理解，经常与"官方的军队/民防巡逻队叙事以及联合国和天主教会的话语相竞争，在后两者中，前一个声称那些失踪或死亡的人（或与他们有关的人）是'颠覆分子'，因此有罪"，后一个则认为"军队（以及那些实施恶行的人）应负主要责任（在大多数危地马拉人看来，两者都远非政治中立）"，"这些相互矛盾的道德框架导致人们只能想象一个模棱两可的说法：所有社区成员，包括实施暴力的熟人以及那些死去的受害者和幸存的亲属，都在不同程度上有罪和无辜。"[47]真相委员会"似乎代表了又一个凭空出现的异类团体，敦促人们加入一项能够帮助他们自己的事业"[48]。

新自由主义经济学、政治与安全

与中美洲其他地区一样，在危地马拉，新自由主义比和平要先到来。到20世纪80年代末，政府正在推动一系列新的出口举措，包括保税工厂和新一波的非传统出口农业浪潮。[49]同样，战争的结束使得投资大量涌入这些领域，也流入了旅游业和采掘业。

和平协议促进了土著对地方民主化和文化权利的要求，同时埋葬了革命运动的社会经济要求。以权力下放和地方自治形式出现的"民主化"补充了国家监管和社会福利能力的削减与解体。在许多高地玛雅社区，扮演权力掮客的拉迪诺人被民选的土著官员取代。但"没有资源的自治"使他们难以解决社区中巨大的贫困和破坏所带来的问题。[50]

政治变成了对资源的竞争。[51]当选官员成为争夺非政府组织资金的掮客，他们推动基于市场的发展和文化项目，并创建新的庇护网络。选举政治取决于政治赞助和腐败，候选人向选民承诺个人奖励而非社会变革。

正如战争时期玛雅人被迫参与了针对自己族群的镇压一样，战后也是如此。[52]玛雅政治家和官员成为长期存在的贫困和排斥体系的合作者。他们的行为进一步加剧了竞争、不信任、分裂和幻灭，从而进一步助长了"对过去斗争的记忆的压制"[53]。

和萨尔瓦多一样，战争结束后，犯罪激增，局势滑向不安全的态势。国家安全部队鼓励个人和社区自行执法。随着新自由主义秩序赋予社区进行自我管理的任务，民防巡逻队以"安全委员会"的形式重新出现。[54]

2000年的一项研究发现，只有6％的人相信司法系统能够保障他们的权利，这反过来又"鼓励人们倾向于选择非官方的、惩罚性的和威权性的机制来提供安全以及解决冲突"[55]。义警行为和私刑盛行。正如在经济和政治领域一样，新的本地安全制度给已经饱受创伤的社区带来了更多的分裂和暴力。

超过50％的危地马拉人口生活在贫困线以下；在玛雅人口中，有76％的人生活在贫困之中，38％的人更是生活在赤贫之中。5岁以下的儿童中有43％营养不良。[56]一位玛雅村民告诉詹妮弗·伯勒尔："只要我们仍然贫穷，和平就不会到来。"或者，用韦韦特南戈一面墙上有人书写的话来说："没有工作，和平只是空谈（No hay paz sin trabajo）。"[57]

土著和土著身份

20世纪90年代，中美洲土著权利运动出现了一轮令人惊讶的复苏。在整个美洲大陆，土著们努力抵制1992年哥伦布"发现"新大陆500周年的庆祝活动。国际劳工组织（International

Labor Organization，ILO) 1989 年发布的关于土著人民的《第169 号公约》宣布了他们的自决权、土地权和文化权等基本权利。这一公约同时强调了土著人民的平等权利和特殊权利。

几个世纪以来，这两种权利一直被认为是矛盾的，而这种矛盾也使土著被边缘化。"平等"权利被转化为强制同化以及土地、语言、文化和自治权的丧失；"特殊"权利带来了剥削、边缘化和遗弃。国际劳工组织《第169 号公约》坚持认为：各国必须保证所有公民充分享有权利，并"充分实现这些人民的社会、经济和文化权利，同时尊重他们的社会和文化身份、习俗和传统及其制度"[58]。2007 年更强有力的《联合国土著人民权利宣言》为这一系列权利提供了额外的保障。（值得注意的是，世界上只有四个国家投票反对《联合国土著人民权利宣言》，它们都是定居者殖民国家：美国、加拿大、澳大利亚和新西兰）

战后，这些基于土著身份的组织的复兴在中美洲土著社区内外引发了争论。在 20 世纪 70 年代和 80 年代的危地马拉，"文化主义者"专注于复兴和推广玛雅语言以及精神和文化传统，而像农民团结委员会这样的"群众"运动则寻求团结玛雅人和拉迪诺人以实现社会经济目标（尽管两者存在很大的重叠，正如我们所见）。随着群众组织的崩溃，文化主义者占据了舞台的中心。整个 20 世纪 90 年代，文化主义者鼓励建立一种新的、集体的"泛玛雅"身份，其基础是与前哥伦时代玛雅文化的连续性。

在城镇里，受过教育的玛雅人成为推动泛玛雅主义的先锋。而许多在农村的贫困人口则更认同当地语言和社区，而非更宏观的"玛雅"概念。对于大多数人来说，"玛雅"宗教的概念没有什么意义，因为许多人是天主教徒，他们遵循结合了天主教和玛雅元素的当地"民俗"，或者信奉较新的福音派教会。一些农村人口拒绝文化主义者所推广的玛雅语言教育，认为这会阻碍他们的孩子进入西班牙语占主导地位的社会和机构。

一些知识分子批评了他们称之为"新自由主义多元文化主义"的东西：政府提倡文化权利理念，为民族认同增添民俗色彩，但又不会威胁到社会经济结构。一些左翼人士认为，文化主义的路径虽然更安全，但也是一种对土地、社会和经济权利主张的糟糕替代品。土著权利可以与新自由主义政府推动的权力下放和地方治理相协调。注重成本的政府可能会放弃对原住民地区的实际治理或提供服务，将自己的撤离视为对原住民权利的承认，但同时又使贩毒、跨国公司和暴力在不受治理的空间泛滥。[59]

尽管存在差异，但文化主义者和左派的路径经常出现重叠和互补，就像20世纪70年代和80年代那样。在中美洲许多农村地区，即使是在那些不曾存在明显的土著运动的地区，土著的抵抗活动也往往出现在土地和环境斗争的最前沿。战后农业、采矿、能源和基础设施项目的繁荣威胁着整个地区的社群。抵制大型项目以及捍卫土地、水和生存的权利，使土著组织成为反对新自由主义资本主义和争取粮食主权的全球运动的中心，娜奥米·克莱（Naomi Klein）因而将其称为"堵路运动"。[60]

采矿、能源和新采掘主义

采掘主义——一种自15世纪末西班牙人到达美洲以寻求黄金以来，以自然资源开采为基础的经济形式，一直在拉丁美洲的历史中扮演着重要角色。森林被肆意砍伐；农田、生存资源和社区遭到破坏；对空气、水和土地的污染；外国人为了自身利益而耗尽该地区的资源，从而导致奴役、劳动力剥削和贫困，这些都与采掘主义息息相关。乌拉圭作家爱德华多·加莱亚诺（Eduardo Galeano）以他的经典历史著作《拉丁美洲被切开的血管：五个世纪的掠夺》（*Open Veins of Latin America: Five Ceaturies of the Pillage of Cartinent*）而闻名。

21世纪，拉丁美洲出现了采掘主义的高涨，也出现了新的抵抗形式。随着人口迅速增长以及全球富裕阶层和中产阶级消费水平的提高，全球经济变得越来越依赖资源。战后的中美洲在新采掘主义和抵抗运动中都有着一席之地。

在资源开采方面向外国投资开放，意味着国家要采取一些经济措施，例如减少公司的特许经营权使用费、减税、放宽许可程序以及承诺相对不受劳工和环境法规的约束。在萨尔瓦多，1999年的一项外国投资法允许外国公司在与政府发生纠纷时向更有利于企业的国际法庭提起诉讼，例如世界银行国际投资争端解决中心（International Centre for Settlement of Investment Disputes，ICSID）。《中美洲自由贸易协定》也包含了类似条款，允许外国投资者在政府政策威胁到其投资时提起诉讼。[61]

战争的结束本身就为采矿业开辟了新的领域。在萨尔瓦多,主要的金矿位于该国北部曾被马蒂阵线控制的地区。在危地马拉,许多新采掘主义正发生在土著的领土上,这些领土在反叛乱行动中也首当其冲。

尽管国家法律欢迎采矿,但国际法的规定却另有限制。1989年的国际劳工组织《第169号公约》规定:土著领土上的任何开发项目都需要与受影响的社区进行"事先协商"(除萨尔瓦多外,所有中美洲国家都签署了国际劳工组织《第169号公约》,但尼加拉瓜直到2010年才签署)。2007年的《联合国土著人民权利宣言》制定了更强有力的保护措施:项目必须获得受影响的土著社区的"完全自主的、事先知情的同意"。这意味着协商不仅仅是走个过场——在理论上,这些社区有权拒绝此类项目。

采掘主义对社区产生了毁灭性的影响。工业和化学生产会消耗并污染稀缺的水资源。这些项目所提供的少量就业机会往往不会流向本地人,但本地人却可能在这个过程中失去他们自己的土地。这些生产将有毒废物排放到空气、土地和水体中。而那些抗议者们发现,自己正面临着与战争年代相同的某种秘密或公开的压制。利润落到了拥有矿山的跨国公司和少数国内精英、合作者手中,资源则被外国人或城镇居民享用。当矿井最终关闭时,社区只能独自应对这些已经造成的破坏。

席卷拉丁美洲的对采矿和大型项目的抵制浪潮显然有本土色彩。它被定义为对领土、土地和水源的保卫行动,并与世界范围内的环境正义运动和对新自由主义的抵制相互交织。这些运动挑战了新自由主义和以市场为基础的发展的基本原则，并呼吁采取一种完全不同的发展模式，这种新模式将优先考虑地球母亲的权利、粮食主权、激进民主和一种"美好生活"——与自然和谐相处，而不是将自然视作可以被私有化的商业资源。反对特定大型项目的斗争被认为是反对殖民主义、反对剥削和排斥以及争取全球穷人权利的更大斗争的一部分。

在过去十年被杀害的数百名环保活动人士中，有一半以上生活在拉丁美洲。危地马拉是世界上环境卫士被害率最高的国家。2018年，有16名环保活动人士在那里被杀害，创下了史无前例的"纪录"。[62]

危地马拉的采掘主义和抵抗运动

战争的结束导致危地马拉和中美洲地区其他国家向外国公司颁发的采矿许可证数量激增。危地马拉总统奥斯卡·伯杰（2004—2008年在任）"对国家各部门施加了巨大的直接压力，要求其遵守他以采矿业为主导的发展方针"[63]。

1997年，在美国格拉米斯黄金公司（Glamis Gold Company）的赞助下，对圣马科斯（San Marcos）省西部由土著居住的高地的勘探开始了，格拉米斯黄金公司后来被加拿大跨国公司黄金公司（Goldcorp）收购。格拉米斯公司在那里的马林矿区（Marlin Mine）于2005年投入生产。受影响的西帕卡帕（Sipakapa）社区声称该公司从未按照国际劳工组织《第169号公约》的要求与他们进行协商，并于2005年组织了自己的民众社区协商平台。有98%的人投票反对马林矿的开设。"西帕卡帕不出售！"这一口号折射了 20 世纪 70 和 80 年代的革命主义话语。[64]

在邻近的韦韦特南戈，几位镇长（其中一些来自危地马拉全国革命联盟）在同一年收到通知，他们的城镇已向加拿大矿业公司授予了大量新的特许权。他们也组织了社区协商，抗议这些在没有他们参与的情况下就对其领土做出的决定。

到 2019 年，危地马拉全国已经有超过 100 个社区组织了社区协商，并且所有的社区都拒绝采矿。

采矿业和石油业的利益团体也涌入危地马拉长期冲突的佩滕地区和北部地带。在佩滕，当地农民还将新设立的玛雅生物圈保护区视为另一个为了外来者的利益而征用他们土地的项目。

本土运动与国家的和全球的土著与环境组织以及非政府组织联合，将他们的抗争带到了国家法院以及国际人权和土著权利法庭上。2017 年，危地马拉宪法法院暂停了美国拥有的一家银矿（世界上最大的银矿之一）的运营，原因是其未能与当地的辛卡（Xinca）土著社区进行适当协商。[65]

萨尔瓦多的采掘主义和抵抗运动

萨尔瓦多的金矿矿区与其北部由马蒂阵线控制的核心地带存在着很大的重叠，并且在战争期间遭受了严重的破坏。这个地区的环境和经济都遭到了重创（事实上，这个人口稠密的小国的大部分地区都是如此），但同时也高度政治化。[66]

萨尔瓦多天主教会仍然受到解放神学遗产的强烈影响，

2007年，教会发布了反对采矿的公告。同年的一项全国民意调查发现，有超过60%的人口反对采矿。[67] 2005年，全国反对金属采矿圆桌会议成立，并于2006年向马蒂阵线的立法者施压，要求禁止发放新的采矿许可证。当马蒂阵线于2009年赢得总统选举时，新政府宣布在其5年任期内不会发放新的采矿许可证。[68]

作为对禁令的回应，两家国际矿业公司根据1999年投资法和《中美洲自由贸易协定》的规定，向国际投资争端解决中心提起诉讼，它们起诉萨尔瓦多政府，声称自己的利润受损。2016年，经过7年的闭门审议，国际投资争端解决中心裁定萨尔瓦多政府胜诉。[69]

受这一胜利的鼓舞，萨尔瓦多于2017年成为世界上第一个永久禁止金属采矿的国家，这是土著和民众组织及其在马蒂阵线政府中的盟友共同取得的非凡成就。甚至连民族主义共和联盟党的成员也在这一禁令上签署了自己的名字。但萨尔瓦多仍然留下了31处保留采矿特许权的不良遗产，这些仍保留了特许权的矿区占据了这个小国5%以上的领土面积，此外，萨尔瓦多西部的危地马拉边境地带的布兰科山（Cerro Blanco）矿区也对伦帕河造成了污染，这条河供给了萨尔瓦多一半以上地区的饮用水和灌溉水。[70]

洪都拉斯

本书第二部分"洪都拉斯"一章考察了洪都拉斯采矿业的发展和阻力，洪都拉斯在1998年完全取消了特许经营权使用费,并在 2009 年政变后更加热烈地欢迎采矿业。[71]至下一个十年结束时,洪都拉斯近 30% 的领土已向采矿公司授予了特许权。采矿业的爆炸式增长导致水电项目随之增多,部分原因是为了给采矿业提供电力供应。尽管国际社会对 2016 年贝塔·卡塞雷斯被谋杀表示强烈抗议,但洪都拉斯对环保活动人士的镇压依然有增无减。

暴力与帮派:连接点

当和平条约签署、游击队复员、军队改革后,为何危地马拉和萨尔瓦多(不包括尼加拉瓜)的暴力事件却有增无减?

在危地马拉和平协议签署后的头五年,这个国家发生了 415 起私刑事件,其中大部分发生在土著社区,导致 215 人死亡。[72]帮派活动泛滥,中美洲成为国际毒品贸易的中转站。街头犯罪也随之激增。萨尔瓦多、洪都拉斯和危地马拉一直位列世界上暴力最严重的十个国家之列(以凶杀率衡量)。[73]在和平条约签署 10 年后,萨尔瓦多的人们感叹,情况"比战争时期还要糟糕"[74]。

最近的学术研究要求我们扩大对"暴力"的定义。"慢性暴力"和"结构性暴力"等概念提醒我们,身体伤害、痛苦和死亡并不总是在单个时间点作为离散事件发生。贫困、土地匮乏、危险的工作条件、接触有毒物质、失业、缺乏医疗保障——所有这些人为现象都会造成身心上的痛苦,并且随着时间的推移可能会造成永久性的损害或死亡。肇事者可能只是不像扣下扳机的士兵或准军事人员那么直接和明显。他们可能坐在椭圆形办公室或公司董事会会议室里。直接暴力只是中美洲暴力的冰山一角。

20世纪80年代战争的遗留问题在多个方面成为当今暴力的根源。关于危地马拉的几项研究强调了在暴力和创伤中长大并被暴力和创伤包围的人会如何吸收并重演此类暴力。[75]在洪都拉斯疯狂的社会清洗中,"死亡汽车"在街头游荡,再现了20世纪80年代政府以暴力对社会加以控制的策略。[76]从革命项目的灰烬中崛起的新自由主义秩序依赖于对社会运动的持续镇压,这些运动对它造成了威胁。禁毒战争("洪都拉斯"一章中有所详述)使来自美国的军事援助源源不断。有罪不罚和不信任的文化鼓励了当地行动者的义警行径。也许没有什么比中美洲帮派的崛起和暴力行为更能说明中美洲和美国之间的纠葛,以及官方、人际和结构性暴力之间错综复杂的密切关系了。

"跨国"帮派

在美国,中美洲的暴力往往自然而然地与该地区帮派的激增联系在一起。美国总统唐纳德·特朗普将中美洲帮派描述为对美国国家安全的外部威胁,并宣称美国移民法中的"致命漏洞""让'MS-13'帮派和其他犯罪分子闯入我们的国家"。他坚称:"'MS-13'的暴徒在美国各地的社区中实施了令人发指的暴力袭击。"[77]他在2019年重申:"'MS-13'这个野蛮团伙现在至少在美国20个州展开活动,并且他们几乎都来自我们国家的南部边境。"[78]

特朗普此举可能是在模仿托马斯·杰斐逊,杰斐逊在《美国独立宣言》中列举了乔治国王的罪行,解释说国王"竭力挑唆那些残酷无情、未开化的印第安人来杀掠我们边疆的居民,而众所周知,印第安人作战不分男女老幼、是非曲直,格杀勿论"。彼时和现在一样,正是美国在其"边境"内外的行动在很大程度上促成了这些美国领导人所谴责的这些暴力。

与特朗普的说法相反,许多记者和学者指出,中美洲的帮派在一个重要方面具有跨国性:他们的起源是洛杉矶,在20世纪80年代,逃离内战的萨尔瓦多青年开始大量抵达洛杉矶。面对学校和社区中的其他族裔帮派,他们成立了"MS-13"以求自保。他们到来时恰逢美国国内开展一系列针对毒品和犯罪的战争,这场战争将一代年轻罪犯(主要是有色人种青年)关进了美国监狱。包括加州的"三振出局"法以及开始将未成年帮派成员视为成年人进行指控在内,一系列转变加剧了克林顿政府1996年开展的移民改革所带来的影响,改革将刑事指控变成了驱逐出境的理由。记者达拉·林德(Dara Lind)总结道:"到了21世纪初,帮派成员已成为美国的出口产品之一。"[79] 2001—2010年,美国将超过10万被定罪的人驱逐到中美洲,其中4万多人被驱逐到洪都拉斯。[80]

但这只是故事的一部分。绝大多数中美洲帮派成员从未去过美国。中美洲的大多数帮派都植根于当地社区和现实。与其他跨国帮派或犯罪组织不同,中美洲的"MS-13"及其竞争对手"第18街"(Calle 18)并不是真正意义上的组织。它们没有一个中央进行领导或协调,并且其运作层级在本地层面而非跨国层面。[81]

但正如本书所指出的,在中美洲,本土与跨国是密不可分的。美国文化已经渗透到中美洲当下的许多方面,帮派也不例外。少数确实在美国待过一段时间并被驱逐出境或自主返回萨尔瓦多的帮派成员给现有的萨尔瓦多帮派带来了新的"帮派风格":"使用纹身、手势和遵守街头规则。眼花缭乱的本土黑帮从美国借鉴了这些新的元素。"[82]

通过观察危地马拉城的青年帮派如何随着时间的推移而变化,可以发现美国与中美洲之间更深层次的联系。20 世纪 70 和 80 年代,危地马拉城的人口随着逃离农村战区的难民的涌入而增长。青年帮派或黑帮就是在当时的群众组织和左翼政治背景下成长起来的。黑帮第一次引起公众的注意是在 1985 年,当时他们参加了学生领导的反对公共汽车票价上涨的抗议活动。

随着残酷的反叛乱行动以及城市工人阶级和左翼的失败,这些帮派吸收了周遭的暴力和绝望情绪。他们在后来几十年里夸张而可怕的暴力行为"是军方胜利及其后果的产物……一个团结、信任和相互关心的做法与心态已支离破碎的危地马拉"。

20 世纪 90 年代及以后的年轻人"在很大程度上成长于在暴力中重塑和重组的危地马拉城。他们记住的是死者的故事,而不是争取社会正义的斗争"[83]。美国在危地马拉战争和战后发挥了决定性作用,塑造了危地马拉帮派产生的背景。

当国家不再承担治理和社会福利的责任时,新自由主义就助长了不法行为和暴力活动。体面就业的崩溃让贫困青年别无选择。一项研究强调：在洪都拉斯，男性就业的流失和女性保税工厂就业的增长是影响帮派增加的另一个因素。由于无法在正规经济中找到工作，"许多人开始参与替代性经济，以赚取他们被剥夺的金钱和尊重"。帮派为男性提供了"人脉和经济机会，以及防止因经济上依赖女性而被社会性去势"[84]。

中美洲国家对帮派的应对直接借鉴了美国的经验，因为各国都从美国引进了反犯罪策略。他们以洛杉矶制定的政策为基础，"重点针对青年帮派，并采取了严厉的反犯罪政策"。在中美洲，这些被称为"铁拳计划"（mano dura）。许多被美国驱逐出境的青少年一抵达就立即被监禁，"监狱变成了帮派招募的学校"[85]。中美洲的高监禁率只是强化了帮派，并将他们与有组织犯罪联系得更为紧密。这三个国家的暴力和谋杀率都迅速飙升。[86]

塑造帮派的本土现实已经在另一个重要面走向跨国化。随着毒品贸易进入中美洲，强大的贩毒集团吸纳了当地的帮派来帮他们打下手。这些帮派复制了中美洲历史上长期存在的模式，在变得跨国化的同时也开始受到剥削。

到2000年，进入美国的可卡因中有80%是经过危地马拉运输而来。全球有组织犯罪利用当地的社会崩溃，"将黑帮成员作为廉价劳动力纳入其网络，雇用了世界各地的穷困青年"[87]。

帮派也是尼加拉瓜的一种生活现实，但它们与中美洲地区其他地方的帮派有很大不同，这在很大程度上是因为尼加拉瓜历史的异质性。在尼加拉瓜，革命成功夺取了政权，以酷刑、屠杀和行刑队为特征的军事化国家被击败。即便桑解阵在1990年的选举中出局、新自由主义右翼一直掌权到2007年，即便腐败和政治失望情绪盛行，这个国家及其下属机构并没有像其他三个国家那样充满恐怖气息。

尼加拉瓜政府避开了邻国所采取的"铁拳计划"。一项研究总结道："尼加拉瓜的凶杀案比邻国少，这在很大程度上是因为革命使当时年轻的革命领导人和随后的非桑解阵政府能够尝试并制度化枪支管制、替代警务模式和其他政策与社会计划，特别是那些由革命桑地诺主义的妇女首先推动的致力于改变尼加拉瓜男性气概的计划。"[88]

后新自由主义时代的中美洲

进入新世纪的第一个十年，对市场改革的质疑再次出现。中美洲跟随了美洲大陆的"粉红浪潮"，这一浪潮让左翼在2010年代在一个又一个国家重新掌权。在尼加拉瓜，在经历了16年的右翼统治后，丹尼尔·奥尔特加于2006年再次当选总统。在洪都拉斯，曼努埃尔·塞拉亚在2006年当选后转向左翼，但于2009年在政变中被推翻。在萨尔瓦多，马蒂阵线的毛里西奥·富内斯（Mauricio Funes）于2009年取代了执政20年的民族主义共和联盟党。危地马拉是个例外，右翼仍牢牢控制着国家政局。

然而，随着社会主义阵营和委内瑞拉的崩溃，进步的和再分配的政治受到了限制，使得贫穷的小国在全球资本主义海洋的逆流中漂泊无依。在美国，苏联的解体让很多人得出"社会主义行不通"的结论，而在贫穷的拉丁美洲国家，资本主义行不通也是显而易见的。

20世纪的拉丁美洲革命社会主义者在试图挑战寡头政治和外国投资者时，面临着持续不断的敌意和破坏。21世纪的左翼社会主义者和非社会主义领导人试图创造一种混合模式，以在支持再分配、反贫困和社会安全计划的同时，欢迎外国投资、旅游业、采矿和能源出口以保持资本的流入。这是一种艰难的平衡，经常导致他们与农民、土著和环保组织发生冲突，这些群体认为他们的利益正在被牺牲。

与在萨尔瓦多下达金属开采禁令的马蒂阵线不同，21世纪的桑解阵政府将发展希望寄托在大型项目上。奥尔特加梦想修建一条可以与巴拿马运河相媲美的运河，让航运为尼加拉瓜带来无尽的财富。2013年，尼加拉瓜政府与一家中国公司签署了推进项目的合同，此后，尼加拉瓜运河成为"桑解阵发展政策的核心"。一位人类学家写道："尼加拉瓜运河是迄今为止世界上最大的基础设施项目之一，耗资500亿美元，其一系列环境和社会成本引发了广泛的讨论。"这一项目的特许权包括建设旅游度假村、自由贸易区、国际机场和石油管道的权利。[89]当地社区的居民（其中许多是土著和非裔人）则担心他们会失去赖以耕种和捕鱼的土地。

中美洲国家正继续遭受着数十年来战争和暴力的影响，也正遭受着榨取资源、使少数人致富而使多数人陷入贫困的全球经济体系的破坏。这个长期干旱多发的地区处于气候灾难的最前线。到2020年，连续5年的干旱使小农缺粮少食。越来越多的中美洲人开始将移民视为生存的唯一希望。

移　民

很少有人会预料到，20世纪90年代的和平协定和新自由主义改革将导致随后几十年的移民潮的出现，因为逃亡日益成为人们绝望求生的最后手段，而中美洲与美国的联系使美国成为显而易见的目的地。

迁移，是包括中美洲在内的所有人类历史的一个固有部分。地球上每个人定居在现今的地方，几乎都是他们或他们的祖先在时间长河中自愿或被迫迁移的结果。20世纪，中美洲的移民主要是内部移民，因为农村人口丧失了土地，而不得不迁移到殖民地边境，或走进种植园，或前往首都城市谋生。在20世纪80年代的战争期间，更多的人在自己的国家内部流离失所，他们选择前往其他中美洲国家或是墨西哥，此外，越来越多的人选择背井离乡前往美国。

本章将探讨移民如何以及为何来到这里（美国），以及他们的迁移如何以有时复杂且意想不到的方式改变了他们的生活和社区。

逃离家园

20世纪80年代的中美洲战争导致数百万人逃离家园。有些人成为国内难民,与亲戚们一同搬迁,在山区躲避战祸,要么隐姓埋名地搬迁到首都或仓促建立的难民营;其他人则跨越边境,前往哥斯达黎加、洪都拉斯和墨西哥的难民营中寻求庇护,或是在这些国家独自求生。大约有20万尼加拉瓜人在1978—1979年的动乱中逃离祖国,尽管其中的许多人在1979年革命胜利后又返回。到20世纪80年代末,大约有300万中美洲人逃离了原籍国。其中,75万人留在墨西哥,100万人穿过墨西哥进入美国,还有一些人则继续北上前往加拿大。[1]

墨西哥与联合国难民署合作,沿着其南部边境为来自危地马拉的4.6万名难民建造了难民营,其中大部分是玛雅土著。另外20万危地马拉人和50万萨尔瓦多人则在墨西哥找到了自己的谋生方式,但大多是非正式且不被承认的。[2]

1970年,美国的人口普查显示其境内的中美洲人口为11.4万人。到1980年,这一数字已上升至35万;到1990年更是已超过100万。随着战争的结束,移民数量不降反增:2000年的人口普查显示,中美洲裔人口超过了200万。2010年,这一数字超过300万,2017年接近350万(这些数字还不包括不断增长的在美国出生的中美洲移民子女,这些儿童并未被计入"外国出生"人口,但在2015年已达到约120万)。[3]

根据皮尤研究中心(Pew Research Center)使用自我认同而不是出生地的标准的计算,截至2017年,美国国内有230万萨尔瓦多人（57％在外国出生）、140万危地马拉人（60％在外国出生）、94万洪都拉斯人（62％在外国出生）和46.4万尼加拉瓜人（55％在外国出生）。外国出生人口的比例之所以值得关注，是因为这一比例显示了移民性质的新近变化：中美洲人的外国出生比例要远远高于整个西班牙裔（2017年，美国境内的西班牙裔有33％出生于国外）。[4] 在洪都拉斯出生的移民中，有60％是无证移民，而来自危地马拉的移民中，无证的人数占56％，来自萨尔瓦多的占51％。[5] 实际数字可能要更高，因为众所周知，在人口普查中，移民，尤其是无证移民的数量往往会被低估。

同一时期，墨西哥向美国的移民规模也迅速增长，在美国出生的墨西哥裔人口从1970年的不到100万增长到2010年的接近1200万。但此后墨西哥的移民增速大幅放缓，在2011年增长数字达到"净零"后发生了倒退，到2017年，在美国出生的墨西哥裔人口减少了约50万。墨西哥人虽然继续涌入，但更多人正在离去。[6]

20世纪80年代，一小部分中美洲人（约80万人）迁往中美洲其他地区。其中约10％获得难民身份并享受到相应的待遇，其他一些人则获得了宗教和人道主义非政府组织的援助；而大多数人在缺乏有组织援助的情况下努力重建自己的生活。[7] 许多在中美洲内部迁移的人，无论是在难民营还是在主流社会的边缘，都于20世纪90年代各种和平协定签署之后返回家园。

美国的法律环境

用时任总统巴拉克·奥巴马的话来说,美国有"欢迎来自世界各地移民的传统",但事实并非如此。[8] 更准确的说法是,作为一个定居者殖民国家,美国有着欢迎白人移民的传统。这一传统始于《独立宣言》,宣言谴责英国王室对来自英国的移民的限制,并随着1790年新国家的第一部入籍法进一步得到加强,该法向"任何作为自由白人的外国人"提供入境和公民身份,美国内战后,入籍法进行了修订,条款扩展到"非洲出生的外国人和非洲人后裔"(当时这类人中几乎没有人有丝毫愿望或能力移民到美国,对于非洲人来说,前往美国的航行在历史上意味着奴役而非自由)。1870年的法律明确将那些正在到达的非白人移民(中国人和墨西哥人)排除在外。事实上,直到20世纪中叶,世界上大多数既不是"白人"也不是"非洲裔"的人都因种族原因被美国系统性地拒绝入境。

有一套特殊的法律适用于墨西哥人,国务卿詹姆斯·布坎南称墨西哥人是"一个劣等、懒惰、杂交的种族"[9]。虽然墨西哥劳工在种族上"没有资格获得公民身份",但他们对美国西部的铁路建设、采矿和农业发展至关重要。因此,国会并没有将墨西哥人完全排除在国境之外,而是开放入境,但设计了大量的制度来确保墨西哥人只会作为临时劳工而非潜在的定居者或公民进入该国。20世纪30和50年代的剥削性外来务工计划和大规模驱逐行动证实,墨西哥人并不属于那些"受欢迎"的移民之列。

1965年，被称为《移民及国籍法》或《哈特－塞勒移民法》(INA)的移民改革，因其一劳永逸地取消种族配额和移民限制而受到普遍欢迎。如果我们只观察这一法律如何影响欧洲人、非洲人和亚洲人的话，这种观点就是有一定道理的。但对于墨西哥人来说，1965年的法律只不过创造了一种新的限制：首次实施的移民配额，将许多墨西哥移民工人变成了"非法"移民。到1980年，美国约有150万无证墨西哥移民；到1986年，由于墨西哥债务危机和美国劳动力市场蓬勃发展，这一数字已增至320万。"非法"不过是一种将墨西哥人定为罪犯并为持续剥削和排斥他们进行辩护的可能的新方式。与此同时，针对毒品和犯罪的"战争"对其他有色人种也产生了同样的影响。[10]

大多数在20世纪80年代逃离迫害或暴力的中美洲人无法合法地进入美国。像许多墨西哥人一样，他们只是"未经检查"地越过边境，避开官方过境站，进入非法移民的地下世界。

20世纪80年代初，美国公众和国会对于不断增长的非法移民的担忧日益加深，国会还于1986年通过了《移民改革与控制法案》。这一法案包括三个主要组成部分：雇主制裁，对雇用无证工人的雇主进行惩罚；加强边境管制，防止人们非法入境；合法化，使大量非法移民合法化。法案为依赖墨西哥工人的农业雇主提供了更优惠的条件，为这些雇主活动的正规化和新的外来务工计划增加了特别条款。

《移民改革与控制法案》的前两个组成部分——雇主制裁

和加强边境管制——是永久性的且持续的，这也为20世纪90年代以来日益严厉的反移民法律和实践奠定了基础。第三部分的合法化举措曾经是向移民伸出的橄榄枝，然而它的两个限制条款明确表明，其目标是墨西哥移民工人，而不是中美洲难民。

首先，只有那些能够证明自1982年1月1日以来一直居住在美国的移民才能获得合法身份。这自然就排除了大量中美洲人，因为他们的人数是在1980年之后才开始显著增长的。其次，《移民改革与控制法案》为季节性农场工人提供居住身份，这些人大多数是墨西哥人。最终，《移民改革与控制法案》使270万移民的身份合法化，其中70%是墨西哥人。[11]

尽管如此，仍有近30万中美洲人通过这一法案获得了合法身份。大多数（60%）是萨尔瓦多人，其次是危地马拉人（25.4%）和尼加拉瓜人（6%）。来自其他中美洲国家的少量人口占据了剩余部分。[12]

政治避难

由于20世纪80年代抵达美国的绝大多数中美洲人都是为了逃离暴力和迫害，人们可能会认为1980年卡特总统主导新修订的美国难民法将使他们能够获得合法身份。旧法律主要适用于来自共产主义国家的移民。新法案采用了联合国的定义，即任何因属于几个定义类别（种族、族裔、宗教等）之一而"有充分理由担心受到迫害"的人都应具备资格。

然而，在20世纪80年代，移民局仅批准了1.8%的危地马拉人和2.6%的萨尔瓦多人的避难申请。[13]尼加拉瓜人的情况稍好一些，有25%的申请获得批准。拒绝向危地马拉人和萨尔瓦多人提供庇护主要是由外交政策决定的。为了确保美国的军事援助源源不断，政府需要否认这些国家的政府犯下暴行、战争罪和屠杀。给予庇护就等于承认这些国家侵犯人权的行为事实上十分猖獗。

相比之下，加拿大接受了80%的中美洲人避难申请（数量要比美国少得多）。到1996年，加拿大有4万名萨尔瓦多人、1.3万名危地马拉人和8000多名尼加拉瓜人。中美洲战争结束后，加拿大的政策转向开始对中美洲不利，那里的移民因而也大幅减少。[14]

值得注意的是，难民身份和政治避难之间存在区别。申请难民身份的人必须在美国境外申请，在经过通常来说十分漫长的筛选过程后，获得批准的人有资格享受一系列福利，以帮助他们在美国重新定居。申请政治避难则是一个不同的过程，通过这一程序，到达边境或已经在该国境内的个人可以根据与难民相似的标准来申请居留权，但无法享受福利。虽然授予难民身份的人数设有年度配额，但批准政治避难申请的数量没有限制。

不过，这两个过程都对中美洲人不利。中美洲缺乏用于在美国境外申请难民身份的基础设施。而对于那些在美国境内提出申请的人，官员们对卡特总统的新法律进行了狭义的解释，尽管包括联合国难民署在内的国际机构都对此提出抗议，认为那些逃离暴力的人就应该获得避难——即使他们并不属于基于某个特定群体身份而受到迫害的范围。

成千上万的中美洲人甚至从未有机会申请避难。他们在边境被逮捕后，会被关进拘留中心，那里的虐待现象十分猖獗。"妇女和儿童遭到性虐待；私人信件被政府检察官随意复印；金钱和财产被盗；电话被录音；难民无法获得翻译后的法律表格和文件；许多人寻求法律顾问的要求被拒绝。"[15]

这些行为的目的是强迫或欺骗难民签署"自愿离境"文件，以便在他们申请避难之前就将他们迅速驱逐出境。

一种常见的策略是将家庭成员分开，并告诉其中一方他们的配偶已经签署了"自愿离境"文件。调查人员发现，有证据表明，一些难民被注射了镇定剂后被迫签署I-274A表格，从而放弃了获得法律咨询和参加听证会的权利，然后立即安排他们"自愿"离境。在特别悲惨的案例中，有关被驱逐者的信息被分享给这些人母国的安全部队，这导致其中一些人在回国后遭到拘留、酷刑和谋杀。[16]

美国公民自由联盟（American Civil Liberties Union，ACLU）和大赦国际（Amnesty International）记录了数十起被驱逐回国的萨尔瓦多人在返回母国后被抓捕、遭受酷刑或杀害的案件。[17]

1985年，代表80个宗教和难民权利组织联盟的美国浸信会（American Baptist Church，ABC）对美国政府提起集体诉讼，声称鉴于这些中美洲国家的严峻形势，对萨尔瓦多人和危地马拉人申请避难的极低批准率构成了歧视行为。1990年的一项协议撤销了超过 15 万项避难否决，并要求政府从当年起为美国境内所有危地马拉人和萨尔瓦多人提供离境救济、工作许可，以及新的或重新开庭的避难听证会。

同样在 1990 年，国会制定了临时保护身份（Temporary Protected Status，TPS）计划，这是一项为期两年的计划，允许萨尔瓦多人（但不包括危地马拉人）根据本国的危险状况申请新的临时合法身份。这一计划仅适用于指定时段内已经在美国的人，较晚抵达美国的人并不符合这一资格。

大约 20 万无证萨尔瓦多人享受到了"临时保护身份"的红利。但其他长期生活在美国移民局监视下的人则担心向移民局提出申请会使移民局知晓他们的存在，而他们会在"临时保护身份"到期后很快被驱逐出境："这实际上是在签署自己的驱逐令。"对于其他人来说，申请所涉及的时间、文书工作和成本也是一种阻碍因素。[18] 塞西莉亚·门希瓦尔（Cecilia Menjívar）将这种状态称为一种"阈限合法性"（liminal legality），因为处于这一状态的人的权利有限且持续存在着不确定性。[19]

1992 年"临时保护身份"结束后，萨尔瓦多人又获得了两年的延期强制离境喘息期。近年来，洪都拉斯人和尼加拉瓜人因在 1999 年遭受了米奇飓风的破坏性影响而获得了"临时保护身份"资格，萨尔瓦多人则因 2001 年大地震获得了"临时保护身份"资格。尽管特朗普反对，但萨尔瓦多人、尼加拉瓜人和洪都拉斯人的这一资格仍被延长至 2021 年。

1997 年，国会通过了《尼加拉瓜调整和中美洲救济法案》，开辟了另一条合法化路径。顾名思义，这一法案赋予尼加拉瓜人"调整"自己身份的权利,即成为合法永久居民(获得"绿卡")。一些萨尔瓦多人和危地马拉人也符合这种资格,但标准更苛刻:他们必须证明自1990年以来一直居留在美国;已申请避难、美国浸信会福利或"临时保护身份";并且驱逐"将导致他们步入极度困难的状态"[20]。

2014年底,越来越多无监护人陪伴的青少年越过边境,在此背景下,奥巴马总统制定了"中美洲未成年人难民/假释计划",允许少数青少年在他们自己的国家申请避难而免于危险的跨越边境之旅。这一计划的苛刻要求将许多人排除在外:未成年人的父母必须在美国拥有合法身份,并符合难民身份的法定资格。计划实施6个月后,仅收到了3000多份申请,其中包括2859名萨尔瓦多未成年人、426名洪都拉斯未成年人和59名危地马拉未成年人。[21]

对于许多处于弱势地位的青少年来说,这个计划似乎本质上就是矛盾的。如果他们的生命处于危险之中,他们怎么可能耐心等待长达数月或数年的法律程序,而最终的结果可能并不能保证他们进入美国?他们需要的是紧急的逃离,且不能引起人们的注意。无论如何,特朗普就任后不久就结束了这一计划。

特朗普政府还实施了新政策,使任何人都更难获得避难资格。2018财年,移民法庭对申请避难的萨尔瓦多人、洪都拉斯人和危地马拉人的避难批准率分别降至23.5%、21.2%和18.8%。原因之一是美国总检察长在2018年6月的裁定认定帮派暴力或家庭暴力的受害者不再符合资格。2019财年,这一比例甚至更低。[22]

1990年后的"执法"

20世纪90年代移民法和政策的其他变化加深了《移民改革与控制法》的苛刻程度,增加了所谓的"执法"——边境军事化以及对国内无证移民的刑事定罪和驱逐出境。比尔·克林顿总统于1996年颁布的《非法移民改革和移民责任法案》(*Illegal Immigration Reform and Immigrant Responsibility Act*),在其标题中就将新自由主义论调体现得淋漓尽致:移民必须为其行为承担个人"责任"。2003年,新成立的国土安全部下设了移民和海关执法局(Immigration and Customs Enforcement,ICE),这意味着现在有一个完整的机构致力于将移民视为罪犯。

随着边境的持续军事化、布什和奥巴马总统领导下的"内部执法"日益受到关注,以及特朗普总统在2016年之后激进的反移民政策,"执法"力度不断加强。边境巡逻人员从1992年的4000人左右增长到了2011年顶峰时期的21444人。自那以后,尽管特朗普经常承诺并调派资金增加数千名巡逻人员,但巡逻队的人数一直徘徊在2万人左右。[23]巡逻队根本无法招募到足够的候选人来弥补其高流失率,更不用说增长了。[24]

罪犯与无辜者

奥巴马总统和特朗普总统都以不同的方式通过言论将移民

认定为罪犯。奥巴马和他的政策试图在"犯罪"的移民和无辜的移民之间划清界限。他的议程要求帮助那些他认为"无辜"的移民并惩罚其他人。奥巴马任内,被驱逐的"罪犯"人数有所增加,尽管许多被归类为罪犯的人实际上只是在早年有一些轻微的违法行为。在执政的头几年,奥巴马敦促国会通过一项"全面"的移民改革,将执法与某种特赦结合起来,但由于只实施了该议程的执法方面,也致使与左翼的盟友日渐疏远。

2012年,奥巴马终于采取了一些措施来满足日益高涨的青年移民活动的需求。他的标志性计划"童年入境者暂缓遣返手续"（Deferred Action for Childhood Arrivals, DACA）是《梦想法案》（*Dream Act*）的简化版本,国会曾就这一法案进行过多次辩论,但均未能通过。《梦想法案》将为在美国长大的年轻移民（"梦想家"）开辟一条获得公民身份的道路——他们是最纯粹的"无辜者",因为他们是由自己的父母带入美国的,这"并非（他们）自己的过错"。"童年入境者暂缓遣返手续"是一种权宜之计,但效果要小得多——它让"梦想家"们免于被驱逐出境,并允许他们工作两年。[25]

与"临时保护身份"一样,"童年入境者暂缓遣返手续"要求无证人员不再躲藏,并向政府提供大量信息。许多符合这一资格的青少年生活在混合身份的家庭中,担心会给父母或兄弟姐妹带来潜在的不利后果。尽管许多组织动员起来筹集资金来帮助人们申请,但对于一些人来说,申请所需的费用仍然高得令人望而却步。

与《移民改革与控制法案》一样,"童年入境者暂缓遣返手续"优先考虑的是墨西哥人而不是中美洲人,因为它排除了新近抵达的人——只有 2007 年及之前就在美国的人才有申请资格。值得注意的是,2007 年正是墨西哥移民开始减少、中美洲移民再次增加的时期。"童年入境者暂缓遣返手续"近 80% 的受益者是墨西哥人,总数约 55 万人。尽管如此,截至 2017 年,仍有 6 万名中美洲人获得了"童年入境者暂缓遣返手续"身份,其中 2.6 万人来自萨尔瓦多,1.8 万人来自危地马拉,1.6 万人来自洪都拉斯。[26]

对于特朗普来说,几乎所有移民都是潜在的罪犯,尤其是那些来自他所谓的"垃圾国家"的移民。他发誓要结束"童年入境者暂缓遣返手续",并宣称"'童年入境者暂缓遣返手续'中的许多人都是……非常强硬、顽固的罪犯"。他为移民犯罪受害者设立了一个特别办公室,并热衷于展示"天使家庭""非法移民受害者"。[27]

20 世纪 80 年代:革命、战争与移民

当今中美洲移民涌入美国的直接根源在于 20 世纪 80 年代的战争。毫不奇怪,三个交战国家——尼加拉瓜、萨尔瓦多和危地马拉——输出了最多的移民,而洪都拉斯和哥斯达黎加几乎没有输出移民。

尼加拉瓜

尽管在 1978—1979 年的战争期间有数以万计的尼加拉瓜人

逃离自己的国家，但其中许多人在桑地诺民族解放阵线胜利后又返回。第一批逃离革命的尼加拉瓜人是那些与旧政权（索摩查）有联系的人，他们中的许多人加入了中央情报局在迈阿密建立的新反革命势力的行列。

来自上层阶级的人更有可能在美国建立联系，尤其是在迈阿密，那里成为尼加拉瓜移民主要的目的地。20世纪80年代，随着革命和反革命战争的影响范围逐渐扩大，离开尼加拉瓜的人的社会经济和政治构成也随之扩大。虽然有些人反对革命，但另一些人只是想逃避战火或征兵，或者仅仅是为了寻找经济机会。

大约40%的尼加拉瓜人（20万）定居在迈阿密的"小马那瓜"，尽管他们也前往其他中美洲人口聚集中心，如洛杉矶、旧金山、休斯敦、纽约和新泽西。[28]

由于美国支持反革命运动并希望将桑解阵政府描绘成一个压迫性政权，因此，比起其他中美洲国家，美国更愿意向尼加拉瓜的难民提供庇护。尼加拉瓜人还有资格参与几种不同的短期救济计划。尽管如此，大多数尼加拉瓜人与萨尔瓦多和危地马拉人一样，仍然处于无证的状态。

洪都拉斯允许1.35万名来自尼加拉瓜的米斯基图印第安人越过边境重新定居。其他尼加拉瓜人则涌入边境地区，其中许多人前往美国资助的反政府武装营地。另有2万人在哥斯达黎加寻求官方庇护；还有数以万计甚至更多的人以非正规的方式跨越国境进入洪都拉斯，其中一些人与当地的反对派团体合作。难民甚至在其他饱受战争蹂躏的国家找到了家园。到20世纪末，估计有超过10万尼加拉瓜人居住在危地马拉。[29]

萨尔瓦多

1979年底后,逃离战争和行刑队的萨尔瓦多人迅速增加。1979—1982年,约有50万人离开萨尔瓦多。到20世纪80年代末,又有50万人离开祖国,另有50万人在国内流离失所。1983年,1.8万名萨尔瓦多人被安置在洪都拉斯边境由联合国难民署管理的难民营中。据洪都拉斯政府估计,到20世纪80年代末,还有23万难民在洪都拉斯非法居留,其中大部分是尼加拉瓜人和萨尔瓦多人。[30]洪都拉斯军队执行了本国的移民政策,经常袭击萨尔瓦多人以阻止他们入境,例如在苏普尔河和伦帕河发生的大屠杀。军队甚至袭击了联合国难民营内的萨尔瓦多人。[31]

另有2万名萨尔瓦多人在哥斯达黎加获得了官方庇护,还有数万人在那里非正式地定居下来。大约7万人迁往危地马拉;7000人在尼加拉瓜获得难民身份,另有2万人自行在那里定居。1992年,哥斯达黎加允许留在国内的中美洲难民获得合法身份。[32]

对萨尔瓦多境内和来自萨尔瓦多的移民的地理分布所进行的一项细致研究发现,法拉本多·马蒂民族解放阵线控制的战区和持续受到军队攻击的战区,死亡率是最高的,产生的国内流离失所者和前往洪都拉斯的难民也最多。政府控制区在战争中更多地经历了马蒂阵线的经济破坏,例如对道路、桥梁、水坝和发电站等基础设施的攻击,以及罢工等政治动员,这也是大多数移民来到美国的根源。那些来到美国的人往往经济条件更好,也更城市化。许多人是学生、工会成员和其他活动人士,他们是城市镇压的主要目标。[33]

到 1987 年,萨尔瓦多每年接受的来自美国的侨汇为 3.5 亿至 6 亿美元,萨尔瓦多总统杜阿尔特呼吁美国总统里根停止驱逐移民,称萨尔瓦多的经济稳定有赖于这些侨汇。[34]

类似的情况也发生在 2001 年地震后,此次地震导致萨尔瓦多四分之一的人口无家可归。萨尔瓦多时任总统弗朗西斯科·弗洛雷斯(Francisco Flores)向美国总统布什施压,希望将"临时保护身份"的适用范围扩大到在美国的萨尔瓦多人,并解释说他们的侨汇对萨尔瓦多的复苏至关重要。当时,生活在美国的 180 万萨尔瓦多人每年向国内汇款 15 亿美元。对此,布什总统表示同意:"这将使他们能够继续在这里工作,并将部分工资汇回国内,以支持萨尔瓦多的重建工作。"截至 2001 年 2 月 13 日(第二次地震之日),在美国的所有萨尔瓦多人都有资格申请"临时保护身份"。[35]

危地马拉

在 1982—1984 年反叛乱战争最激烈的时期,危地马拉产生了 100 万国内难民。[36]少数人在墨西哥边境的联合国难民营中找到了避难所,另一些人则继续前往美国。随着反叛乱战争的深入,那些促使穷人为变革而奋斗的问题也成为促使他们逃离的理由。

到 20 世纪 80 年代末,韦韦特南戈高地的人们开始"谈论那些从美国工作归来的男人们,带着'装满了钱的袋子',开通了通往韦韦特南戈北部的巴士和卡车线路。与十年前形成鲜明对比的是，（村民）现在几乎总是对在美国的工作和工资，以及往返的旅程感到好奇"，美国人类学家约翰·渡边（John Watanabe）说道，他曾于1978—1980年以及1988年在当地的一个村庄进行过研究。[37]

20世纪80年代初，许多人从另一个高地城镇托多斯桑托斯（Todos Santos）逃往伊克斯坎和墨西哥的难民营。当他们在80年代末返回时，不仅面临同样的土地和资源匮乏，还面临着当地的分裂和猜疑的加剧。"社区内部甚至家庭内部的不信任、冲突各方无处不在的谴责和威胁、财政压力、民主替代方案缺乏、持续的有罪不罚现象、隔墙有耳的传言，以及随之而来的经济危机，都导致最早的一批男性移民来到美国。"很难区分移民的经济原因与政治原因："早期来到美国的雇佣劳工移民几乎总是认为持续的战争和不稳定的政治局势是他们离开的主要原因。"到21世纪头十年中叶，这个城镇三分之一的人暂时或永久移居到了美国。[38]

伊西尔三角地区是20世纪80年代最可怕的镇压运动的发生地，战争使村民背井离乡、逃往山区，或被监禁在军队管理的模范村里。当危地马拉美好未来的希望破灭时，北方正在向人们招手。

在伊克斯坎的一个殖民项目中，前往美国的移民始于20世纪80年代中期，到2004年，已有约50人离开。"他们寄回的钱对村庄很重要，并造成了新的隔阂。"现在居住在东奥克兰的一位村民告诉一位人类学家："他从山区长途跋涉到危地马拉的雨林和穿越边境进入亚利桑那州，这两者之间有一些相似之处：在这两种情况下，他都希望有更好的生活，不知道前路在何方，都是靠自己的双手开辟道路。"[39]

一名移民报告说，"总而言之，危地马拉人的情况从未发生根本性改变；对他来说，热带雨林和他所说的'水泥森林'或'金笼子'有着不幸的相似之处"。许多危地马拉农村移民到美国后，却发现自己被困在"暴力犯罪、种族敌对和吸毒现象普遍存在的最贫困地区。内城的贫困和社会衰败常常使新移民与最贫穷、最受忽视和最受歧视的美国人毗邻而居。"[40]

20 世纪 90 年代后的移民

中美洲战争结束后，流入美国的移民非但没有减少，反而大幅增加，特别是来自有时被称为"北部三角"的三个国家：危地马拉、萨尔瓦多和洪都拉斯。值得注意的是，尼加拉瓜是个例外，这个国家很少有北上的移民。从洪都拉斯逃亡的人数在前几十年要低得多，但在 2009 年政变后激增。

如前一章所述，中美洲的"和平"未能解决那些引发革命的结构性问题。不平等、贫困、无地、失业和就业不足，以及缺乏医疗保健和教育等基本社会服务都是长期存在的问题，而战争和战后新自由主义政策则加剧了这些问题。战争连根拔起并摧毁了传统的安全网络，尽管它们具有剥削性和不公正性。新自由主义时代则带来了新的社会问题，包括日益严重的暴力和增长的不安全、毒品贸易以及日益强大的帮派所构成的威胁。

除此之外，气候变化也带来了影响，尤其是经常发生干旱的北部三角国家。自给农业因干旱而遭到破坏。2012—2014年，气温升高还导致咖啡锈病爆发，损害了小农和工人的生计。超过一半的新移民是农业工人，最常见的移民理由是"没有食物"。[41]

中美洲难民社区在美国的建立为后来的移民的到来奠定了一定基础。移民寄回家乡的消息、照片和汇款往往夸大了新移民在美国的机遇。移民家庭借债出国，以作为对美好未来的投资，这使得这些移民可能羞于承认他们在美国所面临的孤独和恶劣条件。他们寄出的汇款还可能被用于资助家庭成员北上的新旅行，以及在母国的炫耀性消费，例如新房和汽车，从而激励其他人也来碰碰运气。美国各地城镇中的亲戚甚至熟人的存在让中美洲人以为他们抵达后就会得到帮助，从而鼓励了更多新移民的到来。

在许多情况下，父母一方或双方将前往美国视作确保家庭生存、偿还债务、满足基本需求或支付子女教育费用的最后手段，他们往往将子女交给亲戚照顾。十年后，这些青少年中的许多人为寻求与父母团聚，成为跨越边界的无监护人陪伴的"激增"的未成年人中的一员：2012财年有2.4万人，2013年有3.9万人，2014财年有6.9万人。2014年，媒体首次注意到这一现象。2014年3月至7月期间，这一激增"使政府不堪重负，引发了奥巴马政府的政治危机和公众的强烈关注"。联合国难民署的一项调查发现，41%的青年移民至少父母中有一人居住在美国。另一项研究得出的结论是："儿童移民与父母的移民历史密切相关,当父母没有前往美国移民的经验时,就几乎不会出现儿童移民。"[42]尽管这一"激增"的人数在2015年和2017年略有下降,但整体趋势仍呈上升态势,在2019财年达到69488人。[43]

21世纪第二个十年,越来越多的父母带着孩子踏上危险的北上之旅。2019年,以家庭为单位被捕的人数大幅增加,达到有史以来最高的47.5万人,而2018财年,这一数字仅是10万多一点,且当时这一人数已是史上最高了。[44]

移民面貌的变化

21世纪中美洲移民的增加伴随着墨西哥移民人数的惊人下降。边境逮捕的统计数据反映出移民面貌的变化。2012年之前,被捕的绝大多数是墨西哥人。随着2007年之后墨西哥移民人数持续下降,中美洲移民人数有所上升,在2014年总体上超过了墨西哥移民,并且几乎占据了2019年被逮捕人数激增的全部。2019年,有264168名危地马拉人和253795名洪都拉斯人在南部边境被拘留,其次是166458名墨西哥人和89811名萨尔瓦多人。这一年是历史上第一次有来自单个国家(本例中是其中两个国家)的被逮捕人数超过墨西哥。[45]

在中美洲移民增加的同时,边境军事化在阻止难民试图逃往安全地带方面收效甚微,它所做的不过是将移民从加利福尼亚州更安全的过境区赶到亚利桑那州的沙漠,在那里,因暴露和脱水而死亡成为移民面临的又一个悲剧性危险。边境巡逻队估计,1997—2017年,有超过7000名移民在试图穿越沙漠时死亡,但《今日美国》网络调查发现,实际数字要高出 300%,因为多数的死亡没有被纳入记录和统计。[46]

移民和新自由主义

新自由主义造成的结构和物质状况导致许多人背井离乡。一些人是为了逃离帮派、毒品和官方的暴力,另一些人则是为了逃离赤贫和缺乏机遇的状况。

移民作为一个安全阀,吸走了失业和贫困的年轻人,从而维持了新自由主义秩序。移民侨汇使穷人愿意接受低工资和社会服务的削减。

侨汇也可以推动移民,因为侨汇的收款人往往会在母国炫耀他们新得到的财富。从美国引入的个人主义和竞争价值观与中美洲国家的新自由主义文化完美契合。

侨汇在犯罪、人际暴力和帮派的兴起中扮演了重要角色。突然涌入的美元造成了新的不平等、嫉妒和机遇。当地帮派将目标锁定在收到侨汇的家庭,或已知在美国有亲戚的家庭。更大规模的有组织犯罪团伙在移民前往美国的途中,甚至在抵达美国后绑架他们,以期他们在美国的亲戚能够筹集赎金。

旨在减少移民需求的国家和国际援助方案也可能产生类似的矛盾影响。在饱受战争蹂躏的伊西尔三角地区小镇内巴吉(Nebaj),大量小额信贷被投资到了村民们认为有最大潜在利润的地方:前往美国,那里有更高工资的工作等待着他们。或者,投资土地,推高土地价格并进一步刺激移民。当美国就业市场在 2006 年之后开始收紧,在 2008 年整体经济又大幅萎缩后，贫困的乡村举债以为移民提供资金，希望获得丰厚回报的愿景，就像美国的大学生、房产主或华尔街银行家的愿景一样，轰然倒塌。当泡沫破裂时，这个金字塔式骗局①也随之崩溃。[47]

一项研究得出结论："移民是一个基于负债的过程，移民让自己及其亲属在移民潮中负债累累，而许多人根本无力偿还。这些债务不仅推动了移民，还迫使更多的人北上，在一连串的剥削中，从输出人口这一过程中榨取的价值可能超过这些移民对母国经济的回报。"[48]

另一项关于洪都拉斯的研究补充说，2009年后的移民热潮也反映了新自由主义的个人主义文化。20世纪的革命甚至改良主义梦想，无论是通过国家主导的现代化、社会福利国家、天主教会还是革命社会主义，都在20世纪90年代被粉碎了。由于"参与集体政治运动使人们面临监禁、酷刑或死亡的风险"，革命的梦想让位于"政治上听天由命的实用主义"。移民是个人通向更美好生活的一种典型路径。[49]

在新自由主义为大型项目、旅游业和新种植园掠夺土地的链条中，移民成了其中的一环。加里富纳医生兼活动家路德·卡斯蒂略说："贫穷扼杀希望，他们让我们更加悲惨，以至于我们的年轻人看不到社区的希望，从而选择移民。当他们离开时，其他人就会来抢夺土地。这是一个系统性的流离失所

---

① 一种非法的投资诈骗方式，其运作方式类似于一个金字塔结构，需不断招募更多的投资者来保证前期的投资者能够获得所谓的高额回报，这种模式是不可持续的，这一骗局的本质其实是欺诈。

过程。"[50]

循环与往复

20世纪80年代，中美洲移民将美国政策的现实带入了普通美国人的日常。几十年后，这些发生在中美洲的战争的后遗症仍在这里上演，也在美国各地的城市和郊区继续发酵，因为战争罪行的肇事者和受害者逃脱了持续不断的暴力，和痛苦的长期且有限的正义。他们中的许多人选择悄悄地定居在美国社会和经济的边缘。

正如中美洲的帮派有着错综复杂的跨国根源一样，中美洲的行刑队也是如此。美国对他们进行培训和资助，其中一些首先在美国境内的流亡者中组织起来。1979年萨尔瓦多改革派政变后，迈阿密的右翼萨尔瓦多人成立了"迈阿密六人组"组织，后来又发展成民族主义共和联盟。美国驻萨尔瓦多大使馆报告称，迈阿密六人组"通过他们的代理人罗伯托·达布松组织、资助和指挥行刑队"。这些流亡者"经常将萨尔瓦多商人召集到迈阿密，让他们坐在一张长桌旁，然后威胁他们，如果他们继续与改革派政府合作，就会面临死亡或绑架"[51]。

1987年，萨尔瓦多的行刑队"回归"美国，当时在洛杉矶的雅尼拉·科雷亚（Yanira Correa）和她在萨尔瓦多的父亲与兄弟开始收到威胁信件，声称这是因为他们参与了左翼组织的活动。几个月后，科雷亚在洛杉矶市中心的声援萨尔瓦多人民委员会办公室外被绑架。3名男子使用萨尔瓦多行刑队特有的方法折磨她，同时询问她有关她哥哥在萨尔瓦多的活动的情况。活动人士记录了美国境内超过 200 起不同的威胁，其中有14 起针对萨尔瓦多人，他们在逃亡前曾是萨尔瓦多民间组织的领导人。[52]

与此同时，联邦调查局雇佣了一名萨尔瓦多移民渗透到声援萨尔瓦多人民委员会，并报告萨尔瓦多活动家和访美者的情况，这些信息随后被共享给萨尔瓦多安全部队，联邦调查局还提供了有关被驱逐出美国国境的萨尔瓦多人的信息。[53] 毫无疑问，这个循环完整地闭合了。

中美洲冲突的许多参与者选择在美国隐姓埋名，或者只在其移民社区内露面。来自危地马拉基切村庄的"最令人生畏和最冷酷无情的"民防巡逻队长之一，于 1984 年逃往美国罗德岛州的普罗维登斯，"他听说那里有工作也有钱赚，同时也担心遭到（他）加害的受害者家属的报复"。由于到达的时间较早，这位前巡逻队长在新居住地复制了他在危地马拉的地位和控制权，他向其他移民放贷并提供住所，同时控制和虐待跟随他流亡的村民。"他的虐待行为如此持久，以至于在辛屈克（化名）和普罗维登斯都流传着有关于他邪恶行为的故事。他努力通过各种形式的恐吓来维持权力，包括制造金融和其他形式的债务，威胁要让人流离失所，试图对土著妇女进行性胁迫，以及迫使其他玛雅人皈依（他的）福音派教派。"作为普罗维登斯少数拥有合法身份的玛雅人之一，他可以往返两地，并"在两个社区里传播和利用信息与谣言，从而增强他的权力"[54]。

与此同时，在危地马拉，来自同一地区的拉迪诺军事专员胡安·阿莱西奥·萨马约亚·卡布雷拉（Juan Alecio Samayoa Cabrera）于 1992 年被指控犯有施加酷刑、强奸和法外处决罪。当他的一名同伙被定罪并在监狱服刑时，萨马约亚失踪了，他在未被发现的情况下越过墨西哥边境进入美国，并定居在普罗维登斯，"在那里，他与一些受害者和同伙在众目睽睽之下一起生活了长达 25 年之久，他一直从事园林绿化工作，与家人过着平静的生活"[55]。虽然政府仍然对此一无所知，但在普罗维登斯的危地马拉土著人中，"20 多年来，萨马约亚的存在一直是一个公开的秘密，也是一个暴露的伤口。他生活在众目睽睽之下，并生活在他的受害者之中。"2019 年底，他被驱逐到危地马拉，最终在那里接受审判并很快被无罪释放。[56] 在一个奇怪的转折中，来自移民和海关执法局——该机构经常受到移民和人权倡导者谴责——的调查人员在驱逐萨马约亚回到危地马拉的案件中发挥了关键作用。[57]

帕特里夏·福克斯恩写道："可悲的是，尽管他被指控犯下的罪行已经过去了将近 40 年，巡逻队长的大多数受害者——居住在普罗维登斯、新贝德福德或埃尔基切的基切玛雅人都因为恐惧而不敢出庭作证；然而，许多辛屈克的拉迪诺人却都称赞他是英雄，因他被无罪释放感谢上帝。"[58]

普罗维登斯发生的事件与赫克托·托巴尔（Héctor Tobar）的小说《纹身士兵》（*The Tattooed Soldier*）相呼应，小说以 1992 年的洛杉矶为背景。托巴尔是危地马拉移民的后代，他在书中讲述了一名移民在妻子和孩子被行刑队杀害后逃往洛杉矶的故事，却发现杀害他们的凶手居然也在那里。[59]

萨马约亚并不是中美洲战争戏剧中唯一一位在随后的几十年里作为移民在美国过着平淡无奇生活的主角。据《卫报》报道，许多中美洲的高级官员都被吸引到了佛罗里达州，那里"多样化的人口、全年充足的阳光、低廉的生活成本、无尽的购物机会——更不用说1500个高尔夫球场——长期以来一直为寻求逃避法律制裁的战犯们提供了一个理想的目的地"。[60]

洪都拉斯将军古斯塔沃·阿尔瓦雷斯·马丁内斯（Gustavo Álvarez Martínez）负责监督洪都拉斯在1982—1984年的肮脏战争，萨尔瓦多将军何塞·吉列尔莫·加西亚（José Guillermo García）和卡洛斯·尤金尼奥·维德斯·卡萨诺瓦（Carlos Eugenio Vides Casanova）也加入了这一行列，他们分别领导了国防部和国民警卫队，见证了4名美国女性宗教人士和罗梅罗大主教的谋杀、埃尔莫佐特（El Mozote）和苏普尔河大屠杀，以及数万名萨尔瓦多人的失踪、酷刑和死亡。维德斯·卡萨诺瓦从美国中央情报局为合作者设立的特别计划中获得了令人垂涎的移民签证（绿卡），而加西亚则获得了政治避难资格。[61]

正义与问责中心（The Center for Justice and Accountability）以4名女性宗教人士家人和一群遭受国民警卫队酷刑的萨尔瓦多移民的名义对这些将军们提起了几起诉讼。维德斯·卡萨诺瓦在辩护中辩称，他在战争期间的行为不过是执行了美国的官方政策。[62] 2015年和2016年，两人被驱逐到萨尔瓦多，根据1993年的特赦法，他们将免受起诉。

前萨尔瓦多上校伊诺森特·奥兰多·蒙塔诺·莫拉莱斯

（Inocente Orlando Montano Morales）的案件则遵循了不同的路线，完全避开了萨尔瓦多脆弱的司法系统。蒙塔诺负责管理一家广播电台，这一电台曾对中美洲大学的耶稣会教区长发出威胁，他还被指控参加了一次会议，此次会议下令于1989年对6名耶稣会士进行残酷的暗杀。

由于被害的耶稣会士中有5人是西班牙公民，2011年，一名西班牙法官起诉了蒙塔诺和另外19人，其中包括两名前国防部长，并要求引渡他们。司法与问责中心追踪到蒙塔诺"在马萨诸塞州埃弗里特一栋简陋的公寓楼里过着平静的生活"。在被引渡到西班牙之前，他因在"临时保护身份"申请中提供不实信息而被指控并被判犯有移民欺诈和伪证罪。在联邦监狱服刑两年后，美国当局启动了引渡程序，最终于2017年对他实行了引渡。[63]

电影《寻找奥斯卡》（Finding Oscar）讲述了另一个故事。20世纪80年代初，危地马拉军队在反叛乱行动中摧毁了数百个村庄，多斯埃雷斯（Dos Erres）就是其中之一。与大多数被军队视作攻击目标的村庄不同，多斯埃雷斯的居民主要是拉迪诺人，而不是土著，这个村庄建于20世纪70年代末，当时政府正在佩滕实施殖民计划。当村民拒绝军队的民防巡逻队的征募时，多斯埃雷斯遭到了军队下属的令人畏惧的凯比尔突击队（Kaibil Commandos）的袭击。

回忆起这场大屠杀的恐怖几近令人感到麻木，因为多年来，同样的场景在危地马拉偏远的乡村地区已经上演了数百次。年轻女孩在家人面前被强奸。由突击队队员吉尔伯托·霍尔丹（Gilberto Jordán）率领的团伙先是将婴儿和儿童活活扔进井里，然后再将成年人扔到他们身上，活人和死人的尸体越叠越高，直到井"被尸体装满"。当屠杀结束时，突击队员发现有5个孩子活着。他们强奸并勒死了几个十几岁的女孩，但带走了两个小男孩。突击队的副指挥官奥斯卡·拉米雷斯·拉莫斯（Óscar Ramírez Ramos）决定将最小的孩子带回家，并以自己的名字给这个男孩命名。250具尸体是这场屠杀唯一的无声见证者。

30年后，吉尔伯托·霍尔丹、至少另外3名参与大屠杀的突击队成员以及被绑架的男孩奥斯卡·拉米雷斯都生活在美国。大屠杀发生后不久，霍尔丹越过边境，在佛罗里达州博卡拉顿定居，并在那里找了一份厨师的工作。通过《移民改革与控制法案》的政策，他于1986年获得合法身份，10年后，他申请并获得了美国公民身份，他谎称自己从未在危地马拉军队服役或犯下过任何罪行。另外三人则定居在加利福尼亚和休斯敦。

奥斯卡目睹他的村庄和家人遭到屠杀时只有3岁，随后被拉米雷斯一家人收养，他对这些事没有任何记忆。1998年底，他也前往美国，偷渡入境并在波士顿西部的一个小镇定居。他在那里结婚生子，先是在一家超市工作，后来又在当地一家连锁快餐店工作。在2011年调查多斯埃雷斯案的危地马拉检察官联系他之前，他从未怀疑过自己的身份，但基因测试证实他确实是那个在1982年被绑架的孩子。最终，所有4名突击队成员都被驱逐到危地马拉接受指控。[64]

国际领养

国际领养通常不被认为是"移民",而是中美洲人通过复杂的联系来到美国的另一种方式,特别是在20世纪末的危地马拉和萨尔瓦多。正是在那些由于美国的政策导致了屠杀、流离失所以及家庭和社区关系遭到破坏的国家里,美国的平民被"邀请"而来,通过拯救一些幸存的儿童来展示美国的"慷慨"。

与上述奥斯卡的案例一样,多明加·西克(Dominga Sic)是1982年危地马拉军队大屠杀的一名儿童幸存者,这次屠杀发生在中部高地里奥内格罗(Río Negro)的一座玛雅村庄。里奥内格罗并没有明显的游击队存在,但它阻碍了世界银行资助的一个主要开发项目——奇霍伊水电站大坝的建设。当村民抗议强行搬迁时,军队介入并将他们消灭。超过3500人流离失所,数百人在一系列屠杀中丧生,这些屠杀与上述多斯埃雷斯的案例有着同样可怕的模式。1982年3月,当军队和民防巡逻队袭击里奥内格罗时,多明加只有9岁。那一天,有177人死于非命,其中就包括多明加的家人。

多明加被发现后,被送往了孤儿院。两年后,她被爱荷华州浸信会牧师和他的妻子收养。与奥斯卡不同的是,多明加的年龄已经足够大了,所以她对恐怖事件有着清晰的记忆,尽管她后来在美国中西部的传统环境中长大。成年后,她回到里奥内格罗,像奥斯卡一样成为危地马拉种族灭绝受害者不断寻求正义的活动家和证人。和奥斯卡的故事一样,她的故事也成了一部令人心碎的纪录片的主题。[65]

多明加是来自危地马拉和萨尔瓦多的数千名儿童之一，他们在战争期间"失踪"，迷失于法律条文和腐败的制度，最终被善良的美国白人家庭收养。即使是臭名昭著的美国驻洪都拉斯大使约翰·内格罗蓬特也于20世纪80年代初收养了5名洪都拉斯儿童，其中两名是在他担任大使期间，3名是在他卸任大使之后。[66]

这些所谓的孤儿中，许多都有幸存的家人，有些甚至是从父母身边被强行带走的。所有人都是"某人的孩子"[67]。如果他们的家人被杀害、社区被摧毁，或者妇女因暴力或饥饿而被迫放弃自己的孩子，那么犯罪的责任链就能一直追溯到白宫。悲情化这些"孤儿"，可能是抹去这段摧毁了如此多家庭历史的另一种方式。

危地马拉这个在20世纪80年代遭受暴力、死亡和失踪影响最严重的国家，成为20多年来跨国领养的最大来源地。在混乱的战争年代，领养在危地马拉成为一项不受监管的大生意，研究估计，20世纪80年代约有5000名儿童被绑架并在国际市场上出售。[68]随着战争结束后基础设施的发展，1996—2008年，被"出口"的儿童数量更是达到了数万名。

到20世纪90年代中期，媒体和其他地方流传着危地马拉儿童被拐走并被卖到国外的谣言。在对高层内部共谋感到绝望的情况下，一些村庄的民众选择将正义掌握在自己手中，袭击了他们怀疑的那些正在试图拐卖儿童的外国人。对人贩子的恐慌和诉诸非正式"司法"反映了全国偏远村庄的绝望和私法的泛滥。对土著儿童的拐卖正反映了全球秩序。正如我的一位同事（也是跨国领养儿童的父母）讽刺的那样："这正是帝国主义的新自由主义阶段。首先我们夺取他们的土地，然后我们夺取他们的资源，夺取他们的工人，再夺取他们的孩子。"

到 2007 年，危地马拉每 100 名出生的婴儿中就有 1 名被美国人收养。2008 年，危地马拉政府最终承认领养系统存在滥用行为，并对国际领养颁布了禁令。[69]

危地马拉心理健康联盟（Guatemalan Mental Health League）试图为失去孩子的父母和寻找亲生父母的孩子提供一个信息交换的平台，并已成功使近 500 个家庭重新团聚。[70] 1989 年，中美洲大学耶稣会大屠杀的唯一幸存者（因为当时他不在场）乔恩·科尔蒂纳（Jon Cortina）在萨尔瓦多创立了组织"助索"（Pro-Búsqueda），以帮助父母或亲属找寻那些在战争期间被绑架或失踪的幼儿。到 2020 年，"助索"已收集了超过 900 名失踪儿童的信息，尽管该组织认为他们的成果只是全部失踪案件的冰山一角。有近 400 人与他们的原生家庭重新取得了联系，其中有 61 人已在美国被领养。然而，美国国务院在战争年代为被领养的萨尔瓦多儿童发放了超过 2300 份签证。他们中的每一个都是某人的孩子，并且都有一段历史。[71]

移民与文化变迁

移民经常跟随他们认识的人，在美国的城镇中重建当地社区。正如我们在普罗维登斯的辛屈克社区中看到的那样，这些新社区会重现人们正在逃离的暴力和不平等。移民、家庭分居和侨汇在带来新的机会的同时，也会造成新的不平等和苦难。

人类学家发现，移民可能会加剧危地马拉的种族等级制度。在那里，土著处于社会等级的最底层。而在美国，土著身份可能变得无关紧要，土著甚至还会因此身份受到重视。土著移民及其家人可以实现阶级地位的跃升。一些土著移民及其家人获得了财富和社会地位，并推翻了对土著纯粹的浪漫化刻板印象和对土著落后的歧视性刻板印象。[72]

当年轻人带着金钱和社会资本——例如英语知识——返回时，年龄等级也受到了挑战，年轻人掌握的英语在新农村经济中很有价值，因为游客和非政府组织已成为重要的权力来源。这些紧张关系可能导致暴力。长辈有时会不假思索地认为叛逆的年轻人都是帮派成员，并希望恢复类似民防巡逻队的"安全"巡逻。[73]相反，对那些受伤、死亡或在有机会赚到足够的钱来偿还旅费之前就被驱逐回中美洲的人而言，他们赴美的旅行让家人陷入了债务的深渊。

父母的离开可能会对留守儿童产生复杂的影响。莱西·阿布雷戈（Leisy Abrego）发现，在萨尔瓦多的留守家庭中，虽然与父母的长期分离总会给孩子带来情感和心理负担，但这在很大程度上取决于父母在美国的经历。如果父母能够获得体面的工作并为留在家里的孩子提供物质和教育上的支持，孩子就会逐渐理解并感激父母的牺牲。如果父母能够获得合法身份，他们就可以回家探亲，甚至将孩子带到美国。但在许多情况下，父母的牺牲未能带来相应的稳定生活。他们的孩子不仅要忍受失去父母陪伴的痛苦，还要承受持续的物质匮乏和被遗弃的怨恨。[74]在萨尔瓦多的一些地区，多达40％的儿童有双亲之一或双亲身在美国。[75]

即使移民与亲戚一起移居，或选择在重建的社区中定居，新的环境也可能会改变文化上的期望。在萨尔瓦多，社区联系和互惠是生存的基础。但萨尔瓦多人来到美国时却背负着债务和义务。他们的首要任务是回报那些为他们的赴美之行提供资金而做出牺牲的同胞，如果没有侨汇，那些留在母国的人将面临失去家园和土地的风险。严厉的移民法和社会资本的缺乏使移民陷入低工资、不稳定的劳动力市场。萨尔瓦多移民面临着"对他们的微薄收入来说太多的要求"，而且几乎没有能力向同胞慷慨解囊。[76]竞争性个人主义和想方设法从其他同胞那里赚钱往往是唯一的生存之道。许多在美国的移民怀念家乡社区的互惠精神，认为他们在美国的同胞"嫉妒""好胜"和"自负"。[77]

结 论

特朗普的边境战争

我们大多数人都知道，中美洲移民正在逃离贫穷和暴力肆虐的祖国，前往美国寻求财富和安全。但这只是故事的一部分，正如本书试图展示的那样。

自由派认为，基本道义和国际法要求移民应当被人道地对待。他们正确地谴责特朗普总统夸张的反移民言论和明显残酷的政策。事实上，最近的移民中有许多年轻人和家庭，这强化了从人道主义角度出发反对特朗普政策的依据。但单纯的人道主义立场可能无法解决当今移民问题的历史根源。仅靠更多的人道主义移民政策并不能改变需要这些政策的根源。

家庭和儿童移民

早在1997年，美国就开始对单独拘留在边境的青少年实施特殊待遇。考虑到这些儿童的脆弱性，政策确保他们不会被拘留在成人监狱中，以使得他们有权迅速地与身处美国的父母团聚，并允许他们能够寻求庇护。

甚至在21世纪头十年后期中美洲青少年开始在无人陪伴的情况下大规模越境之前，大多数被移民局拘留的青少年都已是中美洲人。而越境被捕的墨西哥青少年只会被遣返回墨西哥。1997年改革后，被拘留的中美洲青少年会被移交到难民安置办事处（Office of Refugee Resettlement，ORR），这个办事处与多个机构签订了合同，以为这些孩子提供住宿，直到他们被移交给亲戚，或者在少数得到裁决的情况下被送到寄养家庭。

在特朗普新政府的领导下，无人陪伴的青少年的情况迅速恶化。一系列新法规无情地废除了为这些年轻移民设立的保护措施。为未成年人设计的设施条件被降级，为青少年提供公平申请庇护机会的法律保护也被废除。正如儿童权益保护组织"需要保卫的孩子"（Kids in Need of Defense）的主任在2018年所说的那样："这是一系列跨机构的协调行动，目的是想要阻碍孩子顺利进入移民系统。"[1]

针对无人陪伴青少年的措施是渐进式的，并没有引起公众的太多关注。同样的事情最初发生在特朗普另一个明显的目标上：一些有小孩的家庭会一起越过边境，并向边境巡逻队自首以寻求庇护。在前几届政府期间，这些家庭中的大多数会被暂时送往特殊的家庭拘留设施。由于对儿童拘留时间的限制，这些家庭将很快得到处理，并在法庭确定其诉求裁决日期后被释放。

特朗普嘲笑这种"抓了就放"的政策，并发誓要用他所谓的"零容忍"政策来取而代之。现在，越来越多未经检查而越境被捕的人将受到刑事起诉，即使他们自愿自首或持有有效的庇护申请。这意味着他们将从移民拘留系统被转移到刑事司法系统。由于儿童不能被关押在成人监狱中,因此他们将与父母分开,并被单独送往专为无人陪伴的未成年人设立的难民安置办事处安置中心。

这些中心原本是为了收容那些独自跨越边境寻求与父母团聚的青少年而设立的。几乎在所有情况下,他们都会很快被移交给父母或监护人。然而,那些在边境与父母分离的孩子往往年龄较小——有些还是婴儿——他们无法被送回到父母身边,因为他们的父母都还在监狱里。其中许多儿童最终在缺乏设施的场所中长期滞留,或者被送去寄养家庭。有时,父母都被驱逐出境,而他们的孩子仍被困于这个系统之中。

2018年4月,《纽约时报》爆料"数百名移民儿童在美国边境从父母身边被带走"。据《纽约时报》报道,自上一年10月以来,已有700名儿童从父母身边被带走并移交给难民安置办事处,其中包括100名4岁以下的儿童。《纽约时报》还报道说:"(难民安置办事处)设施的运营者表示,他们经常无法找到失散儿童的父母,因为孩子们到达时并没有适当的记录,一旦儿童进入庇护系统,就没有可靠的程序来确定他们是否与合法父母分离,或者使被错误分离的父母和儿童重新团聚。"[2]

尽管公众和媒体的愤怒日益高涨,特朗普政府仍一意孤行。在《纽约时报》报道后的一个月里,又有近2000名儿童从父母身边被带走。[3]5月初,特朗普迈出了最后一步,使得在所有情况下家庭分离成为强制性措施。"零容忍"成为国家的官方政策;现在,每一个在边境被捕的成年人都将因非法入境而受到刑事起诉。时任司法部长杰夫·塞辛斯（Jeff Sessions）将父母与偷运者混为一谈，他说道："如果你正在偷运儿童，那么我们将起诉你，并按照法律将孩子与你分开。"[4] 六周后，公众的强烈抗议日益高涨，联邦法院下令停止该政策，并要求让父母与孩子团聚。然而一年过去了，美国公民自由联盟发现，自禁令实施以来，还是有 900 多名儿童在边境不得不和父母分离。[5]

之后，在 2019 年 1 月，特朗普采取了迄今为止最戏剧性的一步举措——"留在墨西哥"政策，规定任何在边境寻求合法庇护的人（而不是未经检查就过境然后自首，或被边境巡逻队抓获并被拘留的人）都将被禁止入境，而他们要等待数周或数月的时间才能等到案件的裁决结果。在边境沿线，帐篷构成的"城市"如雨后春笋般涌现，成千上万的移民被安置在 2020 年初美国国会代表团所说的"可怕"和"不人道"的环境下。[6] 人权观察组织直言不讳地表示：该计划"使寻求庇护的儿童及其父母面临遭受袭击、虐待和创伤的严重风险"[7]。在某些情况下，绝望的父母将年幼的孩子独自送过边境，以逃离难民营中的可怕条件。[8] 到 2020 年中，仍有 6 万名移民被困在难民营中。

随着大量儿童在被移交给难民安置办事处前被迫在海关和边境保护局（Customs and Border Patrol，CBP）的设施中滞留，他们面临的风险也在增加。尽管法律要求他们在 72 小时内转移，但这一规定越来越被忽视。随着家庭和无人陪伴儿童的数量不断增加，到 2019 年中期，被美国海关警察拘留的大约有 1.4 万人，其中包括 2000 名儿童。截至 2019 年底，政府数据显示，全年有近 7 万名儿童被海关和边境保护局拘留，其中有 4000 名儿童仍在拘留状态，且每天还有更多的儿童到来。[9] 2018 年 9 月至 2019 年 5 月期间，有 7 名儿童在被海关和边境保护局羁押期间或在被释放或被转移不久后死亡。[10]

这些死亡事件，以及儿童被关在笼子里的新闻照片——被众议员亚历山大·奥卡西奥-科尔特斯（Alexandria Ocasio-Cortez）比作"集中营"——引起了公众和媒体的强烈抗议。[11] 奥卡西奥-科尔特斯的措辞或许有些不妥，因为在美国，"集中营"这个词已经与纳粹的死亡集中营密切联系在一起。但从字面上和历史上看，这仍不失准确性：集中营是一个违背人们意愿，将他们围捕、集中和监禁的所在，而原因仅仅是他们是谁和/或他们身处何处。

特朗普的其他举措旨在完全阻止移民到达边境，例如招募墨西哥安全部队（并威胁墨西哥政府，如果不合作，将提高关税），并要求移民首先在洪都拉斯、危地马拉或萨尔瓦多（如果他们在前往美国的途中经过这些国家）申请庇护。正如《基督科学箴言报》生动描述的那样，"墨西哥成了特朗普的边境墙"，因为它大大增加了南部边境的军事化和驱逐行为，与此同时，墨西哥还努力应对滞留在美墨边境墨西哥一侧的数万移民。[12] 在被迫与美国签署"安全第三国"协议后，那些原本向美国输送难民的国家——危地马拉、洪都拉斯和萨尔瓦多——不仅要面临被美国驱逐出境的本国公民的回流，还面临着邻国的难民的冲击，美国坚持要求这些人先在这些中美洲国家，而不是他们的实际目的地——美国寻求庇护。但这些国家也面临着难民们从一开始所逃离的同样问题:暴力、有罪不罚、贫困、帮派、干旱、失业和有组织犯罪。他们几乎没有基础设施或能力来照顾新抵达的难民。[13]

随着2020年初新冠疫情的爆发,把移民困在贫困和边缘化状态的环境,使他们面临过高的患病和死亡风险。美国境内的移民拘留中心和墨西哥边境一侧的难民营成为危险的传染媒介。驱逐仍在继续,一些被驱逐者将病毒带回了自己的祖国。移民们集中从事高风险、低收入的"基础"工作,如肉类和家禽加工、农业、仓储、疗养院和超市。其他人则在餐馆等就业机会逐渐萎靡的行业工作。他们往往居住在高密度的房屋和社区中,几乎不可能保持所谓的社交距离。如果他们没有合法证件,他们也没有资格享受失业或其他救济措施。毫不奇怪,移民因疫情和随之而来的经济崩溃而遭受了不成比例的痛苦。

移民与团结:移民权利

中美洲人在20世纪80年代的团结运动中发挥了重要作用。许多在20世纪90年代及随后几十年抵达的人只是希望能找到一份工作,并为自己和家人创造更好的生活,但许多人加入或领导了争取移民权利和劳工权利的斗争。

与一些20世纪80年代后逐渐衰落的团结组织不同,许多难民和移民组织继续稳步开展工作。像中美洲资源中心这样的组织是21世纪头十年移民权利运动的领导者,在2005年和2006年的5月1日动员了重大的移民权利游行,并参与了影响移民社区的当地问题。

中美洲移民还帮助振兴了美国的劳工运动,这一运动长期以来一直避免组织低工资工人和移民工人,并将贫困移民视为对"美国"就业的威胁。就像20世纪60年代将农场工人权利带入公众视野的墨西哥移民一样,中美洲人也带来了运动的组织经验以及关于社会转型和权利的激进愿景。他们开始了自己的行动,并在20世纪90年代中期激励主流工会更加关注洛杉矶的管理员、佛罗里达州的农场工人和北卡罗来纳州的家禽业工人。[14]

随着美国围绕移民的辩论在21世纪初期逐渐升温,21世纪的教会复兴了20世纪80年代的庇护运动,并创建了一个全国性的网络,为受到移民和海关执法局针对或面临驱逐风险的难民提供庇护。奥巴马领导下的移民和海关执法局通常遵循不鼓励特工进入包括学校和教堂在内的"敏感地点"并进行逮捕的指导方针。在全国各地,移民通过搬入教会建筑数月乃至数年来逃避移民和海关执法局的追捕。

特朗普当选和反移民言论加剧后,更多处于危险之中的移民寻求这种庇护。截至2018年底,约有50名面临驱逐的移民在全国各地的教堂找到了庇护。但移民和海关执法局特工也更有胆量无视禁令。移民和海关执法局在拘留(然后驱逐)一名被北卡罗来纳州教堂庇护的移民后向CNN表示:"任何非法居留美国的外国人都会被逮捕和驱逐,无论他们在所谓的'敏感地点'居住了多久。"[15]

除了宗教团体之外,全国各地的城市、县、州和大学都宣称自己是"庇护所"以回应特朗普的当选。这个概念没有统一的定义，但一般来说，此类决议旨在阻止当地雇员与执法部门向移民和海关执法局特工提供信息或帮助。当特朗普威胁要削减对实施庇护政策地区的联邦援助和拨款时，许多人决定避免使用这个术语，或者弱化他们的庇护政策。

殖民主义、定居者殖民主义和偿还

本书认为，特朗普的政策只是美国一个多世纪以来对中美洲的统治和剥削的最新版本。今天困扰中美洲的暴力和贫困，是殖民和新殖民主义的发展政策，以及实施和正当化这些政策所需的暴力与遗忘文化的直接结果。如果我们想创造一个更加公正的世界，就需要承认存在一种多层面的共谋举措，这种举措试图让人们遗忘，从而来弱化对当今不平等现象根源的关注。我们还需要铭记中美洲人为社会和经济正义所做的英勇斗争，并从中受到启发。美国对中美洲负有巨大的道义和物质"债务"。铭记这笔"债务"是试图偿还它的第一步。

"偿还"不仅仅意味着现金转移。"偿还"意味着修复几个世纪的统治、掠夺和剥削所造成的损害。今天的棕榈油种植园、毒品战争、帮派、保税工厂、流离失所和暴力，都是一段历史的直接结果，这段历史不仅是特朗普，而且是几乎所有政治领导人、主流媒体和教育系统都想要忘记的历史。[16]我希望这本书可以激励读者，铭记并努力改变造成如此多苦难的结构和制度。

术语释义

AIFLD：美洲自由劳工发展研究所

ARENA：民族主义共和联盟，萨尔瓦多极右翼政党

ANACH：洪都拉斯全国农民协会

ATC：桑地诺农村工人协会

CAFTA：中美洲自由贸易协定

Campesino：农民或农村工人，这些类别在中美洲经常通用。

CBC：基督教基层社区

CISPSES：声援萨尔瓦多人民委员会

Contra：康特拉，意为反革命，尼加拉瓜反政府武装的统称，受美国资助反对桑解阵政府及其实行的改革。

CODEH：洪都拉斯人权保护委员会

cofradía：村级宗教兄弟会和管理机构，通常由传统的长者领导。

Compañero：同志、伙伴

Costumbre：基于当地天主教/玛雅融合的传统宗教（危地

马拉）

CPR：抵抗者社区（危地马拉）

CUC：农民团结委员会（危地马拉）

DACA：童年入境暂缓遣返手续

EGP：贫民游击队（危地马拉）

Esquipulas agreement：1987 年中美洲各国总统在危地马拉埃斯基普拉斯签署的和平协定

FAR：革命武装力量（危地马拉）

FDN：尼加拉瓜民主力量

FDR：革命民主阵线（萨尔瓦多）

FECCAS：基督徒农民联合会（萨尔瓦多）

FMLN：法拉本多·马蒂民族解放阵线（萨尔瓦多）

FPL：法拉本多·马蒂人民解放军

FSLN：桑地诺民族解放阵线（尼加拉瓜）

Guardia：国民警卫队（尼加拉瓜）

Guinda：短期逃往山区躲避军队袭击（萨尔瓦多）

ICE：美国移民和海关执法局

ICSID：世界银行国际投资争端解决中心

IMF：国际货币基金组织

IRCA：《移民改革与控制法案》（美国，1986）

Ladino：美洲的非欧洲人或混血人种，不被认定为土著人。在殖民时期，西班牙人用它来指代学习了西班牙语并生活在殖民世界中的土著人，而不是生活在法律规定的印第安人社区中的"印第安人"。根据语境的不同，它可能具有消极、中性或

积极的含义

maquiladora：低收入国家的免税装配和制造工厂

mara/marero：犯罪团伙/成员

mestizo：欧裔和土著混血儿

NGO：非政府组织

NSC：国家安全委员会（美国）

ORDEN：全国民主组织（萨尔瓦多）

ORPA：武装人民革命组织（危地马拉）

PAC：民防巡逻队（危地马拉）

Principales：土著村级长老和当局

TPS：临时保护身份计划

UCA：：耶稣会大学（马那瓜和圣萨尔瓦多）

UNHCR：联合国难民事务高级专员公署

URNG：全国革命联盟（危地马拉）

USAID：美国国际开发署

UTC：农村工人联盟（萨尔瓦多）

注 释

第一部分 一个根深蒂固的危机

隐世与遗忘

1. Elisabeth Burgos-Debray, ed., *I, Rigoberta Menchú: An Indian Woman in Guatemala*, trans. Ann Wright (New York: Verso, 1984), 1.

2. *I, Rigoberta Menchú*, 7, 9, 13, 14, 22. 门楚的自传经由一位委内瑞拉籍人类学家记录、编辑并进行出版,且被翻译成多种语言。在西班牙语原版中,门楚采用了"原住民/土著"(indígena)这一表述而非"印第安人"(Indian),因后者在危地马拉常常被用作一种种族主义侮辱词汇。此处的引用使用了英文版译者所选择使用的"印第安人"。在本书中,我将使用"原住民/土著"一词,除非是在引用或指代殖民时期的称呼,或是某些人将自己定义为"印第安裔"的情况。

3. *I, Rigoberta Menchú*, 147–48, 199, 200.

4. See Ibram X. Kendi, "The Day *Shithole* Entered the Presidential Lexicon," *Atlantic*, January 13, 2019, https://www.theatlantic.com/politics/archive/2019/01/shithole-countries/580054; Dara Lind, "The Migrant Caravan That's Spurring Trump's Latest Temper Tantrum, Explained," *Vox*, October 18, 2018, https://www.vox.com/policy-and-politics/2018/10/17/17983362/caravan-honduras-trump-border-illegal.

5. Jordan Fabian, "Trump: Migrant Caravan 'Is an Invasion,'" *Hill*, October 29, 2018, https://thehill.com/homenews/administration/413624-trump-calls-migrant-caravan-an-invasion.

6. See Matthew Restall and Florine Asselbergs, *Invading Guatemala: Spanish, Nahua, and Maya Accounts of the Conquest Wars* (University Park: Pennsylvania State University Press, 2007), 100; Laura E. Matthew, *Memories of Conquest: Becoming Mexicano in Colonial Guatemala* (Chapel Hill: University of North Carolina Press, 2012), 101.

7. Alfred W. Crosby, *Ecological Imperialism: The Biological Expansion of Europe, 900–1900*, orig. 2004 (New York: Cambridge University Press, 2013).

8. W. George Lovell and Christopher H. Lutz, "The Historical Demography of Colonial Central America," in *Yearbook* (*Conference of Latin Americanist*

Geographers) 17/18 (1991/1992): 127-38.

9. Adriaan van Oss, *Catholic Colonialism: A Parish History of Guatemala, 1524-1821* (New York: Cambridge University Press, 1986), 17, 18, 77.

10. David McCreery, *Rural Guatemala, 1760-1940* (Palo Alto, CA: Stanford University Press, 1994), 3.

11. Greg Grandin, *The Blood of Guatemala: A History of Race and Nation* (Durham, NC: Duke University Press, 2000), 134.

12. Murdo J. MacLeod, *Spanish Central America: A Socioeconomic History*, orig. 1973 (Austin: University of Texas Press, 2007), 52, 56.

13. 在西班牙殖民统治下,"克里奥尔人"一词所指代的是那些出生于美洲大陆的西班牙白人。在英属和法属加勒比地区,这一称呼则主要指代出生于殖民地的非洲人后裔。这一词汇的含义后来被进一步扩展以指代某种语言(例如海地克里奥尔语)和某些诞生于殖民地的族群。

14. MacLeod, *Spanish Central America*, 63.

15. Daniel Wilkinson, *Silence on the Mountain: Stories of Terror, Betrayal, and Forgetting in Guatemala* (Durham, NC: Duke University Press, 2004), 7.

16. Wilkinson, *Silence on the Mountain*, 213-15.

17. Otto René Castillo, "Apolitical Intellectuals," https://www.marxists.org/subject/art/literature/castillo/works/apolitical.htm.

18. Carolyn Forché, "The Colonel," from *the Country Between Us* (New York: Harper Collins, 1981), https://www.poetryfoundation.org/poems/49862/the-colonel.

19. Janet Shenk, "El Salvador," *NACLA Report on the Americas* (May-June 1985), https://nacla.org/article/el-salvador-new-and-old-war.

20. Wilkinson, *Silence on the Mountain*, 332.

21. Ronald Reagan, "Question and Answer Session with Reporters," December 4, 1982, Reagan library, https://www.reaganlibrary.gov/research/speeches/120482g.

塑造美国,塑造中美洲:香蕉、咖啡、野蛮人和土匪

1. Colin G. Galloway, *Indian World of George Washington* (New York: Oxford University Press, 2018), 6, 9.

2. Vine Deloria, Jr., and Clifford M. Lytle, *The Nations Within: The Past and Future of American Indian Sovereignty* (New York: Pantheon Books, 1984), chap. 2.

3. John Grenier, *The First Way of War: American War Making on the Frontier, 1607-1815* (New York: Cambridge University Press, 2005).

4. Van Oss, *Catholic Colonialism*, 187.

5. David McCreery, "State Power, Indigenous Communities, and Land in Nineteenth-Century Guatemala, 1820–1920," in *Guatemalan Indians and the State, 1540–1988*, ed. Carol A. Smith (Austin: University of Texas Press, 1990), 101.

6. Grandin, *Blood of Guatemala*, 104.

7. McCreery, "State Power, Indigenous Communities, and Land in Nineteenth-Century Guatemala," 102.

8. Erik Ching, *Authoritarian El Salvador: Politics and the Origins of the Military Regimes, 1880–1940* (Notre Dame, IN: University of Notre Dame Press, 2014), chap. 2.

9. Jeffrey L. Gould, *To Die in This Way: Nicaraguan Indians and the Myth of Mestizaje, 1880–1955* (Durham, NC: Duke University Press, 1998), 180. For the larger picture, see Steven C. Topik and Allen Wells, eds., *The Second Conquest of Latin America: Coffee, Henequen, and Oil During the Export Boom, 1850–1930* (Austin: University of Texas Press, 1998).

10. Grandin, *Blood of Guatemala*, 127.

11. Grandin, *Blood of Guatemala*, 126.

12. Grandin, *Blood of Guatemala*, 128–29.

13. Grandin, *Blood of Guatemala*, 135–36.

14. Grandin, *Blood of Guatemala*, 141.

15. Jeffrey L. Gould and Aldo A. Lauria-Santiago, *To Rise in Darkness: Revolution, Repression, and Memory in El Salvador, 1920–1932* (Durham, NC: Duke University Press, 2008), xvii–viii; Aldo A. Lauria-Santiago, *An Agrarian Republic: Commercial Agriculture and the Politics of Peasant Communities in El Salvador, 1823–1914* (Pittsburgh: University of Pittsburgh Press, 1999), 6, 3.

16. Héctor Lindo-Fuentes, Erik Ching, and Rafael A. Lara-Martínez, *Remembering a Massacre in El Salvador* (Albuquerque: University of New Mexico Press, 2007), 27.

17. Lindo-Fuentes et al., *Remembering a Massacre*, 26–27.

18. Virginia Q. Tilley, *Seeing Indians: A Study of Race, Nation, and Power in El Salvador* (Albuquerque: University of New Mexico Press, 2005), 135.

19. Quoted in Robert Armstrong and Janet Shenk, *El Salvador: The Face of Revolution* (Boston: South End Press, 1982), 27.

20. Tilley, *Seeing Indians*, 140, 154.

21. Tilley, *Seeing Indians*, 156, 164.

22. Lindo-Fuentes et al., *Remembering a Massacre*, 66–67.

23. Lindo-Fuentes et al., *Remembering a Massacre*, 5.

24. Tilley, *Seeing Indians*, 20.
25. Tilley, *Seeing Indians*, 9 – 10, 26.
26. Gould and Lauria-Santiago, *To Rise in Darkness*, xii, xxii, 287.
27. "Transcript of Monroe Doctrine," https://www.ourdocuments.gov/doc.php?.
28. Simón Bolívar, letter to Patrick Campbell, British Chargé d'Affaires, August 5, 1829. Reprinted in *El Libertador: Writings of Simón Bolívar*, ed. David Bushnell (New York: Oxford University Press, 2003), 173.
29. See Pekka Hämäläinen, *The Comanche Empire* (New Haven, CT: Yale University Press, 2008).
30. Michel Gobat, *Confronting the American Dream: Nicaragua Under U. S. Imperial Rule* (Durham, NC: Duke University Press, 2005), 2.
31. Michel Gobat, *Empire by Invitation: William Walker and Manifest Destiny in Central America* (Cambridge, MA: Harvard University Press, 2018), 5.
32. Walter LaFeber, *Inevitable Revolutions: The United States in Central America*, orig. 1983 (New York: W. W. Norton & Company, 1993), 31.
33. "Theodore Roosevelt's Annual Message to Congress, December 6, 1904," https://www.ourdocuments.gov/doc.php?flash = true&doc = 56&page = transcript.
34. LaFeber, *Inevitable Revolutions*, 52 – 53, 60 – 61.
35. Major General Smedley Butler, USMC, excerpts from a speech in 1933, https://fas.org/man/smedley.htm.
36. In addition to LaFeber's *Inevitable Revolutions*, see Lester D. Langley, *The Banana Wars: United States Intervention in the Caribbean, 1898 – 1934*, orig. 1983 (Wilmington, DE: Scholarly Resources, 2002), chaps. 5 – 6, 14 – 16.
37. Thomas W. Walker and Christine J. Wade, *Nicaragua: Living in the Shadow of the Eagle*, 5th ed. (Boulder, CO: Westview Press, 2011), 18.
38. Michel Gobat, "La construcción de un estado neo-colonial: El encuentro nicaragüense con la diplomacia del dólar," *Íconos: Revista de Ciencias Sociales* (Quito) (May 2009): 53 – 64, 55.
39. Quoted in Gould, *To Die in This Way*, 190.
40. Gould, *To Die in This Way*, 55.
41. Gould, *To Die in This Way*, 224, 230.
42. David C. Brooks and Michael J. Schroeder, "*Caudillismo* Masked and Modernized: The Remaking of the Nicaraguan State Via the National Guard, 1925 – 1936," *Middle American Review of Latin American Studies* 2, no. 2 (2018): 1 – 32, 9, 31.

43. Walker and Wade, *Nicaragua*, 21 – 22.

44. Joseph O. Baylen, "Sandino: Patriot or Bandit?," *Hispanic American Historical Review* 31, no. 3 (August 1951): 394 – 419, 404.

45. Brooks and Schroeder, *"Caudillismo,"* 20.

46. Walker and Wade, *Nicaragua*, 22 – 23.

47. Alison Acker, *Honduras: The Making of a Banana Republic* (Boston: South End Press, 1989), 58.

48. LaFeber, *Inevitable Revolutions*, 42.

49. Acker, *Honduras*, 69.

50. Moody Manual Company, *Moody's Manual of Railroad and Corporation Securities*, vol. 2, 16th annual number (New York: Moody Manual Company, 2015), 3469.

51. LaFeber, *Inevitable Revolutions*, 63.

52. John Vandermeer and Ivette Perfecto, *Breakfast of Biodiversity: The Political Ecology of Rainforest Destruction*, orig. 1995 (Oakland, CA: Food First Books, 2013), 55.

53. Acker, *Honduras*, 62.

54. LaFeber, *Inevitable Revolutions*, 43.

55. Pablo Neruda, "The United Fruit Company," 1950, https://genius.com/Pabl o-neruda-the-united-fruit-company-annotated.

56. Matthew Frye Jacobson, "Annexing the Other," in *Race, Nation, and Empire in American History*, ed. James T. Campbell, Matthew Pratt Guterl, and Robert G. Lee (Chapel Hill: University of North Carolina Press, 2007), 103 – 29, 113.

57. Gobat, *Confronting the American Dream*, 5, 22.

58. See Brian W. Dippie, *The Vanishing American: White Attitudes & U. S. Indian Policy* (Lawrence: University Press of Kansas, 1982).

59. Captain Richard H. Pratt on the Education of Native Americans, 1892, http:// historymatters. gmu. edu/d/4929.

60. Wilkinson, *Silence on the Mountain*, 46.

61. Gould, "'¡ Vana Ilusión!': The Highland Indians and the Myth of Nicaragua Mestiza, 1880 – 1925," *Hispanic American Historical Review* 73, no. 3 (August 1993): 393 – 429, 416.

62. Stephen M. Streeter, *Managing the Counterrevolution: The United States and Guatemala, 1954 – 1961* (Athens: Ohio University Center for International Studies, 2000), 155.

63. Wilkinson, *Silence on the Mountain*, 38.

64. Gould, "Vana Ilusión!" 393, 416; Carol A. Smith, "Origins of the National Question in Guatemala: A Hypothesis," in Smith, ed. , *Guatemalan Indians and the State*, 91.

65. Smith, "Origins of the National Question," 91.

66. Gould, *To Die in This Way*, 155 – 61.

67. Gould, *To Die in This Way*, 20.

冷战、"十年之春"及古巴革命

1. Blanche Weisen Cooke, *Eleanor Roosevelt: The War Years and After, 1939 – 1962*, vol. (New York: Penguin Books, 2016), p. 61.

2. Paul Dosal, *Doing Business with the Dictators: A Political History of United Fruit in Guatemala, 1899 – 1944* (Wilmington, DE: Scholarly Resources, 1993), 3.

3. LaFeber, *Inevitable Revolutions*, 83 – 85.

4. Greg Grandin, *Empire's Workshop: Latin America, the United States, and the Rise of the New Imperialism* (New York: Henry Holt and Company, 2006), 4.

5. Streeter, *Managing the Counterrevolution*, 12.

6. Streeter, *Managing the Counterrevolution*, 191.

7. Grandin, *Empire's Workshop*, 42.

8. Streeter, *Managing the Counterrevolution*, 19.

9. Streeter, *Managing the Counterrevolution*, 20.

10. Jim Handy, "The Corporate Community, Campesino Organizations and Agrarian Reform: 1950 – 1954," in Smith, ed. , *Guatemalan Indians and the State*, 163 – 82, 169, 178.

11. Handy, "Corporate Community," 165.

12. Handy, "Corporate Community," 179.

13. Streeter, *Managing the Counterrevolution*, 22 – 23.

14. Piero Gleijeses, *Shattered Hope: The Guatemalan Revolution and the United States, 1944 – 1954* (Princeton, NJ: Princeton University Press, 1991), 243.

15. Gleijeses, *Shattered Hope*, 300.

16. Gleijeses, *Shattered Hope*, 338.

17. Betsy Konefal, *For Every Indio Who Falls: A History of Maya Activism in Guatemala, 1960 – 1990* (Albuquerque: University of New Mexico Press, 2010), 29.

18. Wilkinson, *Silence on the Mountain*, 183.

19. Armstrong and Shenk, *El Salvador*, 42.

20. Remarks of Senator John F. Kennedy at Democratic Dinner, Cincinnati, Ohio, October 6, 1960, https://www.jfklibrary.org/archives/other-resources/john-f-kennedy-speeches/cincinnati-oh-19601006-democratic-dinner.

21. John F. Kennedy, "Address on the First Anniversary of the Alliance for Progress," March 13, 1962, https://www.presidency.ucsb.edu/documents/address-the-first-anniversary-the-alliance-for-progress.

22. Armstrong and Shenk, *El Salvador*, 43.

23. LaFeber, *Inevitable Revolutions*, 153, 158.

24. Charles D. Brockett, *Land, Power, and Poverty: Agrarian Transformation and Political Conflict in Central America* (Boston: Unwin Hyman, 1988), 86.

25. See Donald Lee Fixico, *Termination and Relocation: Federal Indian Policy 1945–1960* (Albuquerque: University of New Mexico Press, 1990).

26. Brockett, *Land, Power, and Poverty*, 47.

27. Robert G. Williams, *Export Agriculture and the Crisis in Central America* (Chapel Hill: University of North Carolina Press, 1986), 52.

28. Williams, *Export Agriculture*, 65.

29. Brockett, *Land, Power, and Poverty*, 87.

30. *I, Rigoberta Menchú*, 22.

31. Williams, *Export Agriculture*, 113.

32. Williams, *Export Agriculture*, 114.

33. T. Lynn Smith, "Current Population Trends in Latin America," *American Journal of Sociology* 62, no. 4 (January 1957): 399–406.

34. Lovell and Lutz, "Historical Demography"; Worldometers, "Central America Population," https://www.worldometers.info/world-population/central-america-population; "Mexico Population," https://www.worldometers.info/world-population/mexico-population.

35. Brockett, *Land, Power, and Poverty*, 84–85.

36. Brockett, *Land, Power, and Poverty*, 62–63.

37. Bonar L. Hernández-Sandoval, *Guatemala's Catholic Revolution: A History of Religious and Social Reform, 1920–1968* (Notre Dame, IN: University of Notre Dame Press, 2019), introduction.

38. Susan Fitzpatrick-Behrens, "The Maya Catholic Cooperative Spirit of Capitalism in Guatemala: Civil-Religious Collaborations, 1943–1966," in *Local Church, Global Church: Catholic Activism in Latin America from Rerum Novarum to Vatican II*, ed. Stephen J. C. Andes and Julia G. Young (Washington, DC: Catholic University of America Press, 2016), 287.

39. Fitzpatrick-Behrens, "Maya Catholic Cooperative Spirit," 291, 294.

40. See Philip J. Williams, *The Catholic Church and Politics in Nicaragua and Costa Rica* (Pittsburgh: University of Pittsburgh Press, 1989), 21-22.

41. Gould, *To Die in This Way*, 183, 208-11.

42. Molly Todd, *Beyond Displacement: Campesinos, Refugees, and Collective Action in the Salvadoran Civil War* (Madison: University of Wisconsin Press, 2010), 44.

43. Frances Moore Lappé and Joseph Collins, *Now We Can Speak: A Journey Through the New Nicaragua* (Oakland, CA: Food First Books, 1982), 8, 107, 24.

44. LaFeber, *Inevitable Revolutions*, 210.

45. See, for example, Cheryl Rubenberg, "Israel and Guatemala: Arms, Advice, and Counterinsurgency," *MERIP Reports* 140 (May-June 1986), https://merip.org/1986/05/israel-and-guatemala; Cheryl Rubenberg, "Israeli Foreign Policy in Central America," *Third World Quarterly* 8, no. 3 (July 1986): 896-915.

46. LaFeber, *Inevitable Revolutions*, 275.

47. Grandin, *Empire's Workshop*, 67, 71.

48. Jeane Kirkpatrick, "Dictatorships and Double Standards," *Commentary*, November 1979.

49. Grandin, *Empire's Workshop*, 71.

50. Ronald Reagan, "Peace: Restoring the Margin of Safety," Veterans of Foreign Wars Convention, Chicago, August 18, 1980, https://www.reaganlibrary.gov/8-18-80.

51. All quoted in Peter Kornbluh, *Nicaragua: The Price of Intervention* (Washington, DC: Institute for Policy Studies, 1987), 159.

52. LaFeber, *Inevitable Revolutions*, 291.

53. LaFeber, *Inevitable Revolutions*, 292.

54. LaFeber, *Inevitable Revolutions*, 291.

55. Julia Preston and Joe Pichirallo, "Cuban Americans Fight for Contras," *Washington Post*, October 25, 1986.

56. John Brecher, Russell Watson, David C. Martin, and Beth Nissen, "A Secret War for Nicaragua," *Newsweek*, November 8, 1982.

57. Brecher et al., "A Secret War for Nicaragua."

58. The documents are available at "The Negroponte File," National Security Archive Electronic Briefing Book, ed. Peter Kornbluh, April 12, 2005. Part I, https://nsarchive2.gwu.edu//NSAEBB/NSAEBB151/index.htm; Part II, https://nsarchive2.gwu.edu//NSAEBB/NSAEBB151/index2.htm.

59. See *Report of the Congressional Committees Investigating the Iran-Contra*

Affair, 100th Congress, 1st Session (Washington, DC, 1987), 395 – 407, for discussion of the various Boland Amendments and the Reagan administration's perpetual violation of their provisions.

60. "Psychological Operations in Guerrilla Warfare," 10. The CIA declassified a "sanitized" version in 2005, https://www. cia. gov/library/readingroom/docs/CIA-RDP86 M00886R001300010029 – 9. pdf.

61. "The CIA's Murder Manual," editorial, *Washington Post*, October 21, 1984.

62. Ronald Reagan, "Executive Order 12513," https://www. archives. gov/federal-register/codification/executive-order/12513. html.

63. Lawrence E. Walsh, "Final Report of the Independent Counsel for Iran-Contra Matters," August 4, 1993. https://fas. org/irp/offdocs/walsh.

64. Walsh, "Final Report. "

65. Raymond Bonner, "The Diplomat and the Killer," *Atlantic*, February 11, 2016.

66. Ellen Moodie, *El Salvador in the Aftermath of Peace: Crime, Uncertainty, and the Transition to Democracy* (Philadelphia: University of Pennsylvania Press, 2010), 34.

67. Mark Danner, *The Massacre at El Mozote: A Parable of the Cold War* (New York: vintage Books, 1994), 132.

68. LaFeber, *Inevitable Revolutions*, 331.

69. Nathanial Sheppard Jr., "'USS Honduras' Adrift as America loses interest," *Chicago Tribune*, June 15, 1993.

70. National Security Decision Directive 225, May 20, 1986, https://www. reagan library. gov/digital-library/nsdds.

71. LaFeber, *Inevitable Revolutions*, 308.

72. LaFeber, *Inevitable Revolutions*, 289.

73. Jeffrey L. Gould, *Solidarity Under Siege: The Salvadoran Labor Movement, 1970 – 1990* (New York: Cambridge University Press, 2019), 233.

第二部分　20 世纪 70 和 80 年代的革命

危地马拉:改革、革命和大屠杀

1. Streeter, *Managing the Counterrevolution*, 39, 40.

2. Streeter, *Managing the Counterrevolution*, 38; Stokes Newbold, "Receptivity to Communist Fomented Agitation in Rural Guatemala," *Economic Development and Cultural Change* 5, no. 4(July 1967): 338 – 61, 361.

3. Streeter, *Managing the Counterrevolution*, 43 – 45.

4. Streeter, *Managing the Counterrevolution*, 164, 199.

5. Streeter, *Managing the Counterrevolution*, 202, 204; Luis Solano, *Contextualización histórica de la Franja Transversal del Norte* (FTN), Centro de Estudios y Documentación de la Frontera Occidental de Guatemala (CEDFOG), February 2012.

6. Streeter, *Managing the Counterrevolution*, 205.

7. Streeter, *Managing the Counterrevolution*, 111, 108 – 9, 149, 139 – 40; Brockett, *Land, Power, and Poverty*, 105.

8. George Lovell, "Maya Survival in Ixil Country, Guatemala," *Cultural Survival Quarterly* (December 1990); Shelton H. Davis, "Introduction: Sowing the Seeds of violence," in *Harvest of Violence: The Maya Indians and the Guatemalan Crisis*, ed. Robert M. Carmack (Norman: University of Oklahoma Press, 1988), 3 – 36, 14 – 15.

9. David Carey, "Guatemala's Green Revolution: Synthetic Fertilizer, Public Health, and Economic Autonomy in the Guatemalan Highland," *Agricultural History* 83, no. 3 (Summer 2009): 283 – 322, 304; John M. Watanabe, "Enduring Yet Ineffable Community in the Western Periphery of Guatemala," in Smith ed. , *Guatemalan Indians and the State*, 183, 204, 188.

10. Arturo Arias, "Changing Indian Identity: Guatemala's Violent Transition to Modernity," in Smith, ed. , *Guatemalan Indians and the State*, 230 – 57, 237.

11. Streeter, *Managing the Counterrevolution*, 153.

12. Brockett, *Land, Power, and Poverty*, 70.

13. Williams, *Export Agriculture*, 145, 143.

14. Ricardo Falla, *Massacres in the Jungle: Ixcán, Guatemala, 1975 – 1982* (Boulder, CO: Westview Press, 1994), 19.

15. Fitzpatrick-Behrens, "Maya Catholic Cooperative Spirit," 294 – 96.

16. Beatriz Manz, *Paradise in Ashes: A Guatemalan Journey of Courage, Terror, and Hope* (Berkeley: University of California Press, 2004), 77.

17. Alan Riding, "Guatemala Opening New Lands, but Best Goes to the Rich," *New York Times*, April 5, 1979.

18. Liza Grandia, *Enclosed: Conservation, Cattle, and Commerce among the Q' eqchi' Maya Lowlanders* (Seattle: University of Washington Press, 2012), 56.

19. Williams, *Export Agriculture*, 142; Solano, *Franja Transversal del Norte*, 28.

20. Norman B. Schwartz, "Colonization of Northern Guatemala: The Petén," *Journal of Anthropological Research* 43, no. 2 (1987): 163 – 83; Grandia, *Enclosed*.

21. Solano, *Franja Transversal del Norte*, 28.
22. Brockett, *Land, Power, and Poverty*, 105.
23. Riding, "Guatemala Opening New Lands."
24. David Stoll, *Between Two Armies in the Ixil Towns of Guatemala* (New York: Columbia University Press, 1993), 55.
25. Arias, "Changing Indian Identity," 233.
26. Stoll, *Between Two Armies*, chap. 2.
27. Konefal, *For Every Indio Who Falls*, 49.
28. Konefal, *For Every Indio Who Falls*, 36.
29. Arias, "Changing Indian Identity," 233.
30. Arias, "Changing Indian Identity," 248.
31. Megan Ybarra, *Green Wars: Conservation and Decolonization in the Maya Forest* (Berkeley: University of California Press, 2018), 41 – 42.
32. Carey, "Guatemala's Green Revolution," 305.
33. Carey, "Guatemala's Green Revolution," 306.
34. Arias, "Changing Indian Identity," 243 – 244.
35. Deborah Levenson-Estrada, *Trade Unionists Against Terror: Guatemala City, 1954 – 1985* (Chapel Hill: University of North Carolina Press, 1994), 124.
36. Levenson-Estrada, *Trade Unionists Against Terror*, 52.
37. Levenson-Estrada, *Trade Unionists Against Terror*, 85, 106.
38. Levenson-Estrada, *Trade Unionists Against Terror*, 147.
39. Konefal, *For Every Indio Who Falls*, 26.
40. Brockett, *Land, Power, and Poverty*, 108, citing Douglas E. Brintnall, *Revolt Against the Dead: The Modernization of a Mayan Community in the Highlands of Guatemala* (New York, London, Paris: Gordon and Breach, 1979), 141.
41. Arias, "Changing Indian Identity," 248 – 49.
42. Konefal, *For Every Indio Who Falls*, 70.
43. Arias, "Changing Indian Identity," 250.
44. Konefal, *For Every Indio Who Falls*, 71.
45. Victoria Sanford, *Buried Secrets: Truth and Human Rights in Guatemala* (New York: Palgrave MacMillan, 2003), 74.
46. Greg Grandin, *The Last Colonial Massacre: Latin America in the Cold War* (Chicago: University of Chicago Press, 2004), 24.
47. Sanford, *Buried Secrets*, 57.
48. Williams, *Export Agriculture*, 147 – 51.
49. Grandin, *Last Colonial Massacre*, 155.

50. Victoria Sanford, "Breaking the Reign of Silence: Ethnography of a Clandestine Cemetery," in *Human Rights in the Maya Region: Global Politics, Cultural Contentions, and Moral Engagements*, ed. Pedro Pitarch, Shannon Speed, and Xochitl Leyva Solano (Durham, NC: Duke University Press, 2008), 233–55, 243.

51. Mario Payeras, *Days of the Jungle: The Testimony of a Guatemalan Guerrillero, 1972–1976* (New York: Monthly Review Press, 1983), 21.

52. Payeras, *Days of the Jungle*, 35–36; Manz, *Paradise in Ashes*, 77.

53. Sanford, *Buried Secrets*, 82–83.

54. Payeras, *Days of the Jungle*, 71.

55. Payeras, *Days of the Jungle*, 76. See also Manz, *Paradise in Ashes*, 78–79.

56. Stoll, *Between Two Armies*, 73.

57. Payeras, *Days of the Jungle*, 79.

58. Payeras, *Days of the Jungle*, 82.

59. Stoll, *Between Two Armies*, 4–5.

60. Sanford, *Buried Secrets*, 99.

61. Sanford, *Buried Secrets*, 99.

62. Manz, *Paradise in Ashes*, 86.

63. Human Rights Office, Archdiocese of Guatemala, *Guatemala, Never Again*! (New York: Orbis Books, 199), 220–22.

64. Sanford, *Buried Secrets*, 126–27.

65. Richard Wilson, *Maya Resurgence in Guatemala: Q' Eqchi' Experiences* (Norman: University of Oklahoma Press, 1995), 218.

66. Archdiocese of Guatemala, *Guatemala, Never Again*!, 117.

67. Sanford, *Buried Secrets*, 147.

68. Sanford, *Buried Secrets*, 184.

69. Grandin, *Last Colonial Massacre*, 128.

70. Manz, *Paradise in Ashes*, 161.

71. Benjamin D. Paul and William J. Demarest, "The Operation of a Death Squad in San Pedro la laguna," in Carmack, *Harvest of Violence*, 119–54, 153–54.

72. Manz, *Paradise in Ashes*, 166–67.

73. Jennifer L. Burrell, *Maya After War: Conflict, Power, and Politics in Guatemala* (Austin: University of Texas Press, 2013), 32.

74. Grandin, *Last Colonial Massacre*, 187.

75. Richard A. White, *The Morass: United States Intervention in Central America* (New York: Harper & Row, 1984), cited in Brockett, *Land, Poverty, and Power*, 118.

76. Manz, *Paradise in Ashes*, 20.

77. Scott Wright, "Oscar Romero and Juan Gerardi: Truth, Memory, and Hope," in *Truth and Memory: The Church and Human Rights in El Salvador and Guatemala*, ed. Michael A. Hayes and David Tombs (london: MPG Books, 2001), 11-43, 20-21.

78. Konefal, *For Every Indio Who Falls*, 151.

79. Konefal, *For Every Indio Who Falls*, 151.

80. Grandin, *Last Colonial Massacre*, 188.

81. George Black, "Israeli Connection: Not Just Guns for Guatemala," *NACLA Report on the Americas* 17, no. 3 (1983): 43-45.

82. Lou Cannon, "Reagan Praises Guatemalan Military Leader," *Washington Post*, December 5, 1982.

83. Sanford, *Buried Secrets*, 169-71.

84. Sanford, *Buried Secrets*, 15, 148.

尼加拉瓜:"我们同人类的敌人——美国佬战斗"

1. Jeffrey L. Gould, *To Lead as Equals: Rural Protest and Political Consciousness in Chinandega, Nicaragua, 1912-1979* (Chapel Hill: University of North Carolina Press, 1990), 16.

2. Ernesto Cardenal, "Solentiname, The End," *Index on Censorship* 8, no. 1 (1979):11-13; 11.

3. See Williams, *The Catholic Church and Politics in Nicaragua and Costa Rica*, 49-51; Michael Dodson and Laura Nuzzi O'Shaughnessy, *Nicaragua's Other Revolution: Religious Faith and Political Struggle* (Chapel Hill: University of North Carolina Press, 1990), 124-30; Lynn Horton, *Peasants in Arms: War and Peace in the Mountains of Nicaragua, 1979-1994* (Athens: Ohio University Center for International Studies, 1998), 66-68.

4. Gould, *To Lead as Equals*, 274-75.

5. Robert J. Sierakowski, *Sandinistas: A Moral History* (Notre Dame, IN: University of Notre Dame Press, 2020), 140, 160.

6. Sierakowski, *Sandinistas*, 194.

7. Stephen Kinzer, *Blood of Brothers: Life and War in Nicaragua* (New York: G. P. Putnam's Sons, 1991), 150.

8. Joseph Collins, *What Difference Could a Revolution Make?* (Oakland, CA: Institute for Food and Development Policy, 1982), 4.

9. Collins, *What Difference Could a Revolution Make?* 89.

10. José Luis Rocha, "Agrarian Reform in Nicaragua in the 1980s: Lights and

Shadows of its legacy," in *A Nicaraguan Exceptionalism: Debating the Legacy of the Sandinista Revolution*, ed. Hilary Francis (London: University of London Press, 2020), 103-26, 106.

11. Collins, *What Difference Could a Revolution Make?* 33.

12. Frances Moore Lappé and Joseph Collins, *Now We Can Speak: A Journey Through the New Nicaragua* (Oakland, CA: Institute for Food and Development Policy, 1982), 10.

13. Horton, *Peasants in Arms*; Rocha, "Agrarian Reform," 112-13.

14. See Laura Enríquez, *Harvesting Change: Labor and Agrarian Reform in Nicaragua, 1979-1990* (Chapel Hill: University of North Carolina Press, 1991).

15. Collins, *What Difference Could a Revolution Make?* 43.

16. Collins, *What Difference Could a Revolution Make?* 46.

17. Collins, *What Difference Could a Revolution Make?* 139.

18. Horton, *Peasants in Arms*, 160.

19. Kinzer, *Blood of Brothers*, 129.

20. Roxanne Dunbar-Ortiz, *Blood on the Border: A Memoir of the Contra War*, orig. 2005(Norman: University of Oklahoma Press, 2016), 99.

21. Charles R. Hale, *Resistance and Contradiction: Miskitu Indians and the Nicaraguan State, 1984-1987* (Palo Alto, CA: Stanford University Press, 1994), 15.

22. Charles R. Hale, "*Resistencia para que? Territory, Autonomy and Neoliberal Entanglements in the 'Empty Spaces' of Central America*," *Economy and Society* 40, no. 2 (May 2011): 184-210, 190.

23. Martin Diskin, "The Manipulation of Indigenous Struggles," in *Reagan Versus the Sandinistas: The Undeclared War on Nicaragua*, ed. Thomas W. Walker (Boulder, CO: Westview Press, 1987), 80-96, 89.

24. Envío Team, "The Atlantic Coast: War or Peace?" *Envío* 52 (October 1985), https://www.envio.org.ni/articulo/3412.

25. Hale, *Resistance and Contradiction*, 14.

26. Dunbar-Ortiz, *Blood on the Border*, 167.

27. Hale, "*Resistencia para que?*" 190.

28. Nancy Saporta Sternbach, Marysa Navarro-Aranguren, Patricia Chuchryk, and Sonia E. Alvarez, "Feminisms in Latin America: From Bogotá to San Bernardo," *Signs* 17, no. 2 (Winter 1992): 393-434, 403.

29. Sierakowski, *Sandinistas*, 10.

30. Sierakowski, *Sandinistas*, 128-29.

31. Sierakowski, *Sandinistas*, 2-3. See also Margaret Randall, *Sandino's*

Daughters Revisited: Feminism in Nicaragua (New Brunswick, NJ: Rutgers University Press, 1994), 13.

32. See Marguerite Guzmán Bouvard, Revolutionizing Motherhood: The Mothers of the Plaza de Mayo (Lanham, MD: SR Books, 1994; Lorraine Bayard de volo, Mothers of Heroes and Martyrs: Gender Identity Politics in Nicaragua, 1979 - 1999 (Baltimore: Johns Hopkins University Press, 2001).

33. Kinzer, Blood of Brothers, 97.

34. Reed Brody, Contra Terror in Nicaragua: Report of a Fact-Finding Mission, September 1984-January 1985 (Boston: South End Press, 1985), 19. A twenty-page appendix to the book gives a chronology of hundreds of such attacks.

35. Brody, Contra Terror in Nicaragua, 20 - 21.

36. Kinzer, Blood of Brothers, 203.

37. Horton, Peasants in Arms, 173.

38. Horton, Peasants in Arms, 176.

39. Kinzer, Blood of Brothers, 295 - 96.

40. Horton, Peasants in Arms, 193.

41. Horton, Peasants in Arms, 43.

42. Horton, Peasants in Arms, 49, 55, 143.

43. Horton, Peasants in Arms, 57.

44. Horton, Peasants in Arms, 71 - 72.

45. Horton, Peasants in Arms, 210.

46. Horton, Peasants in Arms, 126.

47. Horton, Peasants in Arms, 136 - 37.

48. Hale, "Miskitu: Revolution in the Revolution," NACLA Report on the Americas XXV, no. 3 (December 1991), https://nacla.org/article/miskitu-revolution-revolution.

49. Carlos Vilas, "War and Revolution in Nicaragua: The Impact of the U. S. Counter-Revolutionary War on the Sandinista Strategies of Revolutionary Transition," Socialist Register (1988): 182 - 219, 190.

50. Vilas, "War and Revolution," 197.

51. Mitchell Seligson and Vincent McElhinny, "Low-intensity Warfare, High-Intensity Death: The Demographic Impact of the Wars in El Salvador and Nicaragua," Canadian Journal of Latin American and Caribbean Studies 21, no. 42 (1996): 211 - 41, 213.

52. Vilas, "War and Revolution," 211.

53. See Dianna Melrose, Nicaragua: The Threat of a Good Example? (Oxford, UK: Oxfam, 1989), vii.

54. Kinzer, *Blood of Brothers*, 352-53.

55. Roger N. Lancaster, *Life Is Hard: Machismo, Danger, and the Intimacy of Power in Nicaragua* (Berkeley: University of California Press, 1992), 286.

56. Rocha, "Agrarian Reform," 115; Sierakowski, *Sandinistas*, 232.

57. Anne Larson, "Nicaragua's Real Property Debate," *Revista Envío* 138 (January 1993), https://www. envio. org. ni/articulo/1666; Envío Team, "El rompecabezas de la propiedad," *Revista Envío* 133 (December 1992), https://www. envio. org. ni/articulo/757.

58. Horton, *Peasants in Arms*, 273.

59. Horton, *Peasants in Arms*, 286.

60. Dora María Téllez, quoted in Envío Team, "Behind the Birth of the Recontras," *Envio* 123 (October 1991), https://www. envio. org. ni/articulo/2841.

61. Rocha, "Agrarian Reform," 117; Marc Edelman and Andrés León, "Cycles of Land Grabbing in Central America: An Argument for History and a Case Study in the Bajo Aguán, Honduras," *Third World Quarterly* 34, no. 9 (October 2013): 1697-1722,1706.

62. Vilas, "War and Revolution," Enríquez, *Harvesting Change*, 154.

萨尔瓦多：如果尼加拉瓜获胜，萨尔瓦多也将获胜！

1. Tommie Sue Montgomery, *Revolution in El Salvador: Origins and Evolution* (Boulder, CO: Westview Press, 1982), 80.

2. Montgomery, *Revolution in El Salvador*, 76.

3. Elisabeth Jean Wood, *Insurgent Collective Action and Civil War in El Salvador* (New York: Cambridge University Press, 2003), 14.

4. Jeffrey M. Paige, "Land Reform and Agrarian Revolution in El Salvador," *Latin American Research Review* 31, no. 2 (1996): 127-39, 133.

5. Paige, "Land Reform," 133.

6. Joaquín M. Chávez, "El Salvador—The Creation of the Internal Enemy: Pondering the Legacies of U. S. Anticommunism, Counterinsurgency, and Authoritarianism in El Salvador (1952-18)," in *Hearts and Minds: A People's History of Counterinsurgency*, ed. Hannah Gurman (New York: New Press, 2013), 104-34, 116.

7. Chávez, "El Salvador," 105.

8. William H. Durham, *Scarcity and Survival in Central America: Ecological Origins of the Soccer War* (Palo Alto, CA: Stanford University Press, 1979), 2.

9. Todd, *Beyond Displacement*, 28.

10. Todd, *Beyond Displacements*, chapter 1; 180-81.

11. Armstrong and Shenk, *El Salvador*, 80.

12. Montgomery, *Revolution in El Salvador*, 105.

13. Montgomery, *Revolution in El Salvador*, 106; Francisco Joel Arriola, "Federación Cristiana de Campesinos Salvadoreños (FECCAS) y Unión de Trabajadores del Campo (UTC): La formación del movimiento campesino salvadoreño revisitada," *Diálogos: Re-vista Electrónica de Historia* [Costa Rica] 2019, https://www.scielo.sa.cr/scielo.php.

14. Arriola, "FECCAS."

15. Statement of Rev. William L. Wipfler, dir. , Caribbean and Latin American Department, National Council of Churches, in House of Representatives, Committee on International Relations, "Human Rights in Guatemala, Nicaragua, and El Salvador: Implications for U. S. Policy," June 9, 1976 (Washington, DC: US Government Printing Office, 1976), 79.

16. Chávez, "El Salvador," 123.

17. Armstrong and Shenk, *El Salvador*, 67.

18. Armstrong and Shenk, *El Salvador*, 77; Erik Ching, *Stories of Civil War in El Salvador: A Battle over Memory* (Chapel Hill: University of North Carolina Press, 2016), 35.

19. Chávez, "El Salvador," 124 – 25.

20. Wood, *Insurgent Collective Action*, 12.

21. Mark Danner, *The Massacre at El Mozote* (New York: vintage Books, 1994), 147.

22. Todd, *Beyond Displacement*, 57, 58.

23. Chávez, "El Salvador," 134.

24. Jeffrey L. Gould, "Ignacio Ellacuría and Salvadoran Revolution," *Journal of Latin America Studies* 47, no. 2): 285 – 315, 289.

25. Armstrong and Shenk, *El Salvador*, 94.

26. Armstrong and Shenk, *El Salvador*, 94.

27. Gould, *Solidarity under Siege*, 103.

28. Gould, *Solidarity under Siege*, 112, 125.

29. Danner, *Massacre at El Mozote*, 26 – 27.

30. Edward F. Lehoucq, "Reform with Repression: The Land Reform in El Salvador," ISHI Occasional Papers in Social Change, no. 6 (Philadelphia: Institute for the Study of Human issues, 1982), https://libres.uncg.edu/ir/uncg/f/F_Lehoucq_Reform_1982.pdf.

31. Armstrong and Shenk, *El Salvador*, 146.

32. Paul Heath Hoeffel, "The Eclipse of the Oligarchs," *New York Times*

Magazine, September 6, 1981.

33. Lehoucq, "Reform with Repression." For on-the-ground studies of the ways that reform and repression were linked, see P. Shiras, "The False Promise—and the Real Violence—of Land Reform," *Food Monitor* (January-February 1981); L. R. Simon and J. C. Stephens, *El Salvador Land Reform. 1980 – 1981: Impact Audit* (Boston: OXFAM America, 1981).

34. Chris Hedges, "Salvador Land Reform Plowed Under By Rightists," *Christian Science Monitor*, October 18, 1983.

35. Todd, *Beyond Displacement*, 58 – 59.

36. Hedges, "Salvador Land Reform Plowed Under By Rightists."

37. Armstrong and Shenk, *El Salvador*, 149.

38. Richard Severo, "Roberto d'Aubuisson, 48, Far Rightist in Salvador," *New York Times*, February 21, 1992.

39. Gould, *Solidarity Under Siege*, 196.

40. Todd, *Beyond Displacement*, 53.

41. William M. LeoGrande, "After the Battle of San Salvador," *World Policy Journal* 7, no. 2 (Spring 1990): 331 – 56, 333.

42. Leigh Binford, "Grassroots Development in Conflict Zones of Northeastern el Salvador," *Latin American Perspectives* 24, no. 2 (March 1997): 56 – 79, 65.

43. Charles Clements, *Witness to War: An American Doctor in El Salvador* (New York: Bantam Books, 1984).

44. Ching, *Stories of Civil War*, 44; Binford, "Grassroots Development," 59.

45. Todd, *Beyond Displacement*, 50; Clements, *Witness to War*.

46. Ching, *Stories of Civil War*, 43.

47. Danner, *Massacre at El Mozote*, 17.

48. Danner, *Massacre at El Mozote*, 85 – 86.

49. Danner, *Massacre at El Mozote*, chapter 7.

50. White House officials quoted in Karen DeYoung, "El Salvador: Where Reagan Draws the Line," *Washington Post*, March 9, 1981.

51. Danner, *Massacre at El Mozote*, 130.

52. Danner, *Massacre at El Mozote*, 137.

53. See Todd, *Beyond Displacement*.

54. Seligson and McElhinny, "Low-Intensity Warfare, High-Intensity Death," 229.

55. Todd, *Beyond Displacement*, 3.

56. Todd, *Beyond Displacement*, 172.

57. Ralph Sprenkels, *After Insurgency: Revolution and Electoral Politics in El*

Salvador (Notre Dame, IN: University of Notre Dame Press, 2018), 146.

58. Steve Cagan, "Salvadoran Refugees at the Camp at Colomoncagua, Honduras," *DRCLAS Revista* (Spring 2016), https://revista.drclas.harvard.edu/book/salvadoran-refugees-camp-colomoncagua-honduras-1980 – 1991. See also Vincent J. McElhinny, "Between Clientelism and Radical Democracy: The Case of Ciudad Segundo Montes," in Lauria-Santiago and Binford, eds., *Landscapes of Struggle*, 147–65; Steve Cagan and Beth Cagan, *This Promised Land El Salvador: The Refugee Community of Colomoncagua and Their Return to Morazán* (New Brunswick, NJ: Rutgers University Press, 1991).

59. Todd, *Beyond Displacement*, chap. 7, 217, 219.

60. Wood, *Insurgent Collective Action*, 28.

洪都拉斯：战争和"里根经济政策"的筹备基地

1. Brockett, *Land, Power, and Poverty*, 43.

2. James Guadalupe Carney, "*To Be a Christian Is ... To Be a Revolutionary*" (New York: Harper & Row, 1987), 190.

3. Durham, *Scarcity and Survival*, 154, 157–61.

4. Brockett, *Land, Power, and Poverty*, 133.

5. J. Mark Ruhl, "Agrarian Structure and Political Stability in Honduras," *Journal of Interamerican Studies and World Affairs* 26, no. 1 (February 1984): 33–68, 55.

6. Ruhl, "Agrarian Structure," 54.

7. Miguel Alonzo Macías, *La capital de la contrarreforma agraria: El Bajo Aguán de Honduras* (Tegucigalpa, Honduras: Editorial Guaymuras, 2001), 43.

8. Annie Bird, *Human Rights Violations Attributed to Military Forces in the Bajo Aguán Valley in Honduras* (Rights Action, February 20, 2013), http://rightsaction.org/sites/default/files/Rpt_130220_Aguan_Final.pdf, 7.

9. Brockett, *Land, Power, and Poverty*, 53–54.

10. Brockett, *Land, Power, and Poverty*, 134–35; Williams, *Export Agriculture*, 179–83.

11. Richard Boudreaux, "Honduras in Turmoil," *Los Angeles Times*, February 25, 1989.

12. Philip L. Shepherd, "The Tragic Course and Consequences of U. S. Policy in Honduras," *World Policy Journal* 2, no. 1 (Fall 1984): 109–154, 121.

13. Russell Watson and David C. Martin, "A Secret War for Nicaragua," *Newsweek*, November 8, 1982, 42–55, 44–45.

14. Shepherd, "Tragic Course and Consequences," 122, 114, 115–16.

15. Dawn Paley, *Drug War Capitalism* (Oakland, CA: AK Press, 2014), 198.
16. Ginger Thompson and Gary Cohn, "Torturers' Confessions," *Baltimore Sun*, June 13, 1995.
17. "Hear No Evil, See No Evil," *Baltimore Sun*, June 19, 1995.
18. Gary Cohn and Ginger Thompson, "A Carefully Crafted Deception," *Baltimore Sun*, June 18, 1995.
19. Donald E. Schultz and Deborah Sundloff Schultz, *United States, Honduras, and the Crisis in Central America* (Boulder, CO: Westview Press, 1994), 199.
20. Shepherd, "Tragic Course and Consequences," 115.
21. David Bacon, "If San Pedro Sula is the Murder Capital of the World, Who Made It That Way?," *American Prospect*, June 13, 2019, https://prospect.org/economy/san-pedro-sula-murder-capital-world-made-way.
22. Adrienne Pine, *Working Hard, Drinking Hard: On Violence and Survival in Honduras* (Berkeley: University of California Press, 2008), 138, 139.
23. Brecher et al., "A Secret War for Nicaragua."
24. Ariel Torres Funes, "A 'Green Prison' Where impunity Reigns," PEN Canada, March 2016. https://pencanada.ca/news/el-tumbador.
25. US Senate, Committee on Foreign Relations, Subcommittee on Terrorism, Narcotics and International Operations, "Drugs, Law Enforcement and Foreign Policy" (Washington, DC: US Government Printing Office, December 1988), 75.
26. Committee on Foreign Relations, "Drugs, Law Enforcement, and Foreign Policy," 36.
27. Anne Manuel, "Death Squad Debris," *Washington Post*, November 28, 1993.
28. Pine, *Working Hard, Drinking Hard*, 55.
29. Pine, *Working Hard, Drinking Hard*, 57, 58.
30. Stuart Schrader, *Badges Without Borders: How Global Counterinsurgency Transformed American Policing* (Berkeley: University of California Press, 2019).
31. Pine, *Working Hard, Drinking Hard*, 84.
32. Tanya M. Kerrsen, *Grabbing Power: The New Struggles for Land, Food, and Power in Northern Honduras* (Oakland, CA: Food First Books, 2013), 7.
33. Bird, "Human Rights Abuses," 13.
34. Macías, *La capital de la contrarreforma agraria*, 39.
35. Bird, "Human Rights Abuses," 6.
36. Bacon, "San Pedro Sula."
37. Pine, *Working Hard, Drinking Hard*, 164.
38. Pine, *Working Hard, Drinking Hard*, 139.

39. Bacon, "San Pedro Sula."
40. Pine, *Working Hard, Drinking Hard*, 161.
41. Daniel R. Reichman, *The Broken Village: Coffee, Migration, and Globalization in Honduras* (Ithaca, NY: Cornell University/IlR Press, 2011), 95 – 96, 77.
42. Reichman, *Broken Village*, 172 – 73.
43. Paley, *Drug War Capitalism*, 202.
44. Hillary Clinton, *Hard Choices: A Memoir* (New York: Simon & Schuster, 2014), 206.
45. Dana Frank, *The Long Honduran Night* (Chicago: Haymarket Books, 2018), 18 – 19.
46. Frank, *Long Honduran Night*, 36 – 37.
47. Bacon, "San Pedro Sula."
48. Frank, *Long Honduran Night*, 70.
49. Heather Gies, "Garifuna Under Siege," *NACLA Report on the Americas* 50, no. 2 (June 2018).
50. Frank, *Long Honduran Night*, 80.
51. Paley, *Drug War Capitalism*, 215 – 16, 209.
52. Frank, *Long Honduran Night*, 192.
53. Paley, *Drug War Capitalism*, 15.
54. Parker Asmann, "Honduras Drop in Homicides One Part of Complex Security Situation," *InSight Crime*, June 27, 2019, https://www.insightcrime.org/news/analysis/honduras-homicide-dip-one-part-complex-security-situation.
55. Gustavo Palencia, "Honduran President Sworn in Amid Protests After election Chaos," Reuters, January 27, 2018.
56. Edelman and León, "Cycles of Land Grabbing," 1712.
57. Bird, "Human Rights Violations," 17.
58. Frank, *Long Honduran Night*, 54 – 55.
59. Jared Olson, "Honduras's Deadly Water Wars," *The Nation*, March 24, 2020.
60. Frank, *Long Honduran Night*, 83.
61. Bird, "Human Rights violations," 13.
62. Olson, "Deadly Water Wars."
63. Frank, *Long Honduran Night*, 86, Bird, "Human Rights violations," 43 – 44.
64. Goldman Environmental Prize, "Berta Cáceres," https://www.goldmanprize.org/recipient/berta-caceres.

65. Olson, "Deadly Water Wars."

66. Frank, *Long Honduran Night*, 225.

在美国的中美洲团结

1. Van Gosse, "'The North American Front': Central American Solidarity in the Reagan Era," in *Reshaping the U. S. Left*, ed. Mike Davis and Michael Sprinker (New York: Verso, 1988), 1-43, 32.

2. Christian Smith, *Resisting Reagan: The U. S. Central America Peace Movement* (Chicago: University of Chicago Press, 1996), 158.

3. 该名称取自危地马拉韦韦特南戈省的地名,但其仅仅是一个虚构的中美洲地名。

4. Paul Farmer, *Infections and Inequalities: The Modern Plagues* (Berkeley: University of California Press, 2001), 96, 148.

5. Tracy Kidder, *Mountains Beyond Mountains: The Quest of Dr. Paul Farmer, A Man Who Would Cure the World* (New York: Random House, 2004), 211.

6. Smith, *Resisting Reagan*, 141.

7. Lafeber, *Inevitable Revolutions*, 246.

8. See Renny Golden and Michael McConnell, *Sanctuary: The New Underground Railroad* (New York: Orbis Books, 1986).

9. Norma Stoltz Chinchilla, Nora Hamilton, and James Loucky, "The Sanctuary Movement and Central American Activism in Los Angeles," *Latin American Perspectives* 36, no. 6 (November 2009): 101-26, 108-110.

10. Quixote Center, "About Us," https://www.quixote.org/about.

11. Gosse, "North American Front," 32-33.

12. Smith, *Resisting Reagan*, 81.

13. Smith, *Resisting Reagan*, 83.

14. Smith, *Resisting Reagan*, 82-83.

15. Héctor Perla Jr., "Si Nicaragua venció, El Salvador Vencerá: Central American Agency in the Creation of the U. S.-Central American Peace and Solidarity Movement," *Latin American Research Review* 43, no. 2 (2008): 136-58, 150.

16. Quoted in Héctor Perla Jr., "Heirs of Sandino: The Nicaraguan Revolution and the U. S.-Nicaragua Solidarity Movement," *Latin American Perspectives* 36, no. 6 (Novem-ber 2009): 80-100, 92.

17. Gosse, "North American Front."

18. Gosse, "North American Front," 35.

19. Perla, "Si Nicaragua Venció," 152.

20. Perla, "Heirs of Sandino," 85.

21. 一些消息来源引用了截至 1986 年已有 10 万美国人前往尼加拉瓜的数字,尽管这一数字很难证实。See Mark Falcoff, "Revolutionary Tourism in Nicaragua," *Public Opinion* (American Enterprise Institute, Summer 1986)。尼加拉瓜旅游部长亨利·刘易斯(Henry Lewites)声称 1986 年有 10 万外国人访问尼加拉瓜,其中约 40% 来自美国。See Marjorie Miller, "Run by Ex-Gunrunner: Nicaragua's Tourism Up Despite War," *Los Angeles Times*, March 12, 1986.

22. Gosse, "North American Front," 32.

23. TecNica Volunteers, "TecNica History and Background," https://www.tecnicavol-unteers.org/backgr/the-background-of-tecnica.

24. Richard Boudreaux, "Linder's Death Heightens Zeal: 300 U. S. Volunteers Vow Sandinista Commitment," *Los Angeles Times*, May 2, 1987.

25. Michael Harris and Victor Lopez-Tosado, "Science for Nicaragua," *Science for the People* 18, no. 3 (May/June 1986): 22–25.

26. Susanne Jonas and David Tobin, *Guatemala: And So Victory Is Born Even in the Bitterest Hours* (New York: North American Congress on Latin America, 1974); Arturo Arias, *Taking Their Word: Literature and the Signs of Central America* (Minneapolis: University of Minnesota Press, 2007), 108.

27. Washington Office on Latin America, "Our History," https://www.wola.org/history-of-wola.

28. Barbara Crossette, "Groups Trying to Sway U. S. Policy," *New York Times*, November 18, 1981; Council on Hemispheric Affairs, "COHA's History," http://www.coha.org/cohas-history.

29. David Lowe, "Idea to Reality: NED at 30," National Endowment for Democracy, https://www.ned.org/about/history.

30. Andrew Battista, "Unions and Cold War Foreign Policy in the 1980s: The National labor Committee, the AFl-CIO, and Central America," *Diplomatic History* 26, no. 3 (Summer 2002): 419–51.

31. Beth Sims, *Workers of the World Undermined: American Labor's Role in U. S. Foreign Policy* (Boston: South End Press, 1992), 87–88.

32. See Sims, *Workers of the World Undermined* and Tom Barry and Deb Preusch, *AIFLD in Central America: Agents as Organizers* (Albuquerque, NM: Inter-Hemispheric Education Resource Center, 1986).

33. Battista, "Unions and Cold War Foreign Policy," 447.

34. Roque Dalton, *Miguel Mármol* (Willimantic, CT: Curbstone Press, 1987); Roque Dalton, *Poems*, trans. Richard Schaaf (Willimantic, CT: Curbstone Press, 1984); Roque Dalton, *Poetry and Militancy in Latin America* (Willimantic, CT:

Curbstone Press, 1982); *Poemas Clandestinos/Clandestine Poems* (Willimantic, CT: Curbstone Press, 1990). Curbstone's later anthology *Poetry Like Bread* (ed. Martín espada, 1994; new and expanded edition 2000) brought together "poets of the political imagination" including most of Central America's best-known revolutionary poets.

35. Susan Meiselas, *Nicaragua* (New York: Aperture, 1981).

36. Perla, "Heirs of Sandino," 82. Perla makes a related argument in "Si Nicaragua Venció," 138.

第三部分　扼杀希望

和平协定和新自由主义

1. Henry Veltmeyer and James Petras, "New Social Movements in Latin America: The Dynamics of Class and Identity," in *The Dynamics of Social Change in Latin America*, ed. Henry Veltmeyer and James Petras (London: MacMillan, 2000), 99–121.

2. Richard Stahler-Sholk, "Resisting Neoliberal Homogenization: The Zapatista Autonomy Movement," *Latin American Perspectives* 34, no. 2 (March 2007): 48–63, 51.

3. Rose J. Spalding, *Contesting Trade in Central America: Market Reform and Resistance*(Austin: University of Texas Press, 2014), 67.

4. Lisa Johnston, "Why it's a Good Time to Take Another Look at Sourcing in Cen-tral America (Yes, Again)," *Sourcing Journal*, August 15, 2019, https://sourcingjournal.com/topics/sourcing/central-america-sourcing-opportunities-164635.

5. Pine, *Working Hard, Drinking Hard*, 28.

6. Leisy J. Abrego, *Sacrificing Families: Navigating Law, Labor, and Love Across Borders*(Palo Alto, CA: Stanford University Press, 2014), 14.

7. International Center for Transitional Justice, "Transitional Justice issues: Truth and Memory," 2020, https://www.ictj.org/our-work/transitional-justice-issues/truth-and-memory.

8. Charles R. Hale, "What Went Wrong? Rethinking the Sandinista Revolution, in Light of its Second Coming," *Latin American Research Review* 52, no. 4 (2017): 720–27, Jeffrey L. Gould, "Nicaragua: A View from the Left," *NACLA Report on the Americas* (July 25, 2018).

9. Hilary Francis, "Introduction: Exceptionalism and Agency in Nicaragua's Revolutionary Heritage," in Francis, ed., *A Nicaraguan Exceptionalism?*, 1–20, 6.

10. Jon Lee Anderson, "Nicaragua on the Brink, Once Again," *New Yorker*,

April 27, 2018, https：//www. newyorker. com/news/news-desk/nicaragua-on-the-brink-once-again.

11. Francis, "Introduction," 11; Justin Wolfe, "Conclusion： Exceptionalism and Nicaragua's Many Revolutions," in Francis, ed. , *A Nicaraguan Exceptionalism?*, 179 – 84, 183.

12. UN Security Council, Annex, *From Madness to Hope： The 12-Year War in El Salvador： Report of the Commission on the Truth for El Salvador*, S/25500, 1993, https：//www. usip. org/sites/default/files/file/ElSalvador-Report. pdf.

13. Margaret Popkin, *Peace Without Justice： Obstacles to Building the Rule of Law in El Salvador* (University Park： Pennsylvania State University Press, 2000), 6.

14. Lisa Kowalchuk, "The Salvadoran Land Struggle in the 1990s： Cohesion, Commitment, and Corruption," in Lauria-Santiago and Binford, eds. , *Landscapes of Struggle*, 187 – 205, 189.

15. Kowalchuk, "The Salvadoran Land Struggle," 189.

16. Ellen Moodie, *El Salvador in the Aftermath of Peace： Crime, Uncertainty, and the Transition to Democracy* (Philadelphia： University of Pennsylvania Press, 2010), 43 – 44.

17. Luis Noe-Bustamante, Antonio Flores, and Sono Shah, "Facts on Hispanics of Salvadorian Origin in the United States, 2017," https：//www. pewresearch. org/hispanic/fact-sheet/u-s-hispanics-facts-on-salvadoran-origin-latinos.

18. Aldo Lauria-Santiago and Leigh Binford, "Culture and Ideology in Contempo-rary El Salvador," in Lauria-Santiago and Binford, eds. , *Landscapes of Struggle*, 207 – 210, 207 – 8.

19. Moodie, *El Salvador in the Aftermath of Peace*, 43 – 44.

20. Lauria-Santiago and Binford, "Culture and Ideology," 208.

21. Moodie, *El Salvador in the Aftermath of Peace*, 43 – 44, 46.

22. Lauria-Santiago and Gould, *To Rise in Darkness*, 278.

23. Sprenkels, *After Insurgency*, 10.

24. Sprenkels, *After Insurgency*, 12.

25. Sprenkels, *After Insurgency*, 23.

26. Sprenkels, *After Insurgency*, 5.

27. Sprenkels, *After Insurgency*, 2.

28. Sprenkels, *After Insurgency*, 4.

29. Hilary Goodfriend, "El Salvador's Backslide," *NACLA Report on the Americas*, February 14, 2019, https：//nacla. org/news/2019/02/14/el-salvador％e2％80％99s-backslide.

30. Vincent J. McElhinny, "Between Clientelism and Radical Democracy: The Case of Ciudad Segundo Montes," in Lauria-Santiago and Binford, eds., *Landscapes of Struggle*, 147–65, 164.

31. McElhinny, "Between Clientelism and Radical Democracy,"159.

32. Voices on the Border, "Ciudad Segundo Montes Celebrates 24 Years," November 25, 2013, https://voiceselsalvador.wordpress.com/2013/11/25/ciudad-segundo-montes-celebrates-24-years.

33. Sprenkels, *After Insurgency*, 181–82.

34. Sprenkels, *After Insurgency*, 165–66.

35. Sprenkels, *After Insurgency*, 169.

36. Irina Carlota Silber, "Not Revolutionary Enough? Community Rebuilding in Post-war Chalatenango," in Lauria-Santiago and Binford, eds., *Landscapes of Struggle*, 166–86, 167.

37. Grandin, *Last Colonial Massacre*, 194.

38. Patricia Foxen, *In Search of Providence: Transnational Mayan Identities* (Nashville, TN: Vanderbilt University Press, 2007), 206.

39. Sanford, *Buried Secrets*, 17.

40. 有关多个案例的近况，见"International Justice Monitor: Guatemala Trials," https://www.ijmonitor.org/category/guatemala-trials/。

41. See Sandra Cuffe, "Day of the Disappeared: 'The Pain Never Ends' in Guate-mala," *Al Jazeera*, August 30, 2019, https://www.aljazeera.com/indepth/features/day-disappeared-pain-ends-guatemala-190830153353465.html; Rachel López, "From Impunity to Justice and Back Again in Guatemala," Open Global Rights, November 5, 2019, https://www.openglobalrights.org/from-impunity-to-justice-and-back-again-in-guatemala.

42. Burrell, *Maya After War*, 82.

43. Foxen, *In Search of Providence*, 207.

44. Foxen, *In Search of Providence*, 205.

45. Foxen, *In Search of Providence*, 213.

46. Foxen, *In Search of Providence*, 208.

47. Foxen, *In Search of Providence*, 216.

48. Foxen, *In Search of Providence*, 209. See also Stener Ekern, "Are Human Rights Destroying the Natural Balance of All Things? The Difficult Encounter between international Law and Community Law in Mayan Guatemala," in Pitarch, Speed, and Leyva So-lano, eds., *Human Rights in the Maya Region*, 123–43.

49. Burrell, *Maya After War*, 12.

50. Richard Stahler-Sholk, "Resisting Neoliberal Homogenization: The

Zapatista Autonomy Movement," *Latin American Perspectives* 34, no. 2（March 2007）：48 – 63.

51. Nicholas Copeland, *The Democracy Development Machine*: *Neoliberalism*, *Radical Pessimism*, *and Authoritarian Populism in Mayan Guatemala* (Ithaca, NY: Cornell Univer-sity Press, 2019), 7 – 8.

52. Copeland, *Democracy Development Machine*, 22.

53. Copeland, *Democracy Development Machine*, 9.

54. Burrell, *Maya After War*, 37.

55. Rachel Seider, "Legal Globalization and Human Rights: Constructing the Rule of Law in Post-Conflict Guatemala," in Pitarch, Speed, and Leyva Solano, eds. , *Human Rights in the Maya Region*, 67 – 88, 82.

56. Burrell, *Maya After War*, 87.

57. Burrell, *Maya After War*, 86.

58. International Labour Organization, C169, "Indigenous and Tribal People's Convention, 1989（C-169）, https://www. ilo. org/dyn/normlex/ en/f? p＝NORMLEXPUB:12100:0::NO::P12100_ILO_CODe:C169.

59. Hale, "*Resistencia para qué?*" 194.

60. Naomi Klein, *This Changes Everything*: *Capitalism vs. the Climate* (New York: Simon and Schuster, 2014).

61. See Robin Broad and John Cavanagh, "El Salvador Gold: Toward a Mining Ban," in Thomas Princen, Jack P. Manno, and Pamela L. Martin, eds. , *Ending the Fossil Fuel Era* (Cambridge, MA: MIT Press, 2015), 167 – 92, 179 – 80 and 190 – 91n33, for sources on this provision.

62. Global Witness, *Enemies of the State?*, July 30, 2019, https://www. globalwitness. org/en/campaigns/environmental-activists/enemies-state/,23.

63. Michael L. Dougherty, "The Global Gold Mining industry, Junior Firms, and Civil Society Resistance in Guatemala," *Bulletin of Latin American Research* 30, no. 4 (2011): 403 – 18, 411 – 13.

64. 见纪录片 "Sipakapa no se vende" by Caracol Productions, https:// www. youtube. com/watch? v＝F36SqLpqQmQ.

65. Institute for Policy Studies and Earthworks, "Guatemalan Government Discriminates against Xinca, Puts Escobal Mine Consultation at Risk," September 6, 2019. https://earthworks. org/publications/report-guatemalan-government-discriminates-against-xinka-puts-escobal-mine-consultation-at-risk.

66. Robin Broad and John Cavanagh, "Like Water for Gold in El Salvador," *The Nation*, July 11, 2011, https://www. thenation. com/article/archive/water-gold-el-salvador; Broad and Cavanagh, "El Salvador Gold: Toward a Mining Ban. "

67. Emily Achtenberg, "Resistance to Mining in El Salvador," *ReVista: Harvard Review of Latin America* (Winter 2014), https://revista. drclas. harvard. edu/book/resistance-mining-el-salvador.

68. Michael L. Dougherty, "El Salvador Makes History," *NACLA Report on the Americas* (April 12, 2017), https://nacla. org/news/2017/04/19/el-salvador-makes-history.

69. Claire Provost and Matt Kennard, "World Bank Tribunal Dismisses Mining Firm's ＄250 Million Claim Against El Salvador," *The Guardian*, October 14, 2016, https:// www. theguardian. com/global-development/2016/oct/14/el-salvador-world-bank-tribunal-dismisses-oceanagold-mining-firm-250m-claim; Esty Dinur, "How El Salvador Won on Mining," *The Progressive*, April 1, 2018, https://progressive. org/magazine/how-el-salvador-won-on-mining; Sarah Anderson, Manuel Pérez-Rocha, and Michael L. Dougherty, "The Rise of the Corporate Investment Rights Regime and 'Extractive Exceptionalism': Evidence from El Salvador," in Kalowatie Deonandan and Michael L. Dougherty, eds., *Mining in Latin America: Critical Approaches to the New Extractivism* (New York: Routledge, 2016), 229–49.

70. Cultural Survival, "Observations on the State of Indigenous Human Rights in El Salvador," prepared for the Universal Periodic Review Working Group of the United Nations Human Rights Council, March 2019, 4, https://www. culturalsurvival. org/sites/default/files/El-Salvador-UPR-final. pdf.

71. 关于特许经营权,见 Dougherty, "Global Gold Mining," 413.

72. Richard Ashby Wilson, "Making Rights Meaningful for Mayas: Reflections on Culture, Rights, and Power," in Pitarch, Speed, and Leyva Solano, eds., *Human Rights in the Maya Region*, 305–21, 313.

73. World Population Review, "Murder Rate by Country, 2020," February 17, 2020, http://worldpopulationreview. com/countries/murder-rate-by-country.

74. Moodie, *El Salvador in the Aftermath of Peace*, 41.

75. Wilson, "Making Rights Meaningful for Mayas," 314; Deborah T. Levenson, *Adiós Niño: The Gangs of Guatemala City and the Politics of Death* (Durham, NC: Duke University Press, 2013).

76. Pine, *Working Hard, Drinking Hard*, 49.

77. United States, The White House, "Fact Sheet: What You Need to Know About the Violent Animals of MS-13," May 21, 2018, https://www. whitehouse. gov/articles/need-know-violent-animals-ms-13/.

78. President Donald J. Trump, State of the Union Address, February 5, 2019, https://www. whitehouse. gov/briefings-statements/president-donald-j-trumps-state-union-address-2.

79. Dara Lind, "MS-13, Explained," *Vox*, February 5, 2019, https://www.vox.com/policy-and-politics/2018/2/26/16955936/ms-13-trump-immigrants-crime.

80. Bacon, "San Pedro Sula."

81. Lind, "MS-13."

82. José Miguel Cruz, "Central American Gangs like MS-13 Were Born Out of Failed Anti-Crime Policies," *The Conversation*, May 8, 2017, https://theconversation.com/central-american-gangs-like-ms-13-were-born-out-of-failed-anti-crime-policies-76554.

83. Levenson, *Adiós Niño*, 6.

84. Pine, *Working Hard, Drinking Hard*, 33.

85. Bacon, "San Pedro Sula."

86. Cruz, "Central American." For the role of aggressive policing and imprisonment in strengthening gangs in the United States, see Benjamin Lessing, "Inside Out: The Challenge of Prison-Based Criminal Organizations," Brookings Institution Local Orders Paper Series, September 2016, https://www.brookings.edu/wp-content/uploads/2016/09/fp_20160927_prison_based_organizations.pdf.

87. Levenson, *Adiós Niño*, 4.

88. Roberto Lovato, "Why is Nicaragua's Homicide Rate So Far Below That of its Central American Neighbors?," *The Nation*, February 2, 2018, https://www.thenation.com/article/archive/why-is-nicaraguas-homicide-rate-so-far-below-that-of-its-central-american-neighbors.

89. Jennifer Goett, "In Nicaragua, the Latest Zombie Megaproject," *NACLA Report on the Americas* (May 20, 2016), https://nacla.org/news/2016/05/20/nicaragua-latest-zombie-megaproject.

移民

1. María Cristina García, *Seeking Refuge: Central American Migration to Mexico, the United States, and Canada* (Berkeley: University of California Press, 2006), 2, 34, 9.

2. García, *Seeking Refuge*, 9–10.

3. Pew Research Center: Hispanic Trends: Table "Foreign-Born by Region of Birth, 1960–2017," June 3, 2019, https://www.pewresearch.org/hispanic/2019/06/03/facts-on-u-s-immigrants-trend-data; D'vera Cohn, Jeffrey Passel, and Ana González-Barrera, "Recent Trends in Northern Triangle Immigration," Pew Research Center, December 7, 2017, https://www.pewresearch.org/hispanic/2017/12/07/recent-trends-in-northern-triangle-immigration.

4. Luis Noe-Bustamante, Antonio Flores, and Sono Shah, "Facts on Hispanics of Nicaraguan Origin in the United States, 2017," Pew Research Center, September

16, 2019, https://www. pewresearch. org/hispanic/fact-sheet/u-s-hispanics-facts-on-nicaraguan-origin-latinos; "Facts on Hispanics of Guatemalan Origin in the United States, 2017," https://www. pewresearch. org/hispanic/fact-sheet/u-s-hispanics-facts-on-guatemalan-origin-latinos; "Facts on Hispanics of Honduran Origin in the United States, 2017," https://www. pewresearch. org/hispanic/fact-sheet/u-s-hispanics-facts-on-salvadoran-origin-latinos; and "Facts on Hispanics of Salvadorian Origin in the United States, 2017," https://www. pewresearch. org/hispanic/fact-sheet/u-s-hispanics-facts-on-salvadoran-origin-latinos.

5. Cohn, Passel, and González-Barrera, "Recent Trends."
6. Pew Research Center, "Foreign-Born by Region of Birth."
7. García, *Seeking Refuge*, 40.
8. Barack Obama, "Remarks by the President in an Address to the Nation on immigration," November 20, 2014, https://obamawhitehouse. archives. gov/the-press-office/2014/11/20/remarks-president-address-nation-immigration.
9. Gregory T. Carter, "Race and Citizenship," in *The Oxford Handbook of American Immigration and Ethnicity*, ed. Ronald H. Bayor (New York: Oxford University Press, 2016), 166–82, 169.
10. See Michelle Alexander, *The New Jim Crow: Mass Incarceration in the Age of Color-blindness* (New York: New Press, 2010); Aviva Chomsky, *Undocumented: How Immigration Became Illegal* (Boston: Beacon Press, 2014).
11. Muzaffar Chishti, Doris Meissner, and Claire Bergeron, "At Its 25th Anniversary, IRCA's legacy Lives On," Migration Policy Institute, November 16, 2011, https://www. migrationpolicy. org/article/its-25th-anniversary-ircas-legacy-lives.
12. García, *Seeking Refuge*, 91.
13. García, *Seeking Refuge*, 90.
14. Sarah J. Mahler and Dusan Ugrina, "Central America: Crossroad of the Americas," Migration Policy Institute, April 1, 2006, https://www. migrationpolicy. org/article/central-america-crossroads-americas.
15. García, *Seeking Refuge*, 91.
16. García, *Seeking Refuge*, 91.
17. Smith, *Resisting Reagan*, 300.
18. Cecilia Menjívar, *Fragmented Ties: Salvadoran Immigrant Networks in America* (Berkeley: University of California Press, 2000), 88–89.
19. Cecilia Menjivar, "Liminal Legality: Salvadoran and Guatemalan Immigrants' Lives in the United States," *American Journal of Sociology* 111, no. 4 (January 2006): 999–1037.

20. See US Citizenship and Immigration Services, "Nicaraguan Adjustment and Central American Relief Act (NACARA) 203," https://www.uscis.gov/humanitarian/refugees-asylum/asylum/nicaraguan-adjustment-and-central-american-relief-act-nacara-203-eligibility-apply-uscis.

21. Faye Hipsman and Doris Meissner, "In-Country Refugee Processing: A Piece of the Puzzle," Migration Policy Institute, August 2015, 2, https://www.migrationpolicy.org/research/country-processing-central-america-piece-puzzle.

22. TRAC Immigration, Syracuse University, "Asylum Decisions and Denials Jump in 2018," https://trac.syr.edu/immigration/reports/539.

23. US Border Patrol, "Border Patrol Agent Nationwide Staffing by Fiscal Year," https://www.cbp.gov/sites/default/files/assets/documents/2019-Mar/Staffing%20FY1992-FY2018.pdf.

24. Ted Hesson, "The Border Patrol's Recruiting Crisis," *Politico*, February 10, 2019, https://www.politico.com/story/2019/02/10/border-patrol-recruitment-crisis-1157171.

25. David Bacon, "Undocumented Youth Are Here Through No Fault of Their Own. But It's Not Their Parents' Fault Either," *In These Times*, November 5, 2015.

26. US Citizenship and Immigration Service (USCIS), "Approximate Active DACA Recipients: Country of Birth," September 4, 2017, https://www.uscis.gov/sites/default/files/USCIS/Resources/Reports%20and%20Studies/Immigration%20Forms%20Data/All%20Form%20Types/DACA/daca_population_data.pdf.

27. Josh Dawsey, "Trump Attacks Protections for Immigrants from 'Shithole' Countries," *Washington Post*, January 11, 2018; Donald Trump, Twitter, November 12, 2019, https://twitter.com/realDonaldTrump/status/1194219655717642240; Dartunorro Clark, "Trump Holds White House Event Focused on 'American Victims of Illegal Immigration,'" NBC News, June 22, 2018, https://www.nbcnews.com/politics/white-house/trump-looks-shift-border-policy-debate-american-victims-illegal-immigration-n885881.

28. García, *Seeking Refuge*, 112.

29. García, *Seeking Refuge*, 38–39.

30. García, *Seeking Refuge*, 34–35, 36, 37.

31. García, *Seeking Refuge*, 37.

32. García, *Seeking Refuge*, 38–40.

33. Richard C. Jones, "Causes of Salvadoran Migration to the United States," *Geographical Review* 79, no. 2 (April 1989): 183–94.

34. García, *Seeking Refuge*, 110.

35. Eric Schmitt, "Salvadorans Illegally in U. S. Are Given Protected Status," *New York Times*, March 3, 2001.

36. García, *Seeking Refuge*, 35.

37. Watanabe, "Enduring Yet Ineffable Community, 200.

38. Burrell, *Maya After War*, 36, 88.

39. Manz, *Paradise in Ashes*, 236, 237.

40. Manz, *Paradise in Ashes*, 239, 238.

41. Carrie Seay-Fleming, "Beyond Violence: Drought and Migration in Central America's Northern Triangle," Wilson Center New Security Beat, April 12, 2018, https:// www. newsecuritybeat. org/2018/04/violence-drought-migration-central-americas-northern-triangle.

42. Hipsman and Meissner, "In-Country Refugee Processing," 2–3, 8.

43. Office of Refugee Resettlement, "Facts and Data," https://www. acf. hhs. gov/orr/about/ucs/facts-and-data.

44. John Gramlich and luis NoeBustamante, "What's Happening at the U. S.-Mexico Border in 5 Charts," Pew Research Center, November 1, 2019, https:// www. pewresearch. org/fact-tank/2019/11/01/whats-happening-at-the-u-s-mexico-border-in-5-charts.

45. US Border Patrol, "Total Illegal Alien Apprehensions by Fiscal Year," https:// www. cbp. gov/sites/default/files/assets/documents/2020-Jan/U. S. %20Border%20Patrol%20Total%20Monthly%20Family%20Unit%20Apprehensions%20by%20Sector%20%28FY%202013%20-%20FY%202019%29_0. pdf; Gramlich and Noe-Bustamante, "U. S.-Mexico Border."

46. Rob O'Dell, Daniel González, and Jill Castellano, "'Mass Disaster' Grows at the U. S.-Mexico Border, But Washington Doesn't Seem to Care," *USA Today*, n. d. [December 27, 2017].

47. David Stoll, *El Norte or Bust! How Migration Fever and Microcredit Produced a Financial Crash in a Latin American Town* (Lanham, MD: Rowman & Littlefield, 2013), xi.

48. Stoll, *El Norte or Bust!*, 5.

49. Reichmann, *Broken Village*, 167.

50. Gies, "Garifuna Under Siege."

51. Gould, *Solidarity Under Siege*, 163–64.

52. Vince Bielski, Cindy Forster, and Dennis Bernstein, "The Death Squads Hit Home," *Progressive*, October 1987, 15–19; 16.

53. Smith, *Resisting Reagan*, 300; Bielski, Forster, and Bernstein, "The Death Squads Hit Home," 18.

54. Foxen, *In Search of Providence*, 257, 123.

55. Foxen, *In Search of Providence*, xxxiv.

56. Foxen, *In Search of Providence*, xxxiv; Juan Alecio Samayoa Cabrera v. John Ashcroft, https://d279m997dpfwgl. cloudfront. net/wp/2017/12/Samayoa FirstCircuit. pdf, Jo-Marie Burt and Paulo Estrada, "After 25 Years in the United States, Guatemalan Accused of Mass Atrocities to Face Charges," *International Justice Monitor*, December 12, 2019, https://www. ijmonitor. org/2019/12/after-25-years-in-united-states-guatemalan-accused-of-mass-atrocities-to-face-charges.

57. Burt and Estrada, "After 25 Years," US Customs and Immigration Enforcement; "ICE Removes Former Civil Patrol leader Accused of Human Rights Abuses in Guatemala," December 2, 2019, https://www. ice. gov/news/releases/ice-removes-former-civil-patrol-leader-accused-human-rights-abuses-guatemala.

58. Foxen, *In Search of Providence*, xxxiv. See also Amanda Milkovitz, "Providence Man Accused of War Crimes Ordered Deported to Guatemala," *Providence Journal*, March 29, 2018; Amanda Milkovitz, "Accused Guatemalan War Criminal Living in RI Faces Deportation," *Providence Journal*, March 2, 2018; Simón Ríos, "For Guatemalan War Survivors, Arrest of Accused War Criminal is A Cause for Hope," WBUR, December 13, 2017; Brianna Rennix, "A Tale of Two Atrocities," *Current Affairs*, March 4, 2018.

59. Héctor Tobar, *The Tattooed Soldier* (New York: Delphinium Books, 1998/Penguin, 2000).

60. Richard Luscombe, "Florida No longer Safe Haven for War Criminals as U. S. Prosecutors Take Action," *Guardian*, March 23, 2015.

61. Center for Justice and Accountability, "Romagoza Arce v. García and Vides Casanova: The Perpetrators," https://cja. org/what-we-do/litigation/romagoza-arce-v-garcia-and-vides-casanova/perpetrators; Linda Cooper and James Hodge, "Former Salvadoran Defense Minister, Tied to Killings of Romero and Churchwomen, Deported Back to El Salvador," *National Catholic Reporter*, January 13, 2016.

62. Center for Justice and Accountability, "Command Responsibility for the Infamous Church Women Murders," https://cja. org/what-we-do/litigation/amicus-briefs/ford-v-garcia; Center for Justice and Accountability, "Human Rights Crimes under Salvadoran Defense Ministers," https://cja. org/what-we-do/litigation/romagoza-arce-v-garcia-and-vides-casanova; Center for Justice and Accountability, "U. S. Removal Proceedings, General Vides Casanova," https://cja. org/where-we-work/el-salvador/related-resources/u-s-removal-proceedings-general-vides-casanova; luscombe, "Florida No Longer Safe Haven."

63. See Lisa Creamer, "Salvadoran Colonel Who Lived For Years in Everett Extra-dited to Spain in 1989 Jesuit Murders," WBUR, November 29, 2017; US Department of Justice, "U. S. Extradites Former Salvadoran Military Officer to Spain to Face Charges for Participation in 1989 Jesuit Massacre," November 29, 2017, https://www. justice. gov/opa/pr/us-extradites-former-salvadoran-military-officer-spain-face-charges-participation-1989-jesuit; Mark Arsenault, "War Crime Suspect Found in Everett," *Boston Globe*, August 17, 2011.

64. Much information about this case can be found in Sebastian Rotella, "Finding Oscar: Massacre, Memory, and Justice in Guatemala," ProPublica, May 25, 2012, https:// www. propublica. org/article/finding-oscar-massacre-memory-and-justice-in-guatemala; and in the 2016 Steven Spielberg documentary "Finding Oscar," findingoscar. com.

65. See Patricia Flynn and Mary Jo McConahay, "Discovering Dominga," https:// itvs. org/films/discovering-dominga; Guatemala Human Rights Commission, "Río Negro Massacres," https://www. ghrc-usa. org/our-work/important-cases/rio-negro; Laura Briggs, *Somebody's Children: The Politics of Transracial and Transnational Adoption* (Durham, NC: Duke University Press, 2012), 166–68.

66. George W. Liebmann, *The Last Diplomat: John D. Negroponte and the Changing Face of American Diplomacy* (London: I. B. Tauris & Co. , 2012), 139.

67. Briggs, *Somebody's Children*.

68. Briggs, *Somebody's Children*, 178; Erin Elizabeth Siegal, *Finding Fernanda: Two Mothers, One Child, and a Cross-Border Search for Truth* (Boston: Beacon Press, 2011), 35.

69. Rachel Nolan, "Destined for Export: The Troubled Legacy of Guatemalan Adoptions," *Harpers Magazine*, April 2019, https://harpers. org/archive/2019/04/destined-for-export-guatemalan-adoptions; Siegal, *Finding Fernanda*, ix.

70. Nolan, "Destined for Export. "

71. Pro-Búsqueda, "Campaña en Estados Unidos," http://www. probusqueda. org. sv/que-hacemos/campana-en-estados-unidos.

72. Burrell, *Maya After War*, 52.

73. Burrell, *Maya After War*, 159.

74. Leisy J. Abrego, *Sacrificing Families: Navigating Law, Labor, and Love Across Borders* (Palo Alto, CA: Stanford University Press, 2014).

75. Abrego, *Sacrificing Families*, 22.

76. Menjívar, *Fragmented Ties*, 236–37.

77. Sarah J. Malher, *American Dreaming: Immigrant Life on the Margins* (Princeton, NJ: Princeton University Press, 1995), 215.

结论　特朗普的边境战争

1. See Nicole Einbinder, "How the Trump Administration Is Rewriting the Rules for Unaccompanied Minors," *Frontline*, February 13, 2018; Andrea Castillo, "Trump Is Stripping Immigrant Children of Protections, Critics Say," *Los Angeles Times*, September 2, 2019.

2. Caitlin Dickerson, "Hundreds of Immigrant Children Have Been Taken from Parents at U. S. Border," *New York Times*, April 20, 2018. Reuters later put together statis-tics showing that 1,800 children had been separated from their parents between October 2016 and February 2018. See Micah Rosenberg, "Exclusive: Nearly 1800 Families Separated at U. S.-Mexico Border in 17 Months Through February," Reuters, June 8, 2018.

3. Dara Lind, "The Trump Administration's Separation of Families at the Border, Explained," *Vox*, August 18, 2018.

4. Dara Lind, "Trump's DHS is Using an Extremely Dubious Statistic to Justify Splitting Up Families at the Border," *Vox*, May 8, 2018.

5. Richard Gonzales, "AClU: Administration Is Still Separating Migrant Families Despite Court Order to Stop," NPR, June 30, 2019.

6. Camilo Montoya-Galvez, "Lawmakers Condemn 'Horrific' Conditions Faced by Asylum-Seekers Returned to Mexico," CBS News, January 17, 2020.

7. Human Rights Watch, "U. S. 'Remain in Mexico' Program Harming Children," February 12, 2020, https://www.hrw.org/news/2020/02/12/us-remain-mexico-program-harming-children.

8. Priscilla Alvarez, "Migrant Families Have Sent Roughly 135 Children Across the U. S.-Mexico Border Alone, U. S. Government Says," CNN, November 26, 2019.

9. Christopher Sherman, Martha Mendoza, and Garance Burke, "US Held Record Number of Migrant Kids in Custody This Year," *Frontline*, PBS, November 12, 2019.

10. Nicole Acevedo, "Why Are Migrant Children Dying in U. S. Custody?," NBC News, May 29, 2019.

11. See Dara Lind, "The Horrifying Conditions Facing Kids in Border Detention, Explained," *Vox*, June 25, 2019; Ginger Thompson, "A Border Patrol Agent Reveals What It's Really like to Guard Migrant Children," ProPublica, July 16, 2019.

12. Whitney Eulich, "How Mexico Became Trump's Wall," *Christian Science Monitor*, March 6, 2020.

13. Whitney Eulich, "2,000 Miles, 72 Hours, a Tough Choice: Asylum in Guatemala, or Go Home?" *Christian Science Monitor*, March 13, 2020.

14. See Elizabeth Oglesby, "How Central American Migrants Helped Revive the U. S. Labor Movement," *The Conversation*, https://theconversation.com/how-central-american-migrants-helped-revive-the-us-labor-movement-109398.

15. Catherine e. Soichet, "They Thought Living in Churches Would Protect Them. Now They Fear Nowhere Is Safe," CNN, December 22, 2018.

16. 在一个新近的案例中，一位《纽约时报》的记者尖锐且多次驳斥了伯尼·桑德斯(Bernie Sanders)试图唤起有关美国在20世纪80年代挑起的对尼加拉瓜的战争的回忆。See Sydney Ember, "Sanders Defends Views on Foreign Policy," *New York Times*, May 19, 2019。

索　引

ABC (*American Baptist Churches v. Tornburgh* settlement agreement), 224
Abrego, Leisy, 240
Acker, Alison, 37, 60
AClU (American Civil Liberties Union), 223
activism, activists, 74; Catholic, 96, 101; in El Salvador, 127, 128; Indigenous,4, 86-87
adoption, international, 238-40
AFl-CIO, 52, 181-84; as model, 53, 181
Africa, 7
Africans, enslaved, 8
agrarian reform: in Guatemala, 49-50, 51, 82; in Honduras, 149-50, 156; institutes for, 80, 135; in Nicaragua,106-7, 111, 119. See also land reform
agriculture, 54, 147; export, 17, 54-57, 85,126-28, 147-48, 163, 206. See also names of crops
Aguilares (El Salvador), 129, 133
AIFLD (American Institute for Free Labor Development), 52, 126, 181,182, 183
alcohol and alcoholism, 113-14, 189, 192
Alemán, Arnoldo, 194
Allende, Salvador, 60, 80
Alliance for Progress, 53-54, 125, 148
Alta Verapaz (Guatemala), 88-89, 94
Álvarez Martínez, Gustavo, 151-53, 155,236
Amaya Amador, Ramón, *Prisión Verde* (1950), 39
American and Foreign Power (electric company), 38, 48
American Revolution, 21
American West, 40, 42
Americas Watch, 184
amnesty, 226; in El Salvador, 196-97, 236
Amnesty International, 184, 223
AMPRONAC (Association of Women Facing the Nation's Problems, Nicaragua), renamed AMNLAE (Luisa Amanda Espinoza Women's Association), 114

ANACH (National Association of Honduran Peasants), 148, 183
ANDES (radical teachers' union, El Salvador), 130
anticolonialism, 44
anti-communism, 44, 52, 57, 182; US Cold War policies and, 47-48, 51, 63,127, 131, 181
anti-Vietnam War activists, 64, 185
Arana Osorio, Carlos, "butcher of Zacapa," 84
Arbenz, Jacobo, 49-50, 51, 52, 75, 77, 89
"area of the generals" (Guatemala), 82
ARENA (Nationalist Republican Alliance, El Salvador), 136, 137, 144, 145, 216, 234; amnesty law and, 196-97; neoliberalism and, 197-98; in power, 199, 211
Arenas, Luis, the Tiger (or Jaguar) of Ixcán, 91
Arévalo, Juan José, 49 Argentina, 62, 151
Arias, Arturo, 85
Arias, Óscar, 71, 120-21
Arizona, US border crossing in, 230, 232 Armitage, Richard, 63
arms for hostages, under Reagan administration, 68-69
arms sales and supplies, 60, 66, 68, 175
Armstrong, Robert, 184
assassinations. *See* murders and assassinations
assimilation, assimilationists (policies toward Indigenous people), 42, 43
Asturias, Miguel Ángel, 25, 39

asylum, 222-25; legal seekers of, 244
ATC (Sandinista Rural Workers Associa-tion, Nicaragua), 101, 105-6
Atlacatl Battalion (El Salvador), 69-70,139
Atlantic Fruit Company, 38
atrocities, 3, 61-62, 96, 102, 136-41, 176; documentation of, 177, 204. *See also* massacres; terror; violence; *and place names of individual sites of massacres and atrocities*
austerity, 157, 170, 190; in Nicaragua, 119-20, 122, 195
Australia, 7, 207

Bajo Aguán river valley (Honduras), 149-50, 154, 157, 162, 164-65
banana republics, 37, 39, 146-47
bananas, banana industry, 25, 149, 154,158, 198; plantations, 4, 51; US companies and, 33, 37-39
Barricada (Sandinista newspaper), 104, 178, 194
Bay of Pigs invasion, 65, 111
Berger, Óscar, 210
Berkeley (California), 168
Berta Cáceres Human Rights in Honduras Act, 166
Black Legend of Spanish conquest, 6
"blockadia" (Naomi Klein), 208
Bluefields (Nicaragua), 34
Boland, Edward P., 67; Congressional Amendments of, 66-68, 166
Bolívar, Simón, 31-32, 40
bombings, 62, 98, 103

Bonner, Raymond, 140, 141, 184
border control, US, 221, 225
Brody, Reed, 184
Bryan-Chamorro Treaty (United States and Nicaragua, 1914), 35
Bukele, Nayib, 200
Burrell, Jennifer, 95, 207
Bush, George H. W., 69, 144
Bush, George W., 155, 191, 225, 229
Butler, Smedley, 34

Cabañas massacre (El Salvador), 139
Cáceres, Berta, murder of, 165 – 66, 212
CACM (Central American Common Market), 54, 85; El Salvador and, 125, 129
CAFTA (Central America Free Trade Agreement), 191 – 92, 209, 211
Calle 18 (gang), 214
"campesinist" Sandinistas, 107
campesinos, 58, 89, 101, 102, 126, 164; in Guatemala, 50, 79 – 80, 91 – 92; land reform and, 105 – 7. See also peasants
Canada, 7, 207, 210, 219, 222
canal, Nicaraguan, 34, 35, 217
capital and capitalism, 86, 146, 163, 191
Cardenal, Ernesto, 101, 102, 178
Cardenal, Fernando, 102
CARECEN (Central American Refugee/Resource Center, los Angeles, California), 177, 246
Carías Andino, Tiburcio, 39
Caribbean, 6 – 7, 12 – 13, 24, 253n13; Honduras and, 37, 147; Nicaragua and, 100, 110, 112; United States and, 25, 34, 35, 38, 71
Carney, James Guadalupe, 148, 164; assassination of, 152
Carrera, Rafael, 23
Carter, Jimmy, 136, 222, 223; US Central America policy under, 60 – 62, 63, 138 Casa Rutilio Grande, 177
Casey, William, 115
Castillo, Luther, 234
Castillo Armas, Carlos, 52
Castro, Fidel, 53, 60, 84. See also Cuba
Catholic Action, 57 – 58, 82, 83, 90, 93
Catholic activists, assassinations of, 152
Catholic Church, 6, 22, 57 – 58, 79, 171, 189, 202; El Salvador and, 125, 126, 129, 211; Guatemala and, 23, 85 – 86; Nicaragua and, 41, 102, 116; United States and, 45, 172. See also Christian Base Communities; Delegates of the Word; Jesuits; Liberation Theology; Maryknolls
cattle industry, 89, 100, 148; beef boom and, 56, 81, 126
CBP (Customs and Border Patrol, United States), 245
CeH (UN Commission for Historical Clarification, Guatemala), 202, 203
Center for Justice and Accountability (United States), 236, 237
Central America. See latin America; and names of individual countries

Central American Minors Refugee/ Parole program (United States), 225
CEPA (Educational Center for Agrarian Advancement, Nicaragua), *Cristo, Campesino*, 101
Cerezo, Vinicio, 98
Cerro Blanco mine (Guatemala), 212
Chalatenango (El Salvador), 132, 136, 138; repopulations in, 201-202
Chamorro, Pedro Joaquín, assassination of, 103, 121
Chamorro, Violeta Barrios de, 121, 189,193, 194
Chapultepec Accord (El Salvador, 1992), 145
Chávez, Hugo, 159, 195
Chávez, Joaquín, 127
Chicago Religious Task Force on Central America, 172
children and youth, 40, 231; adoption and, 238 - 40; in Guatemala, 214 - 15; in Honduras, 156, 157, 163, 164; Indigenous, 5, 35, 36, 42, 82, 83, 87, 90, 184, 185, 208, 234, 239; as migrants or refugees, 185, 213, 231 - 32, 234; malnourishment of, 84, 206 - 7; massacres of, 89, 92, 103, 115, 237 - 38; in Nicaragua, 102, 103, 116; in US immigration system, 223, 225, 226, 232, 241, 242 - 46, 276n2. *See also* family, families; gangs
Chimaltenango (Guatemala), 94
China, Chinese, 3, 46, 102, 165, 217, 220

Chixoy River hydroelectric complex (Guatemala), 81
Chomsky, Noam, 184
Christian Base Communities, 58, 88, 96, 101, 114, 117, 175; in El Salvador,129, 138 - 39
Christian Democratic parties, 86, 98; in El Salvador, 125, 126, 130, 136
Christianity, 6, 101. *See also* Christian Base Communities; Catholic Church; evangelical Protestantism, evangelical Protestants
CIA (Central Intelligence Agency), 60, 74, 84, 182, 236; Contra war and, 62, 65, 67, 68, 111, 115, 168, 169,227; in Honduras, 151, 152 - 53, 155; Iran-Contra Affair and, 68 - 69; overthrow of Arbenz and, 49, 51 - 52
CICIG (International Commission against Impunity in Guatemala), 203 - 4
CIDCA (Center for Research and Documentation of the Atlantic Coast, Nicaragua), 168
CISPES (Committee in Solidarity with the People of El Salvador), 176 - 77, 234
Ciudad Segundo Montes, El Salvador, 143, 201
civil disobedience, 173, 174, 175. *See also* resistance
class consciousness, 58, 126; raising of, 59,86 - 87, 96, 101, 173
Clements, Charles, 139, 177
clientelism, 199, 200, 206
climate change, 166, 231

Clinton, Bill, 191, 214, 225
Clinton, Hillary, 160, 161
cocaine, 151, 154, 165, 215
CODEH (Committee for the Protection of Human Rights in Honduras), report of, 155-56
coffee industry, 24, 25, 26, 190; in El Salvador, 27-30, 125, 126, 198; Guatemala and, 25 - 27; in Honduras, 158; in Nicaragua, 35, 43, 100; United States and, 33, 179
coffee plantations, planters, 89, 91, 125; in El Salvador, 4, 124 - 25, 128; Indigenous workers and, 4, 24-28
cofradías (village-level brotherhoods), 12, 27, 28, 57, 82, 87
COHA (Council on Hemispheric Affairs, United States), 181
Cold War, 44, 45, 53, 57, 84, 155; US anticommunism in, 127, 141
Colombia, 70, 154, 165 Colomoncagua refugee camp (Hondu-ras), 142
colonialism, 6 - 9, 22. See also settler colonialism
colonization projects, 78-80, 83-84
Columbian quincentenary (1992), 207-8
Columbus Day, 87
Comintern, 47 - 48, 131. See also communism, communists; Soviet Union
Comités de Seguridad (Guatemala), 206
communism, communists, 4, 44, 74, 83, 129. See also Communist Parties; leftists; Marxism, Marxists

Communist Parties, 40; of El Salvador, 28, 30, 131; in Latin America, 47-48
Communities of Population in Resistance (CPRs, Guatemala), 74
CONAVIGUA (National Coordination of Widows of Guatemala), 97
concentration camps, 15, 85, 98, 112, 245
Concord Naval Weapons Station protests (California), 175
Conservatives (nineteenth-century), 22, 23, 25, 32, 34, 36
constitutions, Latin America, 159
Contadora (Panama) peace process, 70-71, 120
Contra army, 65, 107; atrocities and attacks by, 102, 107, 115, 116, 120; campesinos in, 116 - 18; CIA trains, arms and supports, 62, 65, 67, 68, 111, 115, 168, 169, 227; defeat and demobilization of, 120, 122. See also CIA; Reagan, Ronald
Contra war, 120, 112; United States and, 114-15, 150-51, 172, 174. See also Nicaragua revolution; Sandinistas
Coolidge, Calvin, 34
cooperatives, 79, 90; in El Salvador, 135; in Guatemala, 78-80, 85, 92, 95; in Honduras, 154, 156 - 57, 164; in Nicaragua, 107, 118, 119
Coordinadora Indígena Nacional (Guatemala), 87
COPINH (Council of Popular and Indigenous Organizations of Hondu-

ras), 165-66
Corbett, Jim, 173
córdoba (Nicaraguan currency), devaluation of, 120
Corn Islands (Nicaragua), 35
Coronavirus, 246
corporations, US: banana companies, 128, 146-47; El Salvador and, 125; Guatemala and, 48 50-51, 76, 210; Honduras and, 163; Nicaragua and, 110; United States and, 45. *See also names of companies and corporations*
Correa, Yanira, torture of, 234
corruption, 162, 189, 191, 206; of Sandinistas, 122, 194; under Somoza family, 100-101, 104
Cortina, Jon, 239
COSEP (Permanent Council for Private Enterprise, Nicaragua), 108
Costa Rica, 62, 115, 167, 191; refugees in, 218, 228; UFCO and, 38, 39
costumbre (popular religion, Guatemala), 57, 82, 208
cotton export economy, 87, 128; boom in, 55-56, 78, 100, 125, 126, 148; impact on Guatemalan highlands, 83, 87-88
counterinsurgency, 45, 72, 138, 141, 181; in El Salvador, 124, 125-27, 135; in Guatemala, 82, 91, 92, 93-94, 214, 229; in Honduras, 152, 163; in Nicaragua, 36-37, 111
counterreforms, neoliberal, 156-58
counterrevolution (Nicaragua), 109, 112, 227. *See also* Contra army;

Contra war
covert war, US, in Nicaragua, 65-66. *See also* Contra army; Contra war; counterrevolution
CPRs (Communities of Population in Resistance, Guatemala), 92, 98
CREM (Center for Regional Military Training, Honduras), 154; closure of, 157, 163, 164
Creoles, 43, 110, 253n13
crime and criminalization, 156, 166, 205-6, 226, 233; gangs, 188, 197, 212-16; organized, 163, 197, 215
CRIPDES (Christian Committee for the Displaced, El Salvador), 177
Cristiani, Alfredo, 144-45
Cuba, 62, 80, 100; Revolution in, 53, 60, 100, 102, 105, 114. *See also* Castro, Fidel; Guevara, Ernesto "Che"
CUC (Committee for Campesino Unity, Guatemala), 87-88, 93, 207
culture and cultural change, 42; cultural-ists and, 207, 208; indigenous, 3, 4; migration and, 240-41
Curbstone Press, 184
currency devaluation, 120, 157
CUS (Confederation of Trade Union Unity, Nicaragua), 183
cutbacks in state spending, as element of neoliberalism, 190
Cuyamel Fruit Company, 38, 147

DACA (Deferred Action for Childhood Arrivals, United States), 226, 227
Dalton, Roque, 184; assassination of,

130
Danner, Mark, 141, 184
D'Aubuisson, Roberto, 137, 234
death squads, paramilitary, 144, 164, 234; in El Salvador, 134 – 35, 142; in Guatemala, 84, 92, 94 – 95, 203; in Honduras, 155 – 56; United States and, 95, 234. See also atrocities; massacres; violence
debt, national, 56 – 57
decapitalization, 108 – 9
decentralization, as element of neoliberalism, 190
Declaration of Iximché (Guatemala), 88
Deferred Enforced Departure, 224
deforestation, 55, 56, 208, 217
Delegates of the Word, 58, 101, 129
de León Carpio, Ramiro, 98
democracy and democratization, 72, 190, 206
deportation, deportations, 214, 221, 223, 226, 246
deregulation, as element of neoliberalism, 190
D'Escoto, Miguel, 159, 175
developmentalism, 45, 57; "developmentalist" Sandinistas, 107; development zones and, 80 – 82
Día de Desgracia (Day of Misfortune), Día de la Raza (Guatemala) renamed as, 87
dictators, 45, 53, 63, 97, 114, 181; "dictatorship of the flies" and, 39, 44, 46; in Guatemala, 25, 46, 48; in Nicaragua, 37, 46, 61, 66, 99, 178. See also names of individual dictators

"dirty war," 134 – 35, 152, 236
disappearances, 89, 90, 94, 96, 97, 152, 203
"disappearing indians," 41 – 44
disease, diseases, 7, 10, 23, 149, 246
Diskin, Martin, 112
documentary films, 14, 170, 184, 185, 238, 270n64, 275n64
dollar diplomacy, 33 – 34
Dominican Republic, 39, 45, 161, 191
Dosal, Paul, 46
Dos Erres, destroyed by Guatemalan army, 237, 238
Dream Act and "Dreamers" (United States), 226
Drinan, Robert, 172
drug trafficking and drug trade, 188, 191, 208, 212, 215; drug wars and, 146, 163, 165, 248; in Honduras, 157, 163; United States and, 154 – 55
Duarte, José Napoleón, 125, 130, 135, 141, 142, 229
Dunbar-Ortiz, Roxanne, 112

earthquakes, 224; in Guatemala (1976), 59, 85, 87, 93; in Nicaragua (1972), 59, 100 – 101, 104
economic development, 46, 47, 49, 76, 247; in development decades (post – World War II), 45, 46, 49, 52, 53 – 59, 76, 100, 153; development poles and zones, 80 – 84, 93; in El Salvador, 124, 127, 217; in Guatemala, 79 – 84, 89, 97, 238; in Honduras, 153, 158, 161, 162, 165; "lost decade" of (1980s), 188;

neoliberal, 188, 190 – 92, 210, 212, 217; megaprojects and, 81, 174, 188, 191, 196, 208, 210, 217, 234, 238; in Nicaragua, 100, 107, 117, 196, 217; in nineteenth century, 20, 22, 31, 33, 37. *See also* developmentalism; inter-American Development Bank; USAID

EGP (Guerrilla Army of the Poor, Guatemala), 86, 87, 88, 90, 91 – 93

Eisenhower, Dwight D., 51, 75 – 76

elites, 3, 4, 40, 41, 42, 44, 163

Ellacuría, Ignacio, 144, 201

El Mozote (El Salvador) massacre, 70, 139 – 41, 176, 177, 184, 196

El Nuevo Diario, 121

el paquetazo (neoliberal structural adjustment, Honduras), 157, 162

El Quiché (Guatemala), 78, 83, 88, 92, 94, 96

El Salvador, 24, 52, 58, 128, 134, 172, 192, 193, 209; civil war and revolution in, 124 – 45, 133; coffee and, 4, 24, 25, 27 – 30; communists in, 4, 28 – 29; extractivism in, 211 – 12; Indigenous people in, 2, 27 – 28; *maquila* sector in, 191 – 92; modernizing military of, 52, 53; neoliberalism in, 197 – 98; peace treaty (1992) and, 71, 189, 193, 196; postwar, 196 – 202; Soccer War, 127 – 29, 148; United States and, 51, 60, 61, 65, 68, 69 – 70, 141 – 42. *See also* Salvadoran military

ENABAS (National Basic Foods Cooperation, Nicaragua), 109 – 10

English language, 39, 40, 240

environmental justice, 210

erasing of history, 2, 3, 5, 8, 9, 17, 29 – 30, 41, 44, 69, 197, 204, 239. *See also* forgetting

ERP (People's Revolutionary Army, El Salvador), 130

Esquipulas Agreement (1987), 71, 121

Estelí (Nicaragua), 103 – 4

Estrada Cabrera, Manuel, 25

Europe and Eurocentrism, 6, 7, 41; European Union and, 160

evangelical Protestantism, evangelical Protestants, 82, 189, 208

exhumations, 203, 204

export agriculture and economy, 4, 22, 24, 128, 188; in Guatemala, 48, 85; in Honduras, 147 – 48, 163; in Nicaragua, 106; nontraditional, 205 – 6

Export-Import Bank, 46, 76

exterminationists, 42

extractivism, 208 – 12

factionalism, of Salvadoran leftist guerrillas, 130

Facussé, Miguel, 157, 163, 165

FAFG (Guatemalan Forensic Anthropology Foundation), exhumations by, 203

Falla, Ricardo, 79

Fallas, Carlos Luis, *Mamita Yunai* (1941), 39

FAMDEGUA (Association of Relatives of the Detained-Disappeared in

Guatemala), 97, 203
family, families: divided by migration, 240–41, 243, 244; as immigrants, 242–46; separated by immigration officials, 243–45. *See also* adoption, international; children and youth
FAR (Revolutionary Armed Forces, Guatemala), 84, 86
Farmer, Paul, 169, 170
FARN (Armed Forces of National Resistance, El Salvador), 130
FBI (Federal Bureau of Investigation), 234
FDN (Nicaraguan Democratic Forces), 115. *See also* Contra army; Contra war; counterrevolution
FDR (Revolutionary Democratic Front, El Salvador), 137, 138, 176
FECCAS (Salvadoran Christian Peasants Federation), 126, 129, 130, 131
Federal Republic of Central America, 22
feminism, 113–14
FENACH (National Federation of Campesinos of Honduras), 148
FENAGH (National Federation of Farmers and Cattle Ranchers of Honduras), 150
Fife, John, Sanctuary Movement and, 173
Flores, Francisco, 229
Florida, 62, 115; war criminals in, 236, 237
FMLN (Farbundo Martí National Liberation Front, El Salvador): final offensives of, 138, 144; leaders of, 185, 201–2; as political party, 196, 197, 209, 211, 228; in power, 199–200, 216; as revolutionary guerrillas, 124, 130, 137, 139–43, 168, 176, 177
foco theory, 86
Fonseca, Carlos, 100
Forché, Carolyn, 177; "The Colonel," 15–17, 133
Ford, Gerald, 60
foreign investment, 22, 33–34, 85, 190, 206
forgetting, 25, 247; memory and, 2–3; privilege of, 170, 171. *See also* erasing of history
Foxen, Patricia, 204, 235
FPL (Farabundo Martí Popular Liberation Forces, El Salvador), 130
Francis (Pope), 166
Frank, Dana, 160, 162, 163, 166
free markets, 153–54, 190
free-trade agreements and zones, 191, 217
FSLN (Sandinista National Liberation Front), 62, 99, 102, 114, 117–18, 194–95. *See also* Sandinistas
FTAA (Free Trade Area of the Americas), 191
FTN (Northern Transversal Strip, Guate-mala), 80–83, 89, 90, 211
Funes, Maurico, 216

Gaceta Sandinista, 178
Galeano, Eduardo, 208
Galloway, Colin, 21
GAM (Mutual Support Group, Guatemala), 97, 203
gangs, 188, 197, 212–16

García, José Guillermo, 236
García Márquez, Gabriel, *One Hundred Years of Solitude*, 39 – 40
Garifuna people, 38, 110, 150, 162
gender, Nicaraguan revolution and, 113 – 14
General electric, 38
genocide, 82, 83, 94, 97 – 98, 202, 204
Georgetown University, 172
Gerardi, Juan, 96; murder of, 97, 203
Germany, Germans, 3, 42, 110
Ghorbanifar, Manucher, 68
Giuliani, Rudy, 156
Glamis Gold Company, 210
globalization, 170, 188, 209
GNIB (Guatemala News and Information Bureau), 180
Gobat, Michel, 40 – 41
Goldcorp, 210
Good Neighbor Policy, 45 – 46
Gosse, Van, 167
Gould, Jeffrey, 35, 36, 43, 44, 134
Grande, Rutilio, 129; murder of, 133, 136
Grandia, Liza, 80
Grandin, Greg, 26 – 27, 47, 89 – 90, 97
Great Britain, British, 6, 24 – 25, 34, 37 – 38, 110
Great Depression, 28
Green Revolution, 55, 77 – 78
Grenada, United States invades, 116, 174
Grenier, John, 21
Guadalupe Carney community, recuperation of, 164
Guardia Nacional (El Salvador), 27 – 28, 131; US churchwomen murdered by, 61, 69, 138, 143, 172, 185, 236
Guardia Nacional (Nicaragua), 61 – 62, 66, 101, 104; United States and, 36 – 37, 102. *See also* Somoza Debayle, Anastasio; Somoza García, Anastasio
Guatemala, 42, 44, 49, 54, 75, 76, 87, 97,193, 219, 239; coffee and, 23, 24,25 – 27; cotton boom in, 55 – 56; coups in, 74, 93, 147; development zones in, 80 – 82; earthquake in, 59, 85, 87, 93; extractivism in, 209, 210 – 11; genocide and human rights violations in, 61, 83, 203; immigrants from, 219, 229 – 30; Indigenous and, 43 – 44, 203,219; *maquila* sector in, 191 – 92; PACs and civil defense patrols in, 94 – 95, 98; peace accords (1996) and, 71, 98, 189, 193, 202, 206 – 7; peasants in, 75, 78 – 79, 82, 84 – 85, 90; post-coup, 52, 74 – 75; postwar, 202 – 8; reform in, 76 – 77; resistance in, 84 – 88; revolution in, 4, 74 – 98; Truth Commission of, 89, 92 – 93, 193; UFCO in, 38, 39, 46; United States and, 45, 60, 61, 84, 180. *See also* El Quiché; Guatemala military; Huehuetenango; Menchu, Rigoberta
Guatemala City, 51, 96, 85 – 86, 87 – 88, 214 – 15
Guatemala information Center, 177
Guatemalan military, 50, 82, 84, 91,

92, 203; kidnaps Sister Dianna Ortíz, 96-97; Panzós massacre by, 89-90
Guatemalan Mental Health League, 239
guerrillas: in El Salvador, 61; in Guatemala, 81, 82, 85, 91-92, 93; in Nicaragua, 36, 100, 101, 103. *See also* Contra army; EGP; ERP; FAR; FARN; FDN; FDR; FMlN; FSlN; Sandino, Augusto C. ; Sandinistas; URNG
guest worker programs, 221
Guevara, Ernesto "Che," 86, 114
Guillermoprieto, Alma, 140, 184
guindas (flight into hiding), 132, 136, 139, 143
Gulf of Fonesca, US naval base in, 35
guns and beans program (Guatemala), 94
Gutiérrez, Joaquín, *Puerto Limón* (1950),39

hacendados, 35, 149
Haig, Alexander, 69
Haiti, 8
Hart-Celler Act (or Immigration and Nationality Act; United States, 1965), 221
Hasenfus, Eugene, 68
Healy, Timothy S. , 172
Hernández, Juan Orlando (JOH), 162
Hernández Martínez, Maximiliano, 28,29, 39
highways and roads, 43, 80, 89, 149; coastal, 52, 55; Inter-American Highway, 76; Pan American Highway, 87, 147; Transversal Highway, 81
hispanismo, 44
history: burying of, 72; importance of, 5-6; memory and, 2, 3; truth seeking and, 193; U. S. - Central American, 5-6. *See also* erasing history; forget-ting; memory; truth commissions
Holocaust denial, 3
Honduran military 154, 155, 159; Salvadoran military and, 151-52; US aid to, 135, 150-52
Hondurans, in United States, 219, 224
Honduras, 37, 54, 59, 146-66, 214; Atlantic coast of, 38, 163; banana industry in, 25, 37-39; CIA and, 66, 111, 115; coffee industry in, 25; Great Britain and, 24-25; *maquila* sector in, 191-92; mining industry in, 25, 212; refugees in, 139, 142, 218, 228-29; Sandinistas in, 103; Soccer War, 127-29; 2009 coup in, 159-61; UFCO landholdings in, 38, 39; United States and, 24-25, 30-34,51, 66, 68, 70, 107, 151, 152. *See also* Honduran army
Huehuetenango (Guatemala), 43-44, 55-56, 78-79, 83, 87-88, 94, 207,229, 267n3; marches from, 87-88;Maryknolls in, 57, 96; mining companies and, 210-11
human rights, 184; under Carter administration, 60-62; Óscar Romero and, 133; violations of, 63, 74, 98, 102,131, 139, 181, 196, 222
Human Rights Watch, 244

hurricanes: Fifi (1974), 59, 149; Mitch (1998), 158, 164, 224
hydroelectric projects, 165, 212, 238

ICA (International Coffee Agreement), 190
ICE (Immigration and Customs Enforcement, United States), 225, 235,247
ICSID (International Centre for Settlement of Investment Disputes) of World Bank, 209, 211
identity, 2; class, 23; community, 27, 28; cultural, 207; ethnic, 23; FMlN, 200; national, 208; Sandinista, 118; US American, 21. See also identity, Indigenous
identity, Indigenous, 5, 9, 27, 30, 43 - 44, 87, 207; in El Salvador, 28, 30, 128; in Guatemala, 240; Mayan, 84,86 - 87, 94, 207 - 8; in Nicaragua, 36, 43 - 44, 111; suppression of, 2
ILO (International Labor Organization) Convention 169 (United Nations), 207, 209, 210
IMF (International Monetary Fund), 46 - 47, 147, 161, 188, 191; Nicaragua and, 194, 195
Immigrants, 24, 32, 219, 242; from El Salvador, 127 - 28; from Nicaragua, 227 - 28; rights of, 246 - 47. See also migrants; refugees
immigration, history of US, 220 - 21
impunity, 30, 155, 163, 197, 199, 202, 213
INA (immigration and Nationality Act; or Hart-Celler Act, United States, 1965), 221
India, 7
Indian Reorganization Act (United States, 1934), 46
Indians (*Indios*), 22, 23, 24; use of term, 252n2; in United States, 8, 21, 46, 54 - 55. See also identity, Indigenous; " Indigenous "; Indigenous peoples and cultures
"Indigenous" ("*indígena*"), use of term, 252n2
Indigenous peoples and cultures: erasure of history of, 29 - 30, 41, 239; genocide of, 82, 83, 89, 90 - 98, 202, 204; languages of, 3, 10, 12, 17, 43, 84, 87, 91; resistance and movements of,4, 5, 9, 11, 14, 28 - 29, 35, 36, 86 - 88, 107, 111 - 12, 207 - 8; racism against, 41 - 44, 94. See also identity, Indigenous; Native Americans, US; *and under names of individual Indigenous peoples of Central America, e. g. , Mayas; Miskitu Indians*
individualism, 233, 241 "Indohispanic race" (Sandino), 44
industrialization, 54
inflation, in Nicaragua, 119 - 20
INS (Immigration and Naturalization Service, United States), 173
intellectuals, 39 - 40, 44
Inter-American Development Bank, 161, 200
International Center for Transitional Jus-tice, 193

International Court of Justice, 67, 194
International Railways of Central America, 48
International Workers Day, 87
invitations to foreign capital, as element of neoliberalism, 190
Iran Contra Affair, 68–69
IRCA (Immigration Reform and Control Act, United States, 1986), 221, 225, 237
Israel, 61, 62, 68–69, 98
Ixcán rainforest (Guatemala), 79, 90, 92
Ixil region of northern Quiché (Guatemala), 83, 90, 204, 233; immigrants from, 229–30
Ixim: Notas Indígenas (Mayan activist newspaper), 87

Jacobson, Matthew Frye, 40
Japan, Japanese, 3, 34
Jesuits, 58, 172; in El Salvador, 70, 129, 133, 136, 138, 143, 144, 201, 236, 239; in Guatemala, 79, 82–83, 96; in Honduras, 148, 152, 164, in Nicaragua, 101, 102, 174. See also Catholic Church; Liberation Theology; and *"UCA"* entries
Jews, Holocaust and, 3
John Paul II (pope), visits Nicaragua, 116
Johnson, Lyndon, 54
John XXIII institute for Social Justice, 174
Jordán, Gilberto, 237

Kennedy, John F., 53
Khashoggi, Adnan, 68
Kidder, tracy, 170
kidnapping, kidnappings, 94, 115, 130, 152–53
Kids in Need of Defense, 243
Kinzer, Stephen, 115
Kirkland, Lane, 182
Kirkpatrick, Jeane, 63
Kissinger, Henry, 60, 182
Klein, Naomi, 208
Korea, 3

labor rights, 4, 101
labor unions and organizing, 4, 39, 50, 52, 85–86, 148; strikes and, 51, 129, 147;US, 181–84, 246
Ladinos, 5, 27, 29–30, 35, 87
La Esperanza (southwest Honduras), 165, 166
LaFeber, Walter, 37, 63, 184
Lake Nicaragua, 101
landed elite, 135, 150, 157
land reform, 75, 136; in El Salvador, 135–36, 197–98; in Guatemala, 4, 49–50, 77; in Honduras, 147–50, 156–57, 164; in Nicaragua, 105–7, 118–19
land rights, 22, 27–28, 101
land scarcity: in El Salvador, 128; in Guatemala, 50, 77, 230; in Honduras, 146
La Prensa, 121
Latin America: extractivism in, 209; independence in, 7–8, 22; "lost decade" in, 188; United States and, 6, 33. See also names of

individual countries
"*la violencia*" (Guatemala), 98
LeFeber, Walter, 63
leftists, 40, 86, 87, 130 – 31, 181
Lenca Indigenous people (Honduras), 165 – 66
Liberals, 22, 23, 24, 34, 36
Liberation Theology, 58, 86, 136, 144, 172, 180, 189, 211; in El Salvador, 129, 130, 133; in Guatemala, 82 – 83; in Nicaragua, 100, 101 – 2, 114. *See also* Catholic Church; Jesuits; Maryknolls; *and "UCA" entries*
Lind, Dara, 214
Linder, Benjamin, murdered by Contras, 177, 179
literacy campaign, in Nicaragua, 178
Little Managua (Miami), 227
Lobo, Porfirio "Pepe," 160 – 61
local self-governance, as element of political neoliberalism, 190
logging, 80, 81. *See also* deforestation
López Arellano, Oswaldo, 148
Los Angeles, 215, 234; as center of refugee organizing, 173, 177; MS-13 gang in, 213 – 14
low-intensity warfare (lIW), 64 – 65
Lucas García, Fernando Romeo, 80, 82, 90
Lyra, Carmen, *Bananos y hombres* (1931),39

Managua, 102, 104, 110, 169, 174, 194; 1972 earthquake and, 59, 100 – 101; United States and, 34, 168
Manifest Destiny, 32, 41

mano dura (tough-on-crime) policies, 215, 216
Manz, Beatriz, 79, 92, 95
maquiladora industry, 71, 191 – 92, 215; in Guatemala, 205; in Honduras, 153 – 54, 157 – 58, 192; in Nicaragua, 196
maras (youth gangs), in Guatemala City, 214 – 15
Marines, US, occupy Nicaragua, 34, 36,37, 111
Marlin Mine, 210
Mármol, Miguel, 184
Martí, Farabundo, 4, 28, 236
Martín-Baró, Ignacio, 144
Marxism, Marxists, 83, 102, 131; Sandinista ideology and, 100, 101, 103
Maryknolls, 96, 102, 138, 175; in Guatemala, 82 – 83; as missionaries, 57 – 58, 77, 88, 172
massacres, 2, 203, 228; in Aguán valley (Honduras), 164 – 65; at Dos Erres (Guatemala), 237; at El Mozote (El Salvador), 139 – 41; in El Salvador, 29 – 30, 70; of Jesuits (El Salvador), 144, 239; in La Cayetana (El Salvador), 131; in Nicaragua, 62, 103; at Panzós (Guatemala), 88 – 90; at Río Negro (Guatemala), 238; in southern Quiché (Guatemala), 92; at Spanish embassy (Guatemala City), 88; at Sumpul River (El Salvador – Honduras border), 139
Maya Biosphere Reserve, 211
Mayan civilization, 44; languages of, 43

– 44, 208; Popol Vuh of, 4 – 5; reli-gion of, 82 – 84
Mayas, 77, 87, 94, 208; cultural rights of, 86; genocide of, 90, 203; as seasonal migrant laborers, 84 – 85
MCA (Campesino Movement of Aguán, Honduras), 164
McFarlane, Robert, 68
megaprojects, 81, 174, 188, 191, 234; in Nicaragua, 196, 217; resistance to, 208, 210
Meiselas, Susan, 140, 184 – 85
Mejía Godoy, Carlos, 102, 104
memory, 35, 203; complexity and, 204 – 5; forgetting and, 2 – 5; importance of, 5 – 6. See also history
Menchu, Rigoberta, 56, 88, 184; testimonio of, 4 – 5, 252n2
Menchu, Vicente, 88
mestizaje and mestizos, 30, 35, 43, 44
Mexican immigrants, in United States, 18, 168, 219 – 21, 242, 226
Mexico, 7, 22, 70, 90, 188, 218, 232; refugees in, 94, 219; tent cities of asylum seekers on US border with, 244; as Trump's border wall, 245
Miami, 65, 69, 115, 155, 227, 234
micro-businesses, 110
migrants, 2, 17, 110; as laborers, 13, 18, 27, 50, 83 – 85, 87, 91, 129, 147; Salvadorans to Honduras, 125, 127 – 28, 148 – 49; as youths, 231 – 32. See also immigrants; migration; refugees
migration, 191, 217, 218 – 41; internal, 54, 218; neoliberalism and, 232 – 34; after 1990s, 230 – 34; solidarity and, 246 – 47
militarization, 163, 164, 166, 232
Military Intelligence Battalion 316 (Hon-duras), CIA and, 152 – 53, 155
minimum wage legislation, 49, 52, 125, 159, 192
mining industry, 33, 210; in El Salvador, 200; in Guatemala, 75, 76, 80, 209; in Honduras, 25; neoliberalism and, 191. See also extractivism; *and names of mining companies*
Miskitu (Indigenous population on Nicaragua's Atlantic coast), 66, 110, 228; United States and, 70, 111, 115; relocation of, 112, 119; Sandinistas and, 65, 118 – 19
Mission Cultural Center for Latino Arts (San Francisco, California), 178
MISURASATA (Miskitu Sumu, Rama and Sandinistas Working Together), 111, 118 – 19
model cities project (Honduras), 161
model villages (Guatemala), 93 – 94, 98
modernity and modernization, 44, 54; agricultural, 127 – 28, 156; in El Salvador, 52, 53, 124, 125, 126, 144, 197; in Guatemala, 49, 57, 97; in Honduras, 156, 233; Indigenous people and, 40, 42, 55, 57; under Liberals, 24, 36; military and, 52, 53, 102; in Nicaragua, 40 – 41, 102
Molina, Arturo, 130
Monroe Doctrine, 31 – 33

Montano Morales, Inocente Orlando, 236 – 37
Montes, Segundo, 144
Moravian missionaries, 110, 111
Morazán (El Salvador), 200, 201
motherhood, mothers, in Nicaragua, 114, 168 – 69, 170
MRS (Sandinista Renovation Movement, Nicaragua), 194, 195
MUCA (Unified Campesino Movement of the Aguán, Honduras), 164
municipios, 50, 79
murders and assassinations, 67, 91, 94, 103, 115, 143, 166; of Berta Cáceres, 165 – 66, 212; of James Carney, 152; of Pedro Joaquín Chamorro, 103, 121; of Roque Dalton, 130; in El Salvador, 133, 198 – 99; of Juan Gerardi, 97, 203; of Rutilio Grande, 136; in Honduras, 152, 198; by Military Intelligence Battalion 316, 152 – 53; of Óscar Romero, 136 – 37, 172, 177, 185, 196, 236; of Anastasio Somoza Debayle, 62; of US churchwomen, 61, 69, 138, 143, 172, 185, 236. *See also* massacres
Murillo, Rosario, 195

NACARA (Nicaraguan Adjustment and Central American Relief Act), 224
NAFTA (North American Free Trade Agreement), 191
narratives, historical, 3, 5 – 6
National Company for the Development of the Petén (FYDEP, Guatemala), 81
National Council of Churches, 131
National Development Bank (Honduras), 147
National Electrical Energy Company (Honduras), 162
nationalism, nationalists, 3, 44, 47, 108, 149
National Palace of El Salvador (San Salvador), 134, 136
National Palace of Nicaragua (Managua), 103
National Roundtable against Metallic Mining (El Salvador), 211
National University: attacked by Salvadoran military, 130, 137
Native Americans, US, 8, 21, 46, 54 – 55
NED (National endowment for Democracy, United States), 181
négritude, 44
Negroponte, John, 66, 151, 153, 154, 155, 239
neoliberalism, 190, 208, 210, 216 – 17; in Central America, 189 – 92; counter-insurgency and, 72; in El Salvador, 197 – 98; in Guatemala, 205 – 7; in Honduras, 156, 161 – 62; migration and, 231, 232 – 34; peace treaties and, 188 – 217; United States and, 63, 146, 154; violence and, 166, 215
neo-Sandinismo, 195, 196
Neruda, Pablo, 44; "The United Fruit Company," 39
New Deal, 46
Newsweek, 66, 151, 154

New York Times, 80, 82, 140, 184, 243-44
New Zealand, 7, 207
NGOs (nongovernment organizations), 97-98, 158, 190, 199, 200, 211, 220, 240
NicaNet (National Network in Solidarity with the Nicaraguan People), 178
Nicaragua, 32, 35, 101, 103, 107, 120, 175, 209; Atlantic coast of, 110-13, 119; banana economy in, 38, 167; Britain and, 24-25; Carter's policies toward, 61-62; Catholicism and, 58, 116; gangs in, 215-16; Indigenous people in, 2, 4, 12, 35, 41-42, 66, 70, 110-12, 115, 228; peace process in, 120-21; refugees and migrants from, 219, 224, 227-28; solidarity travel to, 167, 172, 174, 179-80, 217, 267n21; US covert war in, 65-66, 119, 168, 174-75, 277n16; US influence in, 24-25, 30-34, 35, 60, 219, 267n21; US occupation of (1912-33), 4, 34-37, 41; Vanderbilt and, 32-33
Nicaraguan revolution, 61, 99-123, 195; economy after, 194-96; elections after, 121-22; gender and, 113-14; impact of, 189, 195-96; Liberation Theology and, 101-2; Sandinistas in power after, 104-13; solidarity of US Americans with, 178
nickel mining (Guatemala), 80, 81
NISGUA (Network in Solidarity with Guatemala), 180

Nixon, Richard M., 59-60
NlC (National Labor Committee in Support of Democracy and Human Rights in El Salvador), 183
Non-Aligned Movement, 62
North, Oliver, 63, 68-69, 189
North America, British, 6, 8
Northern Triangle (Central America), 230, 231

Oakland (California), refugee organizing in, 177-78
OAS (Organization of American States), 62, 122, 160, 161, 162
Obama, Barack, 160, 220, 225, 226, 231, 247
Obando y Bravo, Miguel, 61-62, 102
Ocasio-Cortez, Alexandria, 245
OFRANEH (Black Fraternal Organization of Honduras), 162
oil companies and petroleum industry, 80, 81, 90; Guatemala and, 75, 76, 211
oil crisis of 1973, 54, 59, 78, 80
Operación Limpieza (Nicaragua), 103
Operation Big Pine II (US troops in Honduras), 151
Operation PBSUCCESS (CIA in Guatemala), 51
Orbis Books, 180
ORDEN (Salvadoran paramilitary force), 132-35
ORPA (Revolutionary Organization of the People in Arms, Guatemala), 86, 94
ORR (Office of Refugee Resettlement, United States), 242-45

Ortega, Daniel, 67, 119, 121 – 22, 194, 195, 216, 217
Ortíz, Dianna, torture of, 96 – 97
ortodoxos, in Sandinista party, 194

Pacific coast of El Salvador, 52, 124
PACs (Civil Defense Patrols, Guatemala), 94 – 95, 98
Paley, Dawn, 163
Palmerola, Honduras. *See* Soto Cano Air Base, Palmerola, Honduras,
palm oil industry, 156, 158, 162, 165
Panama, 70
Panama canal, 34, 35
Panama Canal Zone, School of the Americas in, 53
pan-Mayanism, 207 – 8
Panzós massacre (Guatemala), 87, 88 – 90
Paraguay, Somoza assassinated in, 62
paramilitary forces, 84, 89, 132, 192, 203, 212. *See also* death squads, paramilitary; ORDEN; PACs
Pastor, Robert, 184
Pastora, Edén, 115
patriarchy, 82, 113
Payeras, Mario, 90, 92 – 93
Paz y Paz, Claudia, 203 – 4
Peace Corps, 77
peace process: in El Salvador, 29, 71, 144 – 45, 189, 193, 196; in Guatemala, 71, 98, 189, 193, 202, 206 – 7; neoliberalism and, 188 – 217; in Nicaragua, 120 – 21
peasants, 25, 54; in El Salvador, 28, 127 – 28, 129, 131 – 32; in Guatemala, 89; in Honduras, 127 – 28, 147 – 48; land and, 4, 49, 56; in Nicaragua, 100, 116 – 18; organizing of, 82, 88, 90, 101, 126, 128, 129, 135, 147, 148; as refugees, 127 – 28, 136; uprisings of, 4, 27 – 28. *See also* campesinos; land reform
Pelosi, Nancy, 166
peons and debt peonage, 26, 35, 82, 89
people of color, colonialism and, 7
People's University (El Salvador), 28
Perla, Héctor, 178, 185
Peru, 7, 146
Petén (Guatemala), 81 – 82, 211
Peurifoy, John, 51, 52
Pew Research Center, 219
PGT (Guatemala's communist party), 48, 49, 75, 86
Pierce, Franklin, 32
"piñata laws" (Nicaragua), 122
Pine, Adrienne, 154, 155, 156, 192
"pink tide" (Latin America), 159, 216
plantation agriculture and plantations, 7, 8, 23, 24, 49; in British Caribbean, 6, 7. *See also under names of export agriculture crops*
Plaza of the Revolution (Managua), 104
Pledge of Resistance, 168, 172, 173 – 75
Polochic River (Guatemala), 89
Popol Vuh, quoted by Menchu, 4 – 5
poverty, 7, 168, 171; in Guatemala, 206 – 7; in Honduras, 146 – 47, 161, 164; in Nicaragua, 100
Pratt, Richard H., 42
prisons, prisoners, 181, 215; in El Salvador, 131; gangs and, 215; in

Guate-mala, 52, 74, 230, 235; in Honduras,233; in Nicaragua, 105; political, 49,102, 103; US, 214, 237, 242
privatization, 153, 159, 162, 183, 190, 239
Pro-Búsqueda (El Salvador), 239
"progress": "disappearing Indian" and, 42;imposed by United States, 40, 41
proletarios, as Sandinista faction, 103
Prolonged Popular War, as Sandinista faction, 103
protests and marches, 4, 63, 87, 195. *See also* resistance
Providence, R. I. , 234 – 36, 240
Puerto Cortés free trade zone (Honduras), 147, 153

Q'eqchi' (Indigenous population in northeastern Petén region of Guatemala), 81; massacre of, 89
Quakers, Sanctuary Movement and, 173
Quest for Peace, 174
Quiché. *See* El Quiché; Ixil region of northern Quiché
Quilalí (Nicaragua), 117
Quixote Center (United States), Quest for Peace and, 174
quotas on US immigration, 221

race, racism, 21, 29, 87, 220, 240; anti-Indigenous, 42, 43, 94; of elites, 41 – 44; Europeans and, 6, 7; nationalist ideology and, 30, 44 "race to the bottom" of world economies, 158, 192

radicalization of peasants, 78, 86, 129, 131 – 32
Radio Venceremos, 140
railroads, 24, 32, 38, 220; in Honduras,147
rainforest: 24, 32,38, 80; Guatemalan peasants and, 78 – 79
Rama (Indigenous population on Nicaragua's Atlantic coast), 110
Ramírez Ramos, Óscar, adopted son Óscar and, 237
Randall, Margaret, 184
rape, rapes, 92, 94, 96, 115, 125, 140, 235,237
Reagan, Ronald, 62, 63, 71, 98, 112, 121, 152, 181, 182, 229; anti-communism and, 171 – 72; El Mozote massacre and, 140 – 41; El Salvador and, 141 – 42; Iran-Contra Affair and, 68 – 69; Nicaragua and, 62 – 69, 99,175; Reaganomics and, 63, 153
re-compas (Nicaragua), 122
recontras (Nicaragua), 122
redistribution, as revolutionary policy, 105 – 6, 188
reform, reformists: in El Salvador, 52, 125; in Guatemala, 49; in Honduras,148; in Nicaragua, 100; privatizing lands and, 26; revolution and, 126; revolution vs. , 53. *See also* land reform
refugee camps, 218, 220; in El Salvador, 142, 143; in Honduras, 139, 142, 175, 177, 228; in Mexico, 14, 94, 229
refugees, 172, 221 – 23; economic, 17;

from El Salvador, 136, 142 – 43, 151, 165, 173, 176, 178, 198, 200, 213, 219, 223, 224, 228; from Guatemala, 14 – 15, 18, 98, 178, 202, 214, 219, 229; from Honduras, 146, 164, 175;internal, 142, 214, 218, 220, 228, 229; from Nicaragua, 112, 227, 228;in United States, 141, 168, 172, 173,177 – 78, 223, 232, 245, 247; from US policies, 65, 167. See also immigrants; migrants; UNHCR

regional integration, economic growth and, 54

rejuntos or revueltos (Nicaragua), 122

REMHI (Recovery of Historical Memory project, Guatemala), 97, 202, 203

remittances, 191, 231, 232 – 33; to El Salvador, 198, 201, 229

renovadores, in Sandinista party, 194

reparations, 67, 189, 248

repopulations, 142 – 43, 175, 177, 200 – 202

repression, 2, 4, 24, 95, 134, 148; in Bajo Aguán, 164 – 65; in El Salvador, 131 – 33; in Guatemala, 74; in Honduras, 161 – 62; in Nicaragua, 103; against social justice Catholics, 96 – 97

resistance, 30; in El Salvador, 35, 130, 134, 211; to extractivism and megaprojects, 208, 209, 210, 211; in Guatemala, 74, 84 – 88, 97, 210,237; in Honduras, 161 – 62, 212; of Indigenous people, 4, 5, 9, 11, 14, 35, 36, 107, 208; in Nicaragua, 66, 99, 107, 178. See also CPRs; Pledge of Resistance

revolutions, 25, 29, 102, 171, 126. See also Cuba: Revolution in; Nicaraguan revolution; Salvadoran revolution

Riding, Alan, 80, 81 – 82

Río Claro military base (Honduras), 154. See also CREM

Río Lempa (Lempa River), 212; massacre at, 139, 228

Ríos Montt, José Efraín, 189; 1982 coup of, 93, 98; convicted of genocide, 94,204

Río Sumpul massacre (El Salvador), 136, 139, 228, 236

robachicos (child-stealers), 239

Rockefeller Foundation, 77

Romero, Carlos Humberto, 133, 134, 136

Romero, Óscar Arnulfo, 133, 136; assassi-nation of, 136 – 37, 172, 185, 196, 236

Roosevelt, Franklin D., 45 – 46

Roosevelt Corollary, to Monroe Doctrine, 33

Rossell y Arellano, Mariano, 52

Rufino Barrios, Justo, 25

Russia. See Soviet Union Russian revolution, 102

Salvadoran Communist Party, 131

Salvadoran military, 134; atrocities of, 137 – 38; US aid to, 126 – 27, 139, 142

Salvadoran revolution, US Americans' solidarity with, 176 – 77

Samayoa Cabrera, Juan Alecio, 235, 236
Sanctuary Movement, 172, 173, 247
Sanders, Bernie, 277n16
Sandinistas, 59; armed rebellion of, 99, 102 – 4; draft imposed by, 116, 120; in elections, 71, 119; Miskitus and, 111 – 12; mixed economy of, 107 – 9; in power, 104 – 13; splits in, 103, 194,195 – 96
Sandino, Augusto C., 4, 34, 44, 37, 117, 194. *See also* Sandinistas
Sanford, Victoria, 90, 93, 98
San Francisco (California), 168, 178, 180
San Marcos (Guatemala), 210
San Pedro Sula (Honduras), 147, 148, 153, 157 – 58, 192
San Salvador, 133, 140, 142, 144
Santayana, George, 5
Santos Zelaya, José, 34
Sapoá ceasefire (Nicaraguan revolution), 121
Saudi Arabia, supports Contras, 68
School of the Americas (US Southern Command), 53, 160
Science for the People, 179 – 80
Secord, Richard, 63, 68
secrecy, 4, 5, 174
Segovias (northern Nicaragua), 44, 103,117
Serrano, María, 185
Sessions, Jeff, 243 – 45
settler colonialism, 207; British, 7, 8; reparations and, 247 – 48; US, 20 – 21, 32,44, 78, 220
shantytowns, 54, 125

SHARE (Salvadoran Humanitarian Aid, Relief, and Education), 175
Shenandoah (Texas oil company), 81 – 82
Shenk, Janet, 184
Sic, Dominga, 238
silencing, 29, 30. *See also* erasing of history; forgetting; memory
Simon, Jean-Marie, 184
Singlaub, John, 63
sister city movement, 168, 177
Sklar, Holly, 184
slavery, enslavement, and forced labor, 4, 7, 8, 24, 26, 41, 49
Soccer War, 127 – 29, 148, 149
social justice, 83, 86, 101, 190, 247
social welfare, 54, 72, 153, 188, 190, 192,206, 215, 233
solidarity, 88, 90, 95, 189, 190; migration and, 246 – 47; of US Americans with Central America revolutions, 167 – 85
Solidarity Center (AFl-CiO), 183 – 84
Somoza Debayle, Anastasio, 62, 63, 99,102, 104, 130, 227; gendered control of vice under, 113 – 14; landholdings of, 105 – 6; repression under, 61 – 62; US support for, 60, 178
Somoza García, Anastasio, 37, 39, 46, 60
Soto Cano Air Base (Palmerola, Honduras), 151, 160
Soviet Union, 63, 64, 65, 67, 131; collapse of, 155, 216; Nicaraguan revolution and, 118 – 19
Spain, Spanish, 5, 22, 88; colonialism

of, 6, 7, 208; conquest by, 4, 6
Spiegler, Otto, 82
Sprenkels, Ralph, 199
Standard Fruit Company, 38
state farms (Nicaragua), 107, 109, 118, 119
Stewart, Bill, murder of, 62
Stoll, David, 91
stories, importance of, 5-6
Streeter, Stephen, 76
structural adjustment programs, 170-71, 174
students: as activists, 28, 85, 87, 214, 229; repression of, 96, 137; radicalism of, 101, 130
St. Vincent (Caribbean island), 38
Suazo Córdova, Roberto, 154
sugar industry, 87; in El Salvador, 125, 128
Sumo (or Mayangna, Indigenous population on Nicaragua's Atlantic coast), 110
Sumpul River massacre. *See* Río Sumpul massacre
syncretism, religious, 58

Taft, William Howard, 33
Tasba Pri (Free Land) camps (Nicaragua), 112
TecNica, 179
Tegucigalpa, 39, 148
terceristas, as Sandinista faction, 103
terror, 98; in El Salvador, 29, 132, 134, 135; in Guatemala, 75, 93; in Honduras, 152, 157; in Nicaragua, 103; United States supports, 95. *See also* atrocities; disappearances; massacres; murder and assassinations; torture
testimonio (personal story), of Rigoberta Menchu, 4-5
Texas Instruments, 125
The Twelve (*los Doce*, Nicaragua), 103
Tilley, Virginia, 29, 30
Tobar, Héctor, *The Tattooed Soldier*, 236
Todd, Molly, 58
Todos Santos (Guatemala), refugees from, 229-30
torture, 14, 47, 54, 94, 130, 223; CIA and United States and, 67, 74, 152, 155, 171-72, 181, 183; by Contras, 115, 180; by Guatemalan army, 52, 74, 88, 91, 92, 94, 96-97, 235; by Honduran army, 152-53, 233; by Nicaraguan government, 216; by Salvadoran military, 61, 135, 139, 140, 197, 234, 236; of women, 96-97, 114, 234
tourism, tourists, 162, 191, 206, 240, 267n21
Tower Commission, on Iran-Contra Affair, 69
TPS (Temporary Protected Status, United States), 224, 226, 229, 237
transculturation, 44
transitional justice, 192, 193, 196, 202-4
transnational gangs, 213-16
trickle-down economics, 63
Trujillo, Rafael, 39
Truman, Harry S., 51

Trump, Donald J. , 69, 213, 224, 225, 226, 243; dismantles protections for immigrant youths, 243; exaggerated anti-immigrant rhetoric of, 242, 243, 247; sanctuary policies and, 247; separates immigrant families on border, 276n2; on shit-hole countries, 5, 227
truth commissions, 192, 193, 196–97, 202–4

Ubico, Jorge, 25, 26, 39, 48–49
UCA (Jesuit Central American University, Managua), 101
UCA (Jesuit Central American University, San Salvador), 129, 136, 143, 144; massacre at, 70, 236, 239
UFCO (United Fruit Company), 49, 147,154; landholdings of, 38–39, 48; lobbying by, 50–51
UNAG (National Union of Farmers and Ranchers, Nicaragua), 106–7
UNDRIP (UN Declaration on the Rights of Indigenous Peoples), 207
unemployment, 161, 212, 215, 232, 246
UNHCR (UN High Commission on Refugees), 142, 143, 219, 223, 228,229, 231
United Nations, 46–47, 63, 67, 122, 159,160, 165, 222; peace process and, 145,196, 202. *See also* truth commissions; *and names of other UN agencies and initiatives*
United Provinces of Central America, 22

United States: Central American policy of, 4, 21, 31–33, 64–65, 169, 172, 181; Declaration of Independence, 220; erases and whitewashes its history in Central America, 2, 6, 29, 193; El Salvador and, 29, 197; Honduras and,24–25, 30–34, 70, 107, 150–51, 160,162; immigration policy of, 242, 244, 276n2; imperialism of, 32, 44; Indigenous lands taken by, 30–34; migrants in, 142, 145, 218, 219; murder of churchwomen from, 61, 69, 138, 143, 172, 185, 236; Nicaragua and, 24–25, 30–37, 100, 107, 109, 110,146, 277n16; organizing in, 167, 173, 177–78; public opinion in, 64–65,171, 175–76; as settler colonial nation, 7, 207, 220; solidarity with Central America in, 167–85; supports Contra war, 114–15, 150–51, 172, 174. *See also* CiA; corporations, US;*and "US" entries*
US Congress, 45, 60, 166, 224; Boland Amendments and, 66–68; CIA Contra project and, 65, 69, 115, 153,175; El Salvador aid and, 70, 141, 144r
US Drug Enforcement Agency, 154–55
US Senate, 60, 155
"USS Honduras," 70, 150–53
USSR. *See* Soviet Union
US State Department, 42, 60, 69, 76, 239
University of California, Berkeley, 168

UNO (Unión Nacional Opositora, Nicaragua), 121
urbanization, 28, 54
URNG (Guatemalan National Revolutionary Unity), 86, 98, 202, 210
USAID (US Agency for International Development), 53, 77–80, 100, 181; in Honduras, 150, 153, 157
UTC (Union of Rural Workers, El Salvador), 126–27, 131

Vagrancy Law (Guatemala), 48, 49
Vanderbilt, Cornelius, 32–33
Vásquez Velásquez, Romeo, 160
Venezuela, 70, 130, 159, 195, 216
Victims of Immigrant Crime (Trump initiative), 227
Vides Casanova, Carlos eugenio, 236
Vietnam War, 4, 36, 59–60, 63–64, 139, 181; movement against, 173, 185; vietnamization and, 59, 64
vigilante justice, 29, 199, 206
violence, 2, 163, 166, 171, 188, 191–92, 200, 247; gangs and, 212–16; in Guatemala, 92, 93; in Honduras, 163–64, 164; in Indigenous highlands, 4, 84, 95; in Nicaragua, 62, 102, 113–14, 122, 195. *See also* atrocities; massacres; murder, murders; rape, rapes; terror; torture
Voices on the Border, 201

Walker, William, 32, 40–41
war on crime, 156, 221
war on drugs, 163, 213, 214, 221
Washington Post, 67, 140, 184

Watanabe, John, 229
Western Hemisphere Institute for Security Cooperation (formerly School of the Americas), 160
White, Richard, 184
White, Robert, 69
white supremacy, 41
Wikileaks, 165
Willson, Brian, 175
Wilson, Richard, 93
Wilson, Woodrow, 33–34
Wipfler, William, 131
Witness for Peace, 173–75, 179
WOLA (Washington Office on Latin America), 181
women: feminism and, 112–13; Indigenous, 43, 235; in *maquiladora* factories, 157; murder of US churchwomen in El Salvador, 61, 69, 138, 143, 172, 185, 236; rape of, 92, 94, 96, 115, 140, 235, 237; reproductive and other rights of, 113, 114, 200; in revolutionary Nicaragua, 113–14, 168, 216; as wage earners, 157, 215. *See also* motherhood, mothers
World Bank, 46–47, 109, 156, 161, 165, 170, 191, 194, 238
World War ii, 3, 44, 46, 192

Xinca peoples, 211

Yanz, Lynda, 184
Ybarra, Megan, 84
Young Catholic Worker (JOC) movement (Guatemala), 85–86

Zacapa (Guatemala), 84
Zelaya, Manuel, 158 – 61, 164, 216; coup against (2009), 146, 159 – 61
Zeledón, Benjamín, 34
Zemurray, Samuel, 147
Zones for Employment and Economic Development (Honduras), 161

致　谢

这本书的写作过程漫长，我要感谢自 20 世纪 80 年代初我第一次涉足中美洲以来出现在我生命中的几乎所有人。有些曾经教导和影响过我的人早已失去联系，其他人则仍然是我最亲密的朋友。需要感谢的人如此多，我宁愿在此表达一声衷心的感谢，而不是试图将他们一一列出。

不过，我确实必须单独提出其中的一些人，以感谢他们对本书做出的具体贡献。吉列尔莫·费尔南德斯·安皮埃（Guillermo Fernández Ampié）阅读了整篇手稿，并对其中的几个章节提供了详细的反馈，帮助我完善论点并修正了一些错误。我与灯塔出版社（Beacon Press）的编辑们的合作一如既往的愉快，尤其是加亚特里·帕特奈克（Gayatri Patnaik）和玛雅·费尔南德斯（Maya Fernández），还要感谢灯塔出版社内参与本书编辑的所有人，包括马西·巴恩斯（Marcy Barnes）和苏珊·卢梅内洛（Susan Lumenello）。当我对文本进行修订时，亚历山德拉·皮涅罗斯·希尔兹（Alexandra Piñeros Shields）帮助我解决了一些棘手的问题。还有贾斯汀·沃尔夫（Justin Wolfe）组织的疫情清晨写作小组及其全部参与者，是他们让我在 2020 年怪异的春夏期间日复一日地保持在正轨上。